神の救済史的経綸から見るイエス・キリストの系図

# 永遠に消えない 契約の灯火

イエス・キリストの系図 I (アブラハムからダビデまでの歴史)

朴潤植 著
姜泰進 訳

# 書　評

芮煐洙 博士
（イェヨンス）
国際教会宣教団体連合会 代表会長
国際クリスチャン学術院院長、エンマオ神学研究院総長

　学者として最も大きな喜びの一つは、良い本に出会うことです。良い本を読むことは、良い著者に出会うことです。本と著者は決して分離することのない一体の関係です。良い本には著者の思想だけではなく、著者のすべての人生が凝縮され浸透しています。私は本を通じて多様な思想と多様な人たちに会えるので、読書の時間を楽しんでいます。『永遠に消えない契約の灯火』を読むと、著者（朴潤植牧師）の神の人としての老成した姿が描かれているようで興味深いものです。この本には著者の骨身を削る刻苦の研究と努力、そして渾身の力を注いで著したと実感できる真心が込められています。この本を開くと「すべてにまさる大いなる神の愛」と愛に囲まれた広大な宇宙のパノラマが展開されます。地球の大きさ、太陽の大きさ、太陽より数百倍大きい星と望遠鏡に映る1億2400万個の星、太陽を含む2千億個の星が群がる銀河、さらに銀河系が1千億個を超えていること、オリオン座にある「ベテルギウス」という赤い星は、太陽が5億1200万個も入る大きさであること、そして1光年とは秒速30万kmの光が1年間走る距離で、各銀河と銀河と間は平均距離が約200万光年であること等、著者朴潤植牧師は、完璧な秩序と調和の中で運行しながら奏でられる宇宙の交響曲より、神のアガペの愛は比べられないほど大きく、その限りない愛はただ私ひとりを救うためのもので、その救いの恩寵は言葉で表現することのできない感慨深いことであると言われています。

著者はイエス・キリストの系図が、創造主である神が私を「愛した故に」ひとり子であるイエス・キリストを遣わし、「御子を信じる者がひとりも滅びないで永遠の命を得させる」ための救済史的経綸であると語っています。またマタイによる福音書1章に含まれた延べ41人のヨセフ家の下向式記録と、ルカによる福音書3章に含まれた77人のマリア家の上向式記録を比べながら救済史的世系を克明にしています。その上、著者は救済的経綸の視点から系図に含まれた各人物が生きていた時代の歴史的、政治的、経済的、宗教的状況を見せてくれます。さらに、原語に基づいた人物の名前の意味、彼らの名前にふさわしい性格と行為、時代ごとに託された役割が究極的にイエス・キリストの救済史がどう実現されていくのかを、興味深く説明されています。

そして、この救済史的経綸が現代に生きる私たちの救いと、どのように係るかを説破し、教訓をたれています。

唯一の救い主であるイエス・キリストがこの地に来るまで、神の救済史の過程が、それぞれの人物を通して、まるでパズルを組み合わせるように、一人一人が果たすべき救済史的役割が一寸の誤差もなく正確に位置づけられ、進められていることが、とても不思議でなりません。

朴潤植牧師は救済史シリーズとして2007年度に、『創世記の系図』を、2008年度に『忘れていた出会い』を出版され、キリスト教界に穏かな感動の波を起こしました。著者は「神の救済史的経綸から見るイエス・キリストの系図」という副題の下に、『永遠に消えない契約の灯火』を救済史シリーズ3巻として著し、またも我々読者を感嘆させてくれました。

本書を読み進めるうちに、何よりも著者の福音の救済史に対する熱

書評 3

情と、イエス・キリストの系図から、生命力ある救済史を読み出そうとする真摯な姿勢に驚かざるを得ません。無駄なく簡潔かつ凝縮された文章には、我々凡人からは感じることができない真実と真心が滲み出ています。残り少ない自己の人生を顧みながら、集大成とするという著者の宣言どおり、この本に書かれた一字一句には心血を注ぎ、絞り出した切実な思いが溢れています。80年を超えた人生の苦難と逆境をイエス・キリストの愛で乗り越え、勝利をおさめた著者の巨大な人格が一つの談論となって昇華されたようです。

　一般的には、著者の苦難と逆境を背景とした、真剣であり、真率である要素が描かれているだけでも良い書として評価されることでしょう。しかし、キリスト教に関する書籍が一般書籍と違って良い書籍として評価されるためには、何よりも信仰が後ろ盾にならなければなりません。いかに真心を尽くして書いた本であっても、どれほどベストセラーとして認められたとしても、その中に神に向けた熱い信仰の炎が消えていたら、その書は決して良い書であると言えません。しかし、本書は始めから終わりまでイエス・キリストに向けられた老使徒の熱い信仰の炎が燃え続けています。この書に接するすべての読者たちに、救済史による信仰の実体が何であるかを正確に説破しています。

　本書は一言で言うならば、牧会と神学の出会いであり、現場と理論の出会いであり、説教と学問の出会いです。多くの牧会者たちの説教に表われる重要な問題点は、神学のない説教であるというのが事実です。現場に偏った説教は聖徒たちを動かすことはできても、時には正しい神学から離れ、誤まった方向に向かわせることにつながる弊害もあります。その一方、多くの神学者たちの学問に表われる重要な問題

点は、理論と研究に偏ったあげく、実際に聖徒たちの生き方を変える実力が欠けているということです。

朴潤植牧師の書は、これらの極端な問題点を絶妙に解消し、神学による牧会、牧会による神学を追及しています。しかし、このすべての中心には、神の救済史的経綸とその中に込められた大いなる神の愛が確かに示されています。本書はみことばの神学、みことばの牧会をどうすべきであるかを正確に教えてくれます。彼の神学と牧会は徹底的に神の救済史的みことばに深く根付いています。彼は人本主義的な思想を排除し、一生涯ただ神のみことばである聖書中心に戻る真の信仰の改革を全世界の教会に呼び掛けています。

著者は1000回以上も聖書を読んだことで知られています。彼の一生の歩みが、聖書による深い黙想と神との交わりで点綴されていなければ、決してみことばで満ち溢れる素晴らしい本書が生み出せないことを鮮やかに証明しています。

しかし、この本の妙味は、神の主権と救済史的経綸が強調されているところにあります。聖書に現われた幾多の人物は、私たちを教え、戒め、正しくし、義に導くのに有益です。しかし、聖書に現われた人物がいかに偉くとも、それは徹底的に神の光栄を現わすことにならなければなりません。

本書はすべてを徹底的に神の主権に委ねています。信仰が篤い人物の姿も、不信仰者の悖逆と失敗の姿も、すべて神の主権の下にあることを示しています。否、サタンのあらゆる妨害と悪行、不信仰者の不信と悖逆にもかかわらず、神の救済史的経綸は決して挫折や中断する

ことなく、綿々と受け継がれてきました。その結果、この世にイエス・キリストが訪れることにより完成された出来事を、荘厳な大河ドラマより雄大な文章力で大胆に描いています。

この素晴らしい営みが、本書では「イエス・キリストの系図」という主題を通じて光り輝いています。著者は系図に含まれた人物の名前と聖書と簡単な説明付きの図表、系図の人物概要、士師時代の年代表、ダビデの逃避行路、ダビデの家計図などを作成して添付することで、読者が系図に関するすべてを一目瞭然にできるようにしました。

今までどの神学者や牧師も「イエス・キリストの系図」に盛られた救済史的経綸を通じて、旧約の歴史をさかのぼりながら追跡する作業を試みることはありませんでした。牧会の第一線で説教する牧師として、このような素晴らしい着想によって聖書を研究したことは、本書の著者が、通常、人々からは得がたい非凡な深い霊的洞察力を持っていることを表しています。

著者の神学は贖いの神学と契約の神学に基づいています。本書は旧約のすべての歴史を、イエス・キリストが私たちを贖うために登場する過程として、さらに人間が堕落した後に結ばれた契約が成就される過程として見ています。一度結ばれた契約は、神が誓いによって結ばれた永遠の契約であるため、人間のいかなる不信と逆らい、そしてサタンのいかなる挑発があろうとも、必ず成就させるという信仰の確信こそ、本書が他に類のない傑出されたものであると言えるでしょう。

私たちは神の御心のうちに生きることを求めていますが、人間の弱さのゆえに倒れることは、何度もあります。自分を責める瞬間がどれほど多いことか、数え切れないほどです。しかし、神がすべてを善とし、

結局は救済史的な大業を必ず成し遂げるという偉大なる宣布は、この本を読む人に新しい希望と勇気を与えるに十分です。

　本書の結論は、まさに本書の題名のとおりです。実に私たちの望みは「永遠に消えない契約の灯火」にあるという慰めの宣布であります。

　イエスは恐れる弟子たちに「だから彼らを恐れるな。おおわれたもので、現われてこないものはなく、隠れているもので、知られてこないものはない」と言われました（マタイ10:26）。これは福音こそ真理で、遂に全世界に現われ、知られる日が必ず来るというイエスの宣布です。

　著者の一生の信仰の路程が凝縮されているこの稀書が、イエス・キリストの血で埋められた十字架の福音を全世界に伝え知らせ、救いの御わざのために尊く用いられる神の器になるよう切に熱望します。著者が本書の結論に「神の熱心は契約の灯火とともに続くでしょう」と言われたように、この本を読む読者も著者のイエス・キリストの救済史に対する熱心に加わるように願います。

　本書はイエス・キリストの系図を通じて、新・旧約聖書全体に現われる救済史の経綸を理解するのにとても良い足掛かりになることでしょう。また、聖書の個人的な研究のため、あるいは、教会での学びのためにこの上なく大きい手助けとなることを確信します。

国際教会宣教団体連合会代表会長<br>
国際クリスチャン学術院院長<br>
エンマオ神学研究院総長<br>
芮煥洙（イェヨンス） 博士

# 推薦のことば

張　光　榮　監督
<sub>チャンクァンヨン</sub>
キリスト教大韓監理会前任監督会長

　昨今、朴潤植牧師は救済史シリーズ第3巻『永遠に消えない契約の灯火』という本を著しました。多くのキリスト教関連書籍が洪水のように出版されているが、大半は、読者の心を動かしてくれるほどの生命力がなく、読者を失望させるのが現実です。この本もそんな類のものであろうと思って読み始めましたが、自分でも気がつかないうちにこの本に没頭して一気に読みあげ、私の心に生命躍動を感じることができました。

　著者は神学的な主題や聖書の内容を救済史的観点から、簡明に解き、読者が理解しやすい文章で綴っています。この本を読むと救済史に登場するすべての人物と出来事が、まるで一枚の絵を見るように鮮やかに感じられますが、その妙味は不思議なくらいです。

　これは著者が一生涯聖書を読み、祈りによる神との深い交わりのゆえに得た霊的交わりの結果であると思います。神との深い霊的な交わりとひたすら聖書を読みながら黙想し、研究する結果なくして、このような深く重みのある著作が生まれることはなかったでしょう。

　著者は既にイエス・キリストの系図を通じて、旧約聖書を逆追跡した偉業を成し遂げました。名前しか登場ない人々の生を深い黙想と語源の探究を通じて、聖書にしるされた神の霊的な文脈を説き明かす卓

越な力は、他の追随を許さないでしょう。そのような才能は神から与えられたものであると確信します。

　彼の神学は、一言で言えば契約の神学と贖罪の神学です。聖書はアダムとエバの堕落後に与えられた「女の末の約束」（創世記 3:15）を始めとする、イエス・キリストの新しい契約に至るまでの契約の本であると言えます。著者はこれをイエス・キリストの系図を通じて明らかにしています。

　この本は著者が序文で明らかにしたように、著者の思想と神学を表しています。この救済史シリーズは、ひたすら真摯で率直な著者の祈りの生活と、神との深いかかわりによって練られた信仰告白のような本です。この本の所感を述べさせていただき、慶んで皆様にお薦めします。神のみことばにあって生きようと願い求める牧師たち、聖徒たちが読むに値すると、自身をもってお薦めします。

キリスト教大韓監理会前任監督会長<br>
張　光　榮　監督<br>
（チャンクァンヨン）

## 推薦のことば

成耆虎 博士(ソンキホ)
前聖潔大学総長

　学生時代、歴史の授業で最も苦労したのは、人の名前と年代を覚えることでした。特に外国人の名前と外国の地名を覚えることは容易ではなかったのです。今も聖書を読むときに、人名や地名が出てくると小々戸惑うのはその時と変わりません。

　信者たちが聖書を読みつつも、途中でやめる理由の一つが、理解に苦しむ、難しくてつまらない、と思われることが繰り返される時です。創世記では「夕となり、また朝となった。第何日である」という言葉が続けられるために、1章を読み終わらせることが苦痛です。きついし、マタイによる福音書でも「誰の父」から始まる系図の話にあきれるはずです。それでも初めて聖書を読む人には、マタイによる福音書から読むよう勧めるのですが、それはイエスの系図の話がマルコによる福音書には書かれていないからです。

　1日2時間の祈りと3時間の聖書研究を数十年間続けて来た朴潤植牧師は、一般信者はもとより、牧師たちでさえ敬遠しがちな、聖書の系図や、「代々の年」に関する著書を続々と出版しています。『創世記の系図』、『忘れていた出会い』に続いて、この度『永遠に消えない契約の灯火』が出版されるのは、今まで著者が積み重ねてきた努力の結晶であると思います。これからも9冊の本が出版され、全12冊の救済史シリーズを完結させる世に出すと言われているので、非常に期待されます。

救済史シリーズ３巻に当たる『永遠に消えない契約の灯火』は御子イエス・キリストの系図を扱っているために、その始まりが永遠の神にまで遡っています。

　大いなる全能の神が初めて計画された人類の救いが、その子イエス・キリストの系図に現れていることを明らかにしています。また、永遠の神の契約は、木が切り倒されても、その切り株は残されるように、聖なる種族を通して実現されてきたことを証明しようとする試みが、『永遠に消えない契約の灯火』によく表れています。イエスの系図に載せられた先祖の歩みは山あり、谷ありでしたが、神の救いのご計画は変わることなく成し遂げられていることをあきらかにする貴重な研究が『永遠に消えない契約の灯火』なのです。

　本書は下向式系図であるマタイによる福音書に表れたイエスの養父ヨセフの系図や、上向式系図で神にまで遡るマリアの系図が、アブラハムとダビデの子孫イエス・キリストの世系（系図、系譜）であることを明かしています。また、ダビデの子の代から分かれるルカによる福音書の系図（神からイエス・キリストまで）とマタイによる福音の系図（アブラハムからイエス・キリストまで）に登場した人物をよくまとめています。

　著者の相当な聖書知識と深い研究の実が、『永遠に消えない契約の灯火』という本となって出版され、多くの聖徒たちを、正しき理解の道へ導いています。聖句辞典や原語研究、聖書学者たちの注釈、国語辞典に書かれた意味までも細かく、また丁寧に紹介しています。読者は今までぼんやりとしか理解していなかった聖書の系図や年代などに関心を持つようになり、これまで隠されていた神の経綸の奥義に触れる

ことができるでしょう。誤解を招くような不十分な物話ではなく、整いそろっている文書を通して、朴潤植牧師の真価が明らかにされる機会となる事を切に望みつつ、本書を推薦します。

前聖潔大学総長<br>成耉虎 博士（ソンキホ）

# 推薦のことば

**都漢鎬 博士**
浸礼神学大学校総長

　教界の偉大なる学者であり、献身的な牧会者としても知られている朴潤植牧師の最近の著書、『永遠に消えない契約の灯火』は、イエスの系図を中心に、イエスの生涯について、誕生予告から始まり、先在、復活、昇天、審判、永福、永罰に至るまでの御わざをまとめた著書である。この本は、創世記からヨハネによる黙示録までの聖書66冊を網羅し、イエスの生涯と彼にかかわる歴史的事件を年代ごとに整理した創意的方式で綴っている。

　著者が序文で言及しているとおり、マタイによる福音書1章1節の「アブラハムとダビデの子孫イエス・キリストの系図」という言葉は一時代を終わらせ、新しい時代を告げる宣言である。この宣言は神の救済史が律法時代から恵みの時代、すなわちイエス・キリストによる福音時代へと転換される新紀元を意味する。著者はこの宣言の中、「アブラハムとダビデの子孫イエス」という短い聖句に要約された神の救贖の御わざを系図に基づいて紐解いている。

　著者の歴史観は世俗史と教会史を区分することなく、人類の歴史全体を神の統治権に含め、世に対する神の主権を強調したパンネンベルグ（Wolfhard Pannenberg）の普遍史的観点と人類の歴史全体を神の救贖と回復の経綸に含めたオスカー・クルマン（Oscar Cullmann）の救済史観（Heilschichte）と相通じるところがある。

　しかし、著者朴潤植牧師は自己の聖書解釈と年代記的理論及び分析を既存の神学者の理論や限界に依存して述べようとせず、ただ聖書に

根拠して独創的に述べている。

　その第1巻「イエス・キリストの系図Ⅰ」はアブラハムからダビデ王まで14代の系図を紐解き、これから出版される「イエス・キリストの系図Ⅱ、Ⅲ」のシリーズはダビデからバビロン捕囚までの14代の系図を紐解くものと予想される（マタイ1:17）。

　この本の特徴は、第一、神学書ではなく、聖書を中心にイエス・キリストの生涯と神の救済史を照し明したところにある。すなわち啓蒙主義時代から始めて20世紀中期に至る過程の中で、一時、キリスト論に対する正統神学を脅威した「歴史的イエスの研究」と、それに準ずる進歩的神学理論を排撃することはもちろん、「歴史的イエス」を批判して福音的に評価される理論にも頼ることなく、ただ新旧約聖書に基づいてこの本を綴ったところである。したがって、この本は既存の神学的な性向や聖書解釈上のすべての問題の素地を完全に排除した著述である。

　第二、独創的で細かい年代記図表が添付された。聖書年代記は多くの研究者たちが、自己の著述と学術論文で独自的に研究したものであると主張しているが、実は新たなところが特になかった。
　しかし、著者が提示した「一目で分かるイエス・キリストの系図42代」とダビデの逃避行路とダビデの家系図は、①構成、②ヘブライ語とギリシャ語の原文を遂一提示したところ、③参照聖句を新たにみつけたところ、④ルカによる福音書3章の系図に記録された知られていない人物に対する独創的な調査が行われたところが新しい。

第三、必要に応じて逐一ヘブライ語とギリシャ語の原文を参照した。

第四、文章が簡明で、すべての主張に聖書を直接引用したり、聖句を参照したために、難しい年代と絡まった系図も理解しやすくなっている。この著述は（救済史シリーズ１〜３巻）イエスの生涯と世に対する神の救贖の経綸をつなげて、分かりやすくして理解させるだけではなく、聖書全体を一気通貫する役割を担っている。

契約の灯火はイエス・キリストであり、この灯火は今も十字架の上で燃えている。この灯火が消えないのは、これは世が造られる前から定められた神の救贖の経綸に含まれた救いの御わざであり、神の契約であるからだ。著者はこのような神の救済史的経綸をマタイによる福音書１章の系図の中から見つけ出し、簡単明瞭な方法で私たちに提示している。すべての読者に益をもたらせる本であると確信して推薦するのである。

浸礼神学大学校総長<br>
都漢鎬（トハンホ） 博士

# 推薦のことば

洪 京 標 牧師
（ホンキョンピョ）
アメリカ五旬節神の聖会総会アジア総監督

　著者・朴潤植牧師は、『創世記の系図』に続いて『忘れていた出会い』を出版され、今回は３巻目の『永遠に消えない契約の灯火』を出版されました。これらの本は著者・朴潤植牧師の信仰の結集であり、聖霊の感動を糧に生涯研究されてきた「聖書研究の結晶体」とも言えます。

　聖霊の強い御わざがなければ、韓国教会史において、これほど稀有で素晴らしい著書が出版されることはなかったはずです。特に『永遠に消えない契約の灯火』は著者が常々心に抱く、「ただメシヤによる救贖の御わざの信仰」をあらゆる人々に知らせ、救いの道に導こうとする意図によって生み出された著者の信仰を公にする貴重な贈り物であると思います。

　今日、人本主義の思想が溢れている時代に、神は「あなたがたは主の書をつまびらかにたずねて、これを読め。これらのものは一つも欠けることなく、また一つもその連れ合いを欠くものはない。これは主の口がこれを命じ、その霊が彼らを集められたからである。」と言われました（イザヤ 34:16）。著者は「主の書をつまびらかにたずねて、これを読め」と言われたみことばに従って、生涯聖書を信じ、つまびらかに研究し、教えてきました。これはすべて聖霊の御わざによるもので、Ｉコリント 2:13 の「御霊の教える言葉を用いる」というみことばを思い出させます。著者は聖書のみことばを決して人間的な知識として捉えることなく、三位一体の神を信じる信仰で捉えています。ま

た、その信仰に基づいてみことばを宣べ伝え、イエス・キリストによる贖いの御わざであることを知って、それに従わせることで、多くの魂を救う素晴らしいわざを行ったのです。

　朴潤植牧師の聖書に対する洞察力は驚くばかりです。著者は旧約が証する、「来るべきメシヤ」、すなわち「イエス・キリスト」の救贖の御わざが、世が創られる前から計画された神の経綸であることを明らかにしています。神のすべての救贖の御わざがイエス・キリストの存在のもとに計画され、イエス・キリストを目標に進行されているという驚くべき真理が、信じがたいほど明解に、しかも荘厳に表現されていることは実に痛快です。著者は50年、牧会の働きを通して、イエス・キリストの血の代価によって贖われた数百の教会を建てて、数多くの魂を主に導くわざを行いました。この素晴らしい働きは、聖霊なしにはできないものです。より驚くべきことは、80歳を超えたにもかかわらず、2007年10月から始まって2009年3月まで約1年6カ月（18カ月）のあいだ3冊も著述されましたが、その分量が1,200ページにも達するということです。

　著者の神学は、徹底的に「聖書に帰ろう」です。著者は全世界の教会に向けて、「神のみことばである聖書を見て、信じて、読んで従えば、その通り実現する。」という貴い真理を述べ伝えています。著者の書を読むうちに、聖霊の感動が穏かに、そして力強く押し寄せてくることを全身で体験する事ができました。そして、イエス・キリストの十字架の尊い血潮による熱い恩寵が心に迫り、涙が溢れてきました。

　本著書は朴潤植牧師の教会成長と大勢の魂を生かす牧会の経験と、聖書中心の改革信仰を堂々と紹介しています。ですから、この本の読

者が、朴潤植牧師が残された生涯を通して、神の偉大なる御わざのために働けるよう祈って下さることをイエス・キリストのみ名によってお願いします。著者の血と汗と涙の結晶体である本書を積極的にご推薦します。

アメリカ五旬節神の聖会総会アジア総監督

洪京標(ホンキョンピョ) 牧師

## 著者による序文

朴潤植(パクユンシク) 牧師

　モーセはカナン入城を控えてイスラエルの民に、「いにしえの日を覚え、代々の年を思え。あなたの父に問え、彼はあなたに告げるであろう。長老たちに問え、彼らはあなたに語るであろう。」(申 4:32、32:7、ヨブ 8:8、15:18 参照)で宣布されました。

　神の救いの歴史としての、「いにしえ」とその中に具体的に示された神の経綸としての、「代々の年」が記録されたのが聖書です。歴代の預言者たちは聖書を通じて神の救いの御わざについてたずね求め、つぶさに調べ、定められた神の経綸を分別したのです(エペ 1:9、1 ペテ 1:10-11)。

　創世記からヨハネによる黙示録までの聖書全体は、生きておられる神の絶対主権と堕落した人間を救うための大いなる救済史を開陳している神のみことばです。救済史をつなげる各時代の脈は、神が人間と結んだ契約であり、この契約は救済史の各時代を明かす神の灯火でした(代下 21:7、詩 119:105)。

　堕落した人間を救おうとする契約の最初の啓示である、「女の末」に対する約束を始めとして(創 3:15)、契約の灯火は消えることなく時代ごとに新しく更新され、時が満ち、その契約の成就としてイエス・キリストがこの地に来られました(ガラ 4:4)。代々にわたって、この世から隠されていた神の奥義であるイエス・キリストが、今や神の聖徒たちに明らかにされたのです(コロ 1:26-27；2:2)。契約による救済史を圧縮して記録したのが、まさにイエス・キリストの系図です。

「アブラハムとダビデの子、イエス・キリストの系図」(マタ 1:1)

このみことばはいにしえの歴史である旧約に幕を下ろし、新しい歴史である新約を始める実に雄大壮厳な宣布です（ヨハ 1:17）。これは旧約のすべての歴史がイエス・キリストによって完成されてその絶頂を成し、新約のすべての歴史がイエス・キリストを通じて出発していることを証したのです。

そのため、イエス・キリストの系図は旧約と新約を網羅する救済史の縮図で、聖書全体を救済史的に解釈する新しい地平を開いてくれます。

私は、「イエス・キリストの系図」により悟らせていただいた恵みを整理し、1968 年からたびたび査経会を開いて語り、その都度整えて語ったのも数十回です。その度に恵まれた聖徒たちから出版の勧誘があったが、あえて新旧約の絶頂と言える、「イエス・キリストの系図」に対する本を書くということを考えることすらできなかったので遠慮したこともありました。

しかし、「少しでもむだにならないように、パンくずのあまりを集めなさい。」（ヨハ 6:12）という神のみことばのように受けた恵みを眠らせないために、そして同労者たちの牧会生活に多少でも役に立つことを切に求めながら慎ましい思いで、『永遠に消えない契約の灯火』を整理して出版することになりました。

マタイによる福音書 1 章に示された神の救済史的経綸を悟ろうと、幾多の信仰の先輩たちが著した、系図に対する研究業績をできるだけ漏れなく精読し、系図に示された人物たちが呼吸して生存していたその時代的背景と原語の中に盛られた意味を詳らかに知ろうと、探究と洞察を繰り返しました。

しかし、イエス・キリストの系図の範囲自体が旧約聖書全体を包括するあまりにも膨大な作業のため、それと係わるみことばに盛られた宝をいちいちすべて解き明かすことができず、完全に伝えることができなかったことを非常に申し訳なく思います。この拙著はまだ完璧ではないので、足りないところを教えてくださされば、肝に銘じて教訓としたく思いますので、読者諸賢に多くの忠告とご指導をよろしくお願いする次第です。

　私たちが信じて仕える神は実に、すべてにまさって偉大なお方です（ヨハ 10:29）。このように大いなるお方が埃にも等しい人々を救うために、父のふところにいるひとり子なるイエス・キリストをこの世に送ってくれました（ヨハ 1:18）。イエス・キリストは、私たちのすべての罪を贖うために、罪人である被造物らに言い表せない恥と呪いを受けて十字架にかかりました。十字架上で肉体が引き破かれる苦痛を受けながら、尊い血潮を流しながら、死ぬことによって救済経綸の大聖業を成就されました。主の贖いによる身代わりがなかったら神の怒りから免れる者はなく、罪から救われる人は一人もいません。

　実にこの十字架は、罪に溢れて死に向かって走り上がる人間すべてにまさって、偉大な神の愛の確証であり（ロマ 5:8）、永遠に消すことのできない愛の痕跡です。ですから救われた聖徒ならば、イエス・キリストの十字架の前にひざまずいて、「わたしは、罪人のかしらである」（1 テモ 1:15）と血涙に痛悔しながら、永遠の十字架を心に留め、感謝感激して十字架以外に誇りとするものが断じてあってはなりません（1 コリ 2:2、ガラ 6:14）。

　十字架は単に救いを得るための切り捨ての器ではなく、救いを得

聖徒に絶えず示される神の力です（1 コリ 1:18）。十字架は、イエス・キリストが私たちに約束した永遠の命（ヨハネ 2:25）が限りなく湧き出る源泉です。十字架にかかる前日の夜、イエス・キリストは最後の晩餐の席で杯を手に取り、感謝して弟子たちに与えて、「これは、罪のゆるしを得させるようにと、多くの人のために流すわたしの契約の血である。」(マタ 26:28、マル 14:24、ルカ 22:20、1 コリ 11:25、ヘブ 9:20；10:29；12:24；13:20) と言われました。

　十字架の尊い血潮は永遠の命を与える契約の血であり、この尊い血潮によって罪赦され、救われた聖徒の霊魂は神の灯火となります（箴 20:27）。イエス・キリストの聖徒は、漆黒のような闇の権勢を破って諸々の国を照らす灯火になって、遠大な救済の完成の日まで永遠に消えないで延々と燃えなければなりません。

　私はこの本を書きながら、イエス・キリストの血潮に染められた十字架を胸に抱いて、十字架の上で流された一粒一粒の尊い血潮がこの書の中で、鮮かに証されるよう祈る思いで専心全力を尽くしました。この書を通じて、神の足跡に従う（1 ペテ 2:21）、「十字架の人」として神の生きた灯火になりましたら、それより大きい慶びはないでしょう。「十字架の人」は命の書に、その名前が記録された者です。地に住む者で、イエス・キリストの命の書に、その名を記されない者は皆、獣を拝み（黙 13:8）、永遠に消えない火と硫黄の池に投げ込まれますが（黙 20:15）、小羊の命の書に名を記されている者は、栄光に輝く新しい都エルサレムに入ることになります（黙 21:27）。

　ですから、日々、信仰の戦いを立派に戦い抜き、決して落胆することなく走るべき行程を走りつくし、信仰を守り通してください（1 テモ 4:7）。ひたすら信仰をもって世に勝利してください（1 ヨハ 5:4 〜

永遠に消えない契約の灯火

5)。そして父なる神が、「わたしの父に祝福された人たち、天地創造の時からお前たちのために用意されている国を受け継ぎなさい。」(マタイ 25:34) と語られる時、大胆に、「アーメン」と応答する神の民になりますよう主の御名による祝福を切に祈ります。

　取るに足りない罪人がイエス・キリストの十字架の尊い血潮によって贖われたことも感謝すべきことですが、50 年以上も神のみことばを宣べ伝える管理人としての務めを続けてきたことは何ものにも代えがたい大きな祝福です。そして、私の人生のたそがれを迎え行く中で、私の信仰告白であり、神学思想の結晶であるこの本を出版することができたのは、ただ神の恵みによるものであり、言葉に尽くせない感謝でいっぱいです。現在、救済史シリーズを全部で 12 巻、執筆しようと計画を立てて、全力で走っているところです。しかし、神が私の歩みを導いて下されば完成できるものと思いますので (箴言 16:9)、すべての計画と主権を神の御手に委ねるのみです。この老僕一人の力で、この救済史シリーズ全巻を出版するということは決してたやすい事ではありません。これまで、色褪せたまま死蔵されるところだった多くの原稿が、本として発刊されることは、刻々限りない恵みを満たして下さった神の御手による驚くべき助けと、そして陰で支えて下さった多くの方々がいたからです。

　取るに足りない者の 1 作目である『創世記の系図』と、2 作目『忘れていた出会い』に続き、3 作目の『永遠に消えない契約の灯火』を出版するために祈りで支えてくれた、愛する同労者や長老、そしてすべての聖徒たちに改めて感謝を申し上げます。また、印刷や出版に際し、力をつくして下さった三栄印刷所、金・テックジュン社長や職員

の方々、そして輝宣出版社の関係者の方々に心より感謝を申し上げつつ、すべての光栄を生きておられる神に帰したいと思います。

　何卒、この本を読むすべての方々と、聖なる主のしもべたち、イエス・キリストの血潮の対価を払って買われた全世界の教会が、イエス・キリストの系図による神の救済史的経綸を悟ることができますように。そして、神のみことばに在る感動と、「アーメン」の和合がすべての口を通して唱えられますようにと切に願います。

2009年3月7日
御国に行く旅路にて
イエス・キリストのしもべ　朴潤植（パクユンシク）牧師

# 目　　次

書評・2

推薦のことば・8

著者による序文・19

**第 1 章**　すべてにまさる神・29

Ⅰ. すべてにまさる神の愛・31

1. すべてを造られた大いなる主（神）
2. 広大な宇宙
3. すべてのものを支える神
4. すべてにまさる神のアガペーの愛

Ⅱ. 救済史と契約・48

1. 契約の最初の啓示（原始福音）
2. ノアとの契約（虹の契約）
3. アブラハムとの契約
4. シナイ山での契約
5. ダビデとの契約
6. エレミヤの新しい契約

Ⅲ. とこしえの契約の成就者イエス・キリスト・60

1. ノアの契約とイエス・キリスト
2. アブラハムの契約とイエス・キリスト
3. シナイ山での契約とイエス・キリスト
4. ダビデの契約とイエス・キリスト
5. エレミヤの新しい契約とイエス・キリスト

第2章 救済史的経綸とイエス・キリストの系図・71
　Ⅰ. イエス・キリストの系図・75
　　1. アブラハムとダビデの子孫
　　2. 女のすえ

　Ⅱ. イエス・キリストの系図の構造・82
　　1. マタイによる福音書1章の系図と
　　　　　ルカによる福音書3章の系図の比較
　　2. マタイによる福音書1章の系図の構造（マタイ 1:1-17）
　　3. ルカによる福音書3章の系図の構造（ルカ 3:23-38）

　Ⅲ. イエス・キリストの系図に示された三つの時期・99
　　第1期 - アブラハムからダビデまでの14代
　　第2期 - ダビデからバビロンへ移住するまでの
　　　　　　　　　　　　　　　　王政期14代
　　第3期 - バビロンへ移住してから
　　　　　　　　　　　イエス・キリストまでの14代

　Ⅳ. 省略された世代と記録された人々の名前・109
　　1. エジプトでの奴隷生活430年間の中で省略された世代
　　2. カナン定着からダビデ王まで省略された世代
　　3. 南ユダの王たちの支配期間から省略された世代
　　4. 系図に記録された人々の名前
　　　解説1・一目で見るイエス・キリストの系図42代・115

第3章　イエス・キリストの系図第1期の歴史
　　　　　―アブラハムからダビデまでの14代・119
　　　　解説2・マタイによる福音書の42代人物概要＜第1期＞
　　　　　―アブラハムからダビデまでの14代・123
　　　1 アブラハム 2 イサク 3 ヤコブ 4 ユダ 5 パレス
　　　6 エスロン 7 アラム 8 アミナダブ 9 ナアソン
　　　10 サルモン 11 ボアズ 12 オベデ 13 エッサイ 14 ダビデ

第4章　士師時代の歴史・199
　　Ⅰ. 士師に対する理解・203
　　　1. 士師の定義
　　　2. 士師時代の特徴

　　Ⅱ. 士師時代の年代・210
　　　1. 互いに重複するとも言われる士師エホデと
　　　　　　　　　　シャムガルの活動した期間
　　　2. 互いに重複していたと見られる士師トラと
　　　　　　　　　　ヤイルの活動した期間
　　　3. 互いに重複していたと見られるアンモンの虐待
　　　　（士師記 10:7-8）とペリシテの圧制（士師記 13:1）
　　　解説3・士師時代の年代記・214

　　Ⅲ. 士師たちの活動・218
　　　1 オテニエル 2 エホデ 3 シャムガル 4 デボラ 5 ギデオン
　　　6 トラ 7 ヤイル 8 エフタ 9 イブザン 10 エロン
　　　11 アブドン 12 サムソン

## 第5章 サウルからダビデまでの歴史・289

Ⅰ. サウル王の歴史・292

1. サウルの選択　　2. サウルの治世
3. サウルとダビデの関係　　4. サウル王家の惨めな没落

Ⅱ. ダビデ王の歴史・308

1. ダビデの逃避生活

第1期 - ラマからハレテの森までの行路
 1 ラマ　2 ギベア（ヨナタンへ）　3 ノブ　4 ガデ
 5 アドラムのほら穴　6 モアブのミヅパ　7 ハレテの森

第2期 - ケイラからジフの森までの行路
 8 ケイラ　9 ジフの荒野　10 マオンの荒野
 11 エンゲデの荒野　12 パランの荒野
 13 カルメル　14 ジフの荒野

第3期 - ペリシテの地　ガテからチクラグまでの行路
 15 ガデ　16 チクラグ

2. ダビデの即位　　3. ダビデの契約と戦争の勝利
4. ダビデの犯罪　　5. アブサロムの反乱
6. ダビデの晩年

## 結論 - 永遠に消えない契約の灯火・389

1. イエス・キリストの系図と救済史的経綸
2. 消えない契約の灯火
3. 救いの御わざを成し遂げる神の熱心

各章の註・404

# 第 1 章
# すべてにまさる神

God Who is Greater than All

# I
## すべてにまさる神の愛

　私たちは神をすべてにまさる大いなるお方であると考えています。聖書は神を「大いなる神」であると言っています（エズ 5:8、ネヘ 4:14、詩 95:3、ダニ 2:45、テト 2:13）。イエス・キリストも頑ななユダヤ人たちの前で神を「すべてにまさる父」（ヨハネ 10:29a）であると言われています。

　　ヨハ 10:29「わたしの父がわたしに下さったものは、すべてにまさるものである。そしてだれも父のみ手から、それを奪い取ることはできない。」

　この「すべて」（πᾶς、パース）は、宇宙とその中にあるすべてのもの、すなわち見えるものと見えないものを含んでいます。すなわち有形的存在と無形的存在、物質的存在と非物質的存在など全体を指しています（コロ 1:16-17、ネヘ 9:6、行 14:15;17:24-25、黙 5:13;10:6）。

　神はこの万物を６日間でみことばによって創造され（創 1:7.15.24.30. 詩 33:6-9、ヘブ 11:3）、無から創造され（創 1:1）、直ちに創造され（創 1:3.11-12.16.21.25;2:7.19.22）ました（創 1:3-31）。この万物を創造された神は比類なき大いなるお方です。

　すべてにまさる神は「大いなる神」（詩 48:1;96:4-5;135:5;145:3;147:5）です。ダビデは「主は大いなるかたにいまして、いとほめたたうべき者、もろもろの神にまさって、恐るべき者だからである。」（代

上 16:25）と告白しました。ここで「大いなる」とはヘブライ語のガードール（גדול）で、「偉大なる」という意味で、人間の頭脳ではすべてを測り知れないほど膨大な状態を言います。

　神は広大な地や無限の宇宙さえも自らの住まいとしては足りないほどのはなはだ大いなるお方です（王上 8:27）。

# 1. すべてを造られた大いなる主（神）

　私たちが信じて仕える神は、すべてにまさる父（ヨハ 10:29）、万有のかしら、（代上 29:11）、すべてのものの父（エペ 4:6）、すべてのものを造られた大いなる主です（創 1:1;14:19;22、出 20:11、代下 2:12、ネヘ 9:6、詩 102:25;124:8;134:3;136:6;146:6、マタ 11:25、行 4:24;17:24）。

　すべてとは「この世にあるすべてのもの、万象、宇宙に存在するすべてのもの」で、天に属するものと地に属するすべてを含むものです。全人類を含めて宇宙にあるすべてのものは、神が施す特別な恵みと憐れみの中にあります（詩 145:9）。

　「すべての主」というのは、神は創造主であり、主権者であって人々に命を与え、すべての物を自ら統べ治める（詩 103:19）絶対者であることを表します。

# 2. 広大な宇宙

　大いなる主である神が創造されたすべてのものは、不思議さえ増し加えられて測り知れない広大さと無限さに驚くばかりです。人間の肉

眼と最先端の望遠鏡の力を総掛かりにして、最大限界にしても、それは宇宙の中の極めて小さな一部に過ぎません。

　測り知れない無限で広大なる宇宙はさておいて、今私たちが住んでいる太陽系の大きさを大まかに調べても、すべてにまさる神とその愛の無限さに感服するばかりです。

## （1）地球、太陽、月、星の大きさ

　地球は太陽を中心に回転する太陽系で第3番目の惑星で、半径が6400km、周囲が4万km、表面積が5億1450万km$^2$であり、体積は1兆975億km$^3$、重さは約$6 \times 10^{24}$kg（6兆トンの1億倍）というはなはだ大きい惑星です。

　私たちの目に一番大きく見える太陽は、半径が70万kmで地球の100倍以上で、重さは地球の約33万倍です。特に太陽の体積は地球の130万倍もあり、太陽の中に地球のような惑星が130万個も入る並はずれた大きさです。地球のエネルギーはほとんど太陽から受け、太陽の外部温度は6000度、内部温度は1500万度あり、天文学者たちの間ではそのエネルギーが1メガトン級の原子爆弾を1秒に4000万個ずつ連続で爆破する力と等しいと言われています。

　夜空で私たちと一番親しみ深い月は、半径が1738kmで地球の半径の約4分の1の大きさで、月までの平均距離は約38万kmです。月の表面温度は昼には平均107度まで上りますが、夜には平均零下153度まで下がる極限の寒さです。一方、月は自転の速度と公転の速度が同じであるために私たちの目に見える、月の満ち欠けの形は全体ではなく半分です。今まで月の裏側は、直接探査した人の以外は誰も見られなかったのです。

宇宙には太陽よりも数百倍大きくて重量ある星が、数えきれないほどあります。私たちの肉眼で見られる星の数は約6000個で、1900年代初の世界最大の大きさを誇ったウィルソン山天文台の直径100インチ（2.5メートル）の望遠鏡に映る星が1億2400万個と言われ、望遠鏡でも見られず、数えられない星がどれほどあるのかは分からないのです。

　私たちが住んでいる地上から肉眼で見える空の銀河系を「我々の銀河系」（Our Galaxy）と言いますが、我々の銀河系は太陽を含んだ2千億個の星が集まって成す円盤形の大きい集団です（直径約10万光年、厚さ約5万光年）。

　宇宙には我々の銀河系のような銀河系が1千億を超えると言いますから、宇宙には2000億×1000億個以上のまったく数え切れない星が存在するのです。アインシュタインは、宇宙は私たちが識別することができる空間の10倍になると推定し、全宇宙の星が$10^{25}$個ほどあると言いました。人が1秒に20個ずつ数えるとすれば10万兆年かけてやっと数えられるほどの数です。実に神がアブラハムに「天を仰いで、星を数えることができるなら、数えてみなさい。」（創15:5）と言われたように、またエレミヤに「天の星は数えることができない。」（エレ33:22）と言われたように、空の星の数は数え切れません。創世記1章16節には「また星を造られた」と言われていますから、神の巨大な創造の御わざに感嘆せざるを得ません。

　なおその幾多の星は一つも似ていないし、大きさ、色、明るさまでも多様です。天文学者たちは一番明るい星（1等星）に固有の名を与え、残りはローマ字を付け、また固有の名やローマ字も付いてない星には、数字を付け、それ以外の星は名前さえ分からず、多くを占めています。

しかし神はその星の数がいくらあってもその数を定め「数のとおり」名を与え、数を数え、その名を呼びます（詩 147:4）。

イザ 40:26「目を高くあげて、だれが、これらのものを創造したかを見よ。主は数をしらべて万軍をひきいだし、おのおのをその名で呼ばれる。その勢いの大いなるにより、またその力の強きがゆえに、一つも欠けることはない」

神はまるで軍隊の指揮官が部下たちを点呼するように、空のすべての星を創造して指揮する最高司令官です。そのため、星は自分勝手に散らばって動くことがなく、ただ決められた場所で決められた法則に従って正確に運行されています。星の指揮官である神が呼べば、天地が一斉に応えて立ち上がります。

これら多数の星は、それぞれどれほどの大きさなのでしょう。地球で最も大きく見えるあの太陽も、広大な宇宙にある星の一つであり、太陽より数百倍も大きい星もあります。赤色巨星は太陽の 10 倍程度、超巨星は 100 倍以上、サソリ座のアンタレスは約 230 倍の大きさです。宵の口となれば冬空に目立つ星がありますが、中でもオリオン座にあるベテルギウス（Betelgeuse）という赤い星です。この星は太陽が 5 億 1200 万個も入るほどの大きさです。まことに私たちが住んでいるこの地球は、全宇宙のすべてのものの中でも極めて微細なほこりに過ぎません（イザヤ 40:15）。

## (2) 星と星との無限の距離

私たちの目には星が空に隙間なくきらきら輝いているように見えますが、実際星はおおよそ 5 光年離れているそうです。星と星との距離は、日常的に使うメートルやキロメートルなどの単位を使っては到底

I　すべてにまさる神の愛

測ることができないために、「光年」(light year) という天文学的な単位を使います。1 光年は、秒速 30 万 km の速度の光が 1 年間進行する距離です。光は 1 秒に地球の周りを七回半回ることができます。この速度で 1 年間に進む 1 光年の実際距は $9.4608 \times 10^{12}$km（9 兆 4608 億 km）です。地球と 1 億 5000 万 km も離れた太陽までは、時速 900km の飛行機で休まず飛べば、19 年かかり、光の速度では 8 分位かかります。ところが「1 光年」と言う時、太陽までの距離の約 6 万 5000 倍にあたる距離として、時速 100km の自動車で走ったとしても約 1 千万年はかかります。それほど長い距離なのです。「1 光年」は、一言でまったく説明することのできない無限の距離であるようです。ところで空に隙間なくきらきら輝いている星と星との距離が 5 光年と言いますが、宇宙の広大さをどうやって測ることができるでしょうか。

地球から一番近いと言われるセンタウルス (Centaurus) 座にあるアルファ星でも、地球から約 4.3 光年離れています。一番明るい星であると言われるシリウス（天狼星、Sirius）までは 8.7 光年であり、地球自転軸の北極の空にある北極星（Polaris）までは 400 光年離れています。サソリ座 (Scorpius) の周りには地球から 5600 光年も離れている恒星もあります。

宇宙の広大さはこれで止まることなく、星が集まって「銀河」を形成し、銀河が集まって「銀河団」を形成し、銀河団が集まって「超銀河団」を形成し、超銀河団が集まって「広大な宇宙」を形成します。最近の研究によれば銀河も無秩序に散らばっているのではなく、巨大な鎖構造と言うべき秩序整然とした姿を成していると言われています。このような銀河と銀河との平均距離は約 200 万光年です。ですからこの宇宙がどれほど広大であるかお分かりでしょう。このように神

が第二日目に創造された「大空」（創 1:6-8）は、人間の知識の限界を超えた実に無限広大なのです。このような宇宙の無限広大さに比べれば、人間は滄海一粟に過ぎません。

　私たちが、主なる神が造られたこの地上の世界もすべて知ることができないのに、ヨブの告白のように宇宙を造られ、すべてのものを統治する限りない神とその力の深みを窮めることはできません。さらに、主が行うすべての足跡を探り、悟り得ることは不可能でしょう（ヨブ 9:8-10;11:7-9;37:23、伝 3:11）。

　　ヨブ 5:9「彼は大いなる事をされるかたで、測り知れない、その不思議なみわざは数えがたい」

　私たちは空を眺め、大自然に接する度に人間の無知を痛感し、限りない神の知恵を讃美するばかりです。神はヨブに「無知の言葉をもって、神のはかりごとを暗くするこの者はだれか。」（ヨブ 38:2）と叱ったことがあります。ヨブ記 26 章 14 節にも「見よ、これらはただ彼の道の端にすぎない。われわれが彼について聞く所はいかにかすかなささやきであろう。しかし、その力のとどろきに至っては、だれが悟ることができるか。」と言われています。人間があまりにも卑しい者のために、全世界の知識をすべて用いるとしても神の微かなささやきにも堪えられないのに、その力のとどろきに至れば誰が悟ることができるでしょうか。詩篇にも「主よ、あなたのみわざはいかに多いことであろう。あなたはこれらをみな智恵をもって造られた。地はあなたの造られたもので満ちている。」（詩 104:24）と言われました。

　実に人間の浅い知恵で神のなさる御わざを知ることもできなければ、それを判断することは本質的に不可能なことです（伝 8:17、1 コリ 1:21）。私たちは膨大で無限にひとしい宇宙を日々秩序正しく運行し、摂理なさる神に感謝と讃美をするだけです（詩 136）。

Ⅰ　すべてにまさる神の愛

# 3. すべてのものを支える神

## （1）巨大な銀河を動かせる神

　宇宙の中で人間は、この非常に大きい地球に支えられて、秒当たり約460mの自転速度（一般旅客機の2倍速）と秒当たり約30kmの公転速度（ミサイルロケットの3倍速以上）で動きながら、秒当たり220kmの速度で銀河の中心を回転しながら宇宙旅行をしています。

　また銀河は、銀河の中心を約2億年（1銀河年）に1回ずつ回転すると知られています。この銀河の中心を形成しているのが巨大なブラックホールですが、これは物質が極限まで収縮することによって一箇所に生成されたものです。我々の銀河系にあるブラックホールは太陽の約400万倍にもなる巨大なもので、光に近い速度で回転しながら宇宙空間自体を回転させるものであると知られています。

　これは神が「力あるみことばをもって万物を保っておられる」結果であり（ヘブ1:3）、創造の保存であると呼ぶことができます。保存は、神が創造したすべてのものをそのまま維持する神の継続的御わざです。したがってヘブル人への手紙1章3節の「保っておられる」（φέρω、フェロー、upholding）とは、神が創造されたすべてのものを保存する状態が続くことを言います。もし神がその力のみことばを取り上げられるならば、宇宙全体の秩序はあっという間に破壊されてしまうでしょう（2ペテ3:10）。これによって私たちは実にすべてのものに恵みを与える神の憐れみを見ることになります（詩145:9）。科学者ニュートン（Isaac Newton, 1642-1727）は、宇宙のすべての物体の間に作用するお互いに引き寄せる力を「万有引力」と表現しましたが、これはすべての天体を正確にその軌道に保っているみことばの力を証明しています。

## (2) 星が奏でる宇宙の巨大なハーモニー (harmony)

　アメリカ航空宇宙局（NASA）は、宇宙探査機カッシーニ／ホイヘンス（Cassini-Huygens）が収集した土星とその周辺衛星の音を公開したことがあります。物体が急速に回転する時には音を発するので、神の御手によって回転する無数の星と星との間にははなはだ大きい音が響くでしょう。しかしその音はうるさい轟音ではなく、調和の内に相共に歌うようであると神は言われました（ヨブ 38:7）。ですから宇宙は数千億の交響楽であり、大いなる主の楽器であると言えるのでしょう。

　人間の聴神経は限りがあり、制限された領域の音しか聞くことができません。この宇宙的な大音楽を今は聴くことができませんが、将来天の世界で、この宇宙的音楽とともに私たちは主をほめたたえるでしょう（黙 4:10-11;5:11-14;14:3）。

　このような宇宙の交響楽に対して、詩篇 19 章 2 節には「この日は言葉をかの日につたえ、この夜は知識をかの夜につげる。」と言われています。ここの「つたえ」はヘブライ語の「ナーヴァ（נָבַע）」の使役形で、「噴出する」、「出し切る」、「泉が湧くようだ」、「ほとばしる」という意味です。昼の間に天の下にある万物が神の創造の摂理をほめたたえ、その光栄をすべて噴出するように流し出しながら相次いで、やって来る昼に欠かすことなく伝えるという意味です。そして 1 日が過ぎた後にまた昼が来る時、前日と変わらない秩序を成しているという、実に素晴らしい賛美です。このような秩序は神が天地創造の時に決めたとおりで（創 1:14）、ノアとその家族と交わした保存の約束のとおりです（創 8:20-22;9:11）。これを指して、神はエレミヤを通じて「昼と結んだわたしの契約…夜と結んだわたしの契約」（エレ 33:20）と言われています。

## （3）宇宙の完璧な秩序と調和

　全宇宙は無秩序ではない、神一人による完全な秩序と高度の調和で成り立った世界です。その理由は広大な宇宙が完璧で精巧な設計を土台に創造された、神の救いの御わざの経綸に従って、それぞれの座に正確に配置されたからです（詩 103:19、箴 3:19、エレ 10:12）。

　このように宇宙の秩序整然とした動きと美しい調和は、堕落した人間を救うための神の偉大さと真実と恵みの証であると言えます。夜と昼の正確な入れ替え、季節の循環と被造界の奥妙な変化は世を救うための神のいつくしみが持続されているしるしです（創 8:22、申 4:19、詩 136:5.9）。

　詩篇の著者は 19 章 1 節を通じて「もろもろの天は神の栄光をあらわし、大空はみ手のわざをしめす。」と告白し、そのみ手のわざに対する賛美が天地を造られてから絶たれることなく続いていることを謳いました。私たちが夜と昼、その 1 日の中に完璧に啓示されている神の創造の摂理に目覚め、耳をすませば、その中に込められた神聖を決して否定することができないでしょう（ロマ 1:20）。

# 4. すべてにまさる神のアガペーの愛

　私たち一人を救うためのすべてにまさる神の愛は、測ることのできない無限そのものです。巨大な宇宙万物から見られる、神の広大さは私たちと無関係ではなく、堕落した人類の救いのために御わざがなされる所である私たちの生活に深くつながっています。夜空の天体を見ることだけでも驚きを禁じ得ないのに、そのような広大な宇宙を造り、それを一寸の誤差もなく動かす神が、ちりにも劣る卑しい人間に特別な関心をもって、救いの恵みを施してくださるという事は実に感慨無量です。この神を指して、詩篇は「高い御位に座し、身を低くする」

（詩 113:5-6）神であると言われています。神が創造された空と月と星を見ながら、その中に隠されている贖いの摂理を悟り、ダビデも「人は何者なので、これをみ心にとめられるのですか」（詩 8:4）と心の底からの感激を表しました。実に一人の魂を救うための主のみわざはあまりにも大きく、主の思いはいとも深くて（詩 92:5）、宇宙がいかに広くとも天下にまさる一人の人間とは比べることができません（マタ 16:26、ルカ 9:25）。

　新旧約聖書の中で、このような救いの本質を要約した一句のみことばを選ぶとするならば、ヨハネによる福音書3章16節でしょう。
　　ヨハ 3:16「神はそのひとり子を賜わったほどに、この世を愛して下さった。それは御子を信じる者がひとりも滅びないで、永遠の命を得るためである。」

　実に素晴らしい福音の真髄であり、救いと永遠の命の真理です。これは永遠に地獄の硫黄の池に落ちるしかない一人の罪人を救おうとする、すべてにまさる大いなる神の贖いの経綸と摂理を圧縮した偉大なるみことばです。

## (1)「神は」
　ここで「神」とは、父なる神（God the Father）を示します。ギリシャ語では「セオス」（θεός）で、旧約の「エローヒーム」（אֱלֹהִים）と同じ意味です。
　この神は本質的に三位一体の神です。神は本体が一つで位が三つあります。すなわち、父、御子、聖霊です（マタ 28:18-20、2コリ 13:13）。また神は、唯一の神(the one and only God)であり（ヨハ 5:44、1コリ 8:4；6、1テモ 2:5、ヤコ 2:19）、時間と空間を超越する全能

なる神です（エペ 4:6）。この神は万物を創造され（行 17:24、ヘブ 3:4）、創造されたものを守り、摂理をなすお方です。

### (2)「世を」

「世」はギリシャ語で「コスモス」（κόσμος）です。コスモスは新約聖書のハングル訳に 185（137、151、185）回使われ、その中でも使徒ヨハネによって、ヨハネによる福音書で 78（57、77）回、ヨハネの手紙で 24 回使われました。

コスモスは、宇宙を含めて堕落した罪人、それぞれを示す包括的な意味を持っています。

第一、コスモスは宇宙を指します。旧約聖書の「天と地」の同義語です（行 17:24）。

第二、コスモスは人類の住まい、人々が住む領域としての地球を意味します（ヨハ 21:25、1 テモ 6:7）。

第三、コスモスは人々と人類を指し、ヨハネによる福音書 3 章 16 節の「世」の意味です。これらはすべての人種（all kinds of human race）や、罪と死のくびきを負わせられ、閉じこめられて暮すすべての人々でもあり、その中には私たち一人ひとりもすべて含まれています（ヨハ 1:10;3:17;4:42、2 コリ 5:19）。ヨハネによる福音書 1 章 29 節では「見よ、世の罪を取り除く神の小羊」と言われています。ここで「世の罪」とは、「世にある人々の罪」を指します。ヨハネによる福音書 3 章 17 節では「御子によって、この世が救われるためである」と言われていますが、この「世」も世にある人々を指します。世の人々はイエス・キリストによってのみ救いを受けることができます（行 4:12）。

上でいかに強い力を持つ国民も、すべてのものにまさる大いなる神

には「おけの一しずく」のようであり、「はかりの上のちり」のようでもあり、決して動かないように見える島々も、神には「あげられるほこり」に過ぎません（イザ 40:15）。もろもろの国民を合わせても、神にはなきにひとしいものです（イザ 40:17）。それゆえに、すべてのものにまさる全宇宙を造られた大いなる神が、ほこりにも劣る私たちに集中的な関心を持って尋ねて下さったこと自体が救いの神秘であり、計り知れない無限の愛なのです。

## （3）「ほどに、愛してくださった」

「ほどに、愛してくださった」は、ギリシャ語で「ウートス　ガル　エーガペーセン」（Οὕτως γὰρ ἠγάπησεν）で、ヨハネによる福音書 3 章 16 節において強烈な一言です。罪人を贖うための救いの動機は神の愛であり、その愛は「賜わったほどに愛してくださった」愛です。

ここで「ウートス」（Οὕτως：ほどに）は、「〜ほどに無限に、〜ほどに数え切れない、いとも、大いに」という意味です。この「いとも、大いに」は、最大に心と力をつくすことを意味します。

また「エーガペーセン」（ἠγάπησεν）は、自己犠牲の無限な愛を意味する「アガペー」（ἀγάπη）の動詞型として、罪人である人間に対する最も崇高な愛を意味します。この愛はいかなる限界もいかなる条件も超越する限りない愛であり、犠牲的な愛であり、無限に施す愛であり、罪を憎む愛であり、神がまず私たちに与えて下さった愛です（1 ヨハ 4:10;19）。[1]

堕落した人間を救うためにとこしえから定められ、十字架の上でご自身の命を捨てることによって成し遂げられた神の大いなる愛が、今日もこの世の歴史を存在させる原動力となり、私たちを救いに導く強い力となっているのです。

Ⅰ　すべてにまさる神の愛

## (4)「ひとり子を」

　イエス・キリストを神の「ひとり子」と表現するのは（ヨハ1:14.18;3:16.18、1ヨハ4:9）、イエス・キリストが神の「唯一で特別な子」であることを示します。この表現はイエス・キリストは神そのものであり神と等しい方でありながら（ヨハ10:30、ピリ2:6）、罪人の救いのために神の唯一の子として人間の姿になられる愛を示されました。そして、ヨハネによる福音書1章18節では「ただ父のふところにいるひとり子なる神だけが、神をあらわしたのである。」と言われています。

　アブラハムがひとり子イサクを惜しむことなく神に捧げた時、神は「あなたの子、あなたのひとり子をさえ、わたしのために惜しまないので、あなたが神を恐れる者であることをわたしは今知った」（創22:12）と言われながらアブラハムの信仰を認めました。このように神がそれほど愛するひとり子を世につかわし（1ヨハ4:9）、悽惨にも十字架に架けられたのは、まさに私たちに対する愛の確証でした（ロマ5:8）。

## (5)「賜わった」

　「賜わった」はギリシャ語で「エドーケン」（ἔδωκεν）で、「与える、贈る」という意味を持つ「ディドーミ」（δίδωμι）の不定過去時制（aorist tense）です。この時制は過去にあった歴史的出来事を言い、愛と憐れみの神がひとり子であるイエス・キリストをすでに最上の贈物として賜ったことを言います。神が人間に賜った贈物は人間の努力や功や労苦とはまったく関係なく、無償で与えられるものです。

　私たちの救いは、人の正しい行いによるものではなく、ただ「値なしに賜る神による恵みの贈物」です（ロマ5:15、エペ2:8-9）。最高の

贈物はわが主、イエス・キリストなのです。

## (6)「それは御子を信じる者が」

　「信じる」はギリシャ語で「ピステウオー」（πιστεύω）と言います。信仰とは救いの手段であり、信じることは受け入れることです。ヨハネによる福音書1章12節で「しかし、彼を受け入れた者、すなわち、その名を信じた人々には、彼は神の子となる力を与えたのである。」と言われています。「受け入れる」は、ひとり子であるイエス・キリストをあたかも一度だけの旅人としてもてなすのではなく、一生涯の救い主として継続的に仕えることを意味します。私たちがイエス・キリストを人格的救い主として信じることは、神の完全な贈物であり、恵みなのです（エペ2:8）。

　「者が」はギリシャ語で「パース」（πᾶς）で、「それぞれ、すべて」という意味です。これはユダヤ人も異邦人も老若男女、貧富貴賤も問わず、誰でもイエス・キリストを信じるなら、罪と死の中から救いによる永遠の命を得るというみことばです。救いには決して差別がなく、この救いは神が恵みとして賜る完全な贈物です。

## (7)「滅びないで永遠の命を得るためである」

　神が私たちを愛した、たった一つの理由です。イエス・キリストにあって、罪からの解放とそれによる永遠の命の約束は（ロマ8:1、1ヨハ2:25）、イエス・キリストがこの地上につかわされた最終の目的（ヘブ9:28、1ヨハ3:5）でした。「永遠の命」とは単に永遠に生きることを意味するのではなく、神との新しい関係に入ることによって（ヨハ17:3、ロマ5:21）、新しい命を得ることです（ヨハ5:24）。また、世の終わりに実現される復活と変化を通して、永遠に死なない世界である天国で、神と永遠の交わりに入ることを意味します（ヨハ6:40、1

コリ 15:51-52、1 テサ 4:16-17)。これは聖徒の将来に約束された幸福な歩みとして、命の永続に続くことを示すだけでなく、質の面での永遠の命です。

ですからイエス・キリストは、永遠に回復不可能の絶望に陥っていた全人類に最高の福音、大きな喜びの良い知らせです（ルカ 2:10）。そしてイエス・キリストだけが罪人の唯一の仲介者で（1 テモ 2:5、カラ 3:19-20、ヘブ 8:6;9:15）、罪人にとっては恵みに恵みです（ヨハネ 1:16）。

したがって唯一の救い主であり、神のひとり子であるイエス・キリストを信じない者は滅ぼされます。滅びとは神から離れて地獄で刑罰を受けることです。地獄は火が消えることなく燃え続け、苦難の煙が世々限りなく立ちのぼり、うじも死なない所です（マル 9:43;48、黙 14:11）。

近年、学会の報告によると、407℃の海底噴火口近くに生きる海老、貝、バクテリアなどが発見されたと言われています。神が 400 度を超える所でも死なない生物を造ったことを見ると、熱い火の中でも死なずに苦しみを受ける地獄の存在が実感として湧いてきます。しかし、イエス・キリストを信じる者は一人も滅びないで、永遠の命を得て、地獄ではないみ国で永遠の楽しみを享受するでしょう。

すべてのものにまさる大いなる神がおのれを低くして、人間の歴史に「インマヌエル」となられただけでも感謝すべきことですが、獣にひとしい罪人の救いのために虫に等しくなられました（詩 22:6）。何の罪もないお方が（ロマ 8:3、1 コリ 5:21、ヘブ 4:15;7:26;9:14、1 ペテ 2:22-24、1 ヨハ 3:5）自ら十字架に架かり、その聖体が裂かれ、尊い血潮を最後の一滴さえ惜しまず流されました。この十字架の血潮によって、私たちは贖いを受けました（マタ 20:28、エペ 1:7、1 ペテ 1:18-19）。

十字架の上で死なれ、3日目に復活されたイエス・キリスト（ロマ 1:4、1 コリント 15:3-4）は、今も私たちが罪と裁きに勝利し最後の救いを得るまで神の右に座し、私たちのためにとりなしてくださるのです（ロマ 8:34）。このような神の愛を、私たちはどのように表現することができるでしょうか。

　私たちは、この世のあらゆる宝をかき集めても代えられない「永遠の命」という人生最大の宝を受け取ったのです（詩 49:7-8、マタ 13:44-46、ヨハ 10:28;17:2、1 ヨハ 2:25;5:11）。この永遠の命はイエス・キリストご自身であり（1 ヨハ 5:20）、すべてのものにまさる神が虫に等しいとも言うべき人生の中に訪ねられ、救いを与えてくださった、実に大いなる素晴らしい福音です。しかも値なしに賜ったので、私たちは一生涯かけても返すことのできない愛の負債、福音の負債を抱える者です（ロマ 1:14）。負債は必ず返さなければならないものですから、決して避けることはできません。

　私たちがこの負債を返すことができる道があるとしたら、福音を伝えることです（マタ 23:18-20）。それは私たちに向けた神からの最後の言いつけでもあります（マル 16:15、テト 1:3）。イエス・キリストとバプテスマのヨハネが初めに語った福音は、「悔い改めよ、天国は近づいた。」というみことばでした（マタ 3:1-3;4:17、マルコ 1:14-15）。使徒パウロは、自分が福音のために選び別たれ（ロマ 1:1）、福音を伝えることは決して誇ることではなく、伝えない者はわざわいであると語りました（1 コリ 9:16）。私たちが残りの生涯にすべきことは、使徒パウロのように、日々死を覚悟し（1 コリ 15:31）、この福音を伝えながら（行 20:24、ロマ 1:14-15、2 テモ 4:1-2）、力尽きる日まで主のわざに忠実であることです（黙 2:10）。

# II
# 救済史と契約

　聖書は、すべてのものにまさる神の絶対的な主権と、主イエス・キリストの贖いの働きによって人間が救われるという偉大な主題を記録しています。聖書の契約はこれを実際の歴史の中で成し遂げる手段であり、重要なかすがいになります。すなわち聖書は、契約から契約へと引き継がれた救済史の記録であり、「救いを約束する契約書」であると言えます。神がイスラエルの民を鉄の炉のようなエジプトの地から導き、救い出した理由も、彼らと契約を結んで自分の民にし、神自ら彼らの神になろうとしたためです（申 4:20、王上 8:51、エレ 11:4）。

　契約は、神が人間を愛するゆえに特別に与えられた（レビ記 26:9）約束を意味します。人間は契約によって神と一つに結ばれ、人格的な関係を築くのです。ですから、契約の核心的内容と目的は神が人々を自分の民にするということです。まさに、「わたしは彼らの神となり、彼らはわたしの民となる」（エレ 31:33、エゼ 36:28）と言われたみことばの通り、契約の民となるのです（創 17:7、出 6:7、19:5-6、エレ 26:11-12、申 29:13、王下 11:17、代下 23:16、エゼ 37:27、2 コリ 6:16）。

　「契約」は世俗的な観点から見ると、「対人関係において互いの利益を言葉や文字で約束すること」という意味です。このように契約の意

味だけ見ても、契約はお互いに利益があって成立するものです。しかし、神の契約は一方的な恵みの知らせです。神は、約束を嗣業として受け継ぐ人々に対し、その計画を変えることなく（ヘブ 6:17）、常に真実なお方です（ロマ 3:3、1 コリ 1:9;10:13、2 コリ 1:18、1 テサ 5:24、2 テサ 3:3、2 テモ 2:13、テト 1:9;3:8、ヘブ 11:11、1 ペテ 4:19、1 ヨハ 1:9）。聖徒がその契約を忠実に守る時に、神はその契約の通りになしてくださり（詩 103:17-18）、慈しみとまことをもって応えてくださいます。

> **詩 25:10**「主のすべての道はその契約とあかしとを守る者にはいつくしみであり、まことである」

神が人間と結んだ契約の最大の特徴は何ですか？

## 第一、一方的で主権的な契約です。

罪を犯して堕落した人間は（詩 14:3、エレ 17:9、ロマ 3:10）、神と契約を結ぶ資格のない存在にもかかわらず、すべてのものにまさる神は、選んだ民を救うという大いなる計画を成しとげるために一方的に訪ね契約を結ばれました。しかも、アダムが堕落して無能になったとき無条件的な恵みで契約を結ばれました。それゆえ聖書では、契約は神が命じたもの（民 7:11）、結ばれたもの（レビ 26:9、申 5:2）、与えられたもの（行 7:8）と表現しています。このように、契約は神の主権によって結ばれたものであるから、決して破られることのない永遠に変わらない約束です。

## 第二、永遠の契約です。

申命記 7 章 9 節には「契約を守り、恵みを施して千代に及び」と言われています（代上 16:15）。ここで、「千代」とは文字どおりの

1000代ではなく、「永遠」を意味するもので、神の契約が永遠であることを意味します。詩篇105篇8節には「主はとこしえに、その契約をみこころにとめられる。これはよろず代に命じられたみ言葉であって、」と言われています。アブラハムと結んだ契約は、モーセとの契約やダビデとの契約だけではなく、以後の幾多の契約へと絶えず引き継がれました。神の契約は、その効力がすべての世代へと引き継がれ、断たれることがありません。人間の契約書でさえ、いったん作成されたら、これを無効にしたり、付け加えたりすることはできません（ガラ 3:15）。神の契約はより堅固で、その契約の効力はとこしえに続きます。神は契約を破った民さえもあきらめず最後まで守られました（エレ 29:10）。

　また、神は時代ごとに契約を更新されました。それぞれの契約はかけ離れたものではなく、改めて結ばれた契約に基づいて引き継がれる統一性と連続性を持ちます。[2] 神が時代ごとに新しい契約を結ぶのは、選民の救いのための贖いの意志をより明確にするためであり、また、神とその民との関係をより堅く結束するためでした。

　ですから、神が結んでくださった契約の中には、人類に対する変わらない恵みと愛が限りなく湧き上がっています。契約があるからこそ、私たちは最後まで究極的な救いに向けた、天国への望みを持つことができるのです。

　いかなる試みにも動じない契約の堅固性、いかに歳月が経って時代が変わっても、決して変わらない永遠性、いかなる状況でも絶対に破棄されたり、撤回されない真実性によって、今日の私たちの望みは揺らぐことがないのです（申 4:31、ガラ 3:17）。

　ここからは、聖書に記録された契約を調べてみることにします。

神はエデンの園のアダムに、「善悪を知る木からは取って食べてはならない。それを取って食べると、きっと死ぬであろう。」(創 2:17)と言われました。これは、アダムの従順あるいは不従順という行いの可否によって、死ぬか永遠に生きるかが決定されるので「行いの契約」と言われます。行いの契約は、神が全人類を代表する人類の先祖アダムと結んだ契約で、これを神学的には「代表の原理」（The Principle of Representation）と言います。

　しかし、エバは蛇の言葉を聞いて、「善悪を知らせる木の実」すなわち、「善悪の木の実」を取って食べ、アダムも女がくれた「善悪の木の実」を食べることによって共に堕落してしまいました（創 3:1-6）。これはアダムとエバが神のみことばに従わず、自分の位置から離れたことを意味します。それで「アダムにあってすべての人が死んでいるのと同じように」（1 コリ 15:22）、アダム一人の罪によって全人類に死が与えられました。

　アダムが堕落してからは、人の贖いのために契約を結ばれましたが、それは「女のすえ」に対する約束（創 3:15）から始まり、ノアの時代（創 6:18;9:8-17）とアブラハムの時代を経て約束され（創 15;17 章）、族長たちに引き継がれ（創 26:2-5;28:10-22）、出エジプトの世代と荒野第 2 世代を通して具体化されました（出 19:5;24:1-7、申 29-30 章）。その後もダビデの時代（サム下 7:12-16）を経て、遂にイエス・キリストを通して完成されました（マタ 26:26-28、マル 14:22-25、ルカ 22:19-20、1 コリ 11:23-25、ヘブ 7:22;8:13）。

# 1. 契約の最初の啓示（原始福音）

　神は堕落したアダムとエバのために、「女のすえ」を約束されました。この約束は形式に従った正式な契約ではありませんが、神が罪を犯し

た人間を救おうとする意図を確かに示された、契約に対する最初の啓示でした。この約束は、「わたしは恨みをおく、おまえと女とのあいだに、おまえのすえと女のすえとの間に。彼はおまえのかしらを砕き、おまえは彼のかかとを砕くであろう。」というみことばです（創 3:15）。このみことばは、「女のすえ」であるイエス・キリストがサタンの力に勝ち、私たちを罪と死、そしてサタンの力からの救いを啓示する新旧約聖書の最初の約束のみことばであるために、「原始福音」と呼びます。

この「女のすえ」とは、堕落した人類を救うために訪れるメシヤに対する約束です。「かしら」は身体の最も重要な部位で、「かしらを砕く」というのは、全く回復できない決定的な敗北を意味します。「女のすえ」として来るイエス・キリストが、サタンとそれに従う勢力を敗北させて完全に勝利することを示してくださったのです（1 コリ 15:22.25-26、黙 20:9-10）。

神は犠牲となった獣の皮で着物を造り、自らアダムとエバに着せられることによって、この契約を再び立証してくださいました（創 3:21）。本来死ぬべき人間の代わりに、獣が犠牲になることによって得られたこの皮の着物は、イエス・キリストが過越の祭の小羊として贖いの十字架を受けることのしるしであり、「女のすえ」に対する約束のしるしです（ヨハ 1:29、1 コリ 5:7）。聖書に記録された神の契約は、「女のすえ」であるメシヤを通して人類を救おうとする、救済史的経綸を土台にして結ばれました。

## 2. ノアとの契約（虹の契約）

神はノアに箱舟を造るよう語られた後（創 6:14）、ノアと契約を結ぶと言われました。この時「契約」という単語が初めて登場します。

創 6:18「ただし、わたしはあなたと契約を結ぼう。あなたは子

らと、妻と、子らの妻たちと共に箱舟にはいりなさい。」

　神がノアと契約を結んだのは、世の裁きから「女のすえ」が来る道を保存するためでありました。洪水が地に起き、天の下の高い山をおおった時、地の上に動くすべての生物は死にました。鳥と家畜と獣、地に群がるすべての這うものとすべての人、鼻に命の息のあるすべてのものが完全に滅びる中、「ただノアと、彼と共に箱舟にいたものだけが残った。」（創 7:23）と言われています。

　洪水の後、神は虹の契約を結びました。これは雲の中にある虹をしるしとして、二度と人類に対して洪水による裁きを行わず、救済史が完成される時まで保存することを約束されたのです（創 9:8-17）。洪水の前の契約はノア 1 人と結んだ契約でしたが（創 6:18）、洪水の後に結ばれた虹の契約は、ノアとその子孫と彼らと一緒にいた「すべての生き物」と結んだ宇宙的な契約でした（創 9:10-12.15-17）。ですから人間の救いが完成される日に、宇宙万物までもすべて回復されるでしょう（行 3:21、ロマ 8:18-23）。

## 3. アブラハムとの契約

　神はアダムに与えられた約束を実現するために、アブラハムを主権的な恵みで選ばれました。そして彼を通して世の諸々の民に祝福を与えようとする計画を立て、契約を結ばれました。これらの意味からアブラハムとの契約は、人類の歴史の中で具体的に実現される救いの計画の設計図であると言えます。ですからアブラハムとの契約は、すべての契約の骨格になります。

　神はアブラハムと 7 回にわたって契約を結びました。[3)]

第一、アブラハムを呼び寄せて初めの約束をされました（創 12:1-3）。

第二、一度目にカナンの地を約束されました（創 12:7）。

第三、再びカナンの地を約束し、子孫に対する約束をされました（創 13:15-18）。

第四、「松明の契約」を通して、子孫とカナンの地に対する約束を再確証されました（創 15:2-21）。

第五、「割礼の契約」を結びました（創 17:9-14）。

第六、再びイサクの出生に対する約束をしました（創 18:10）。

第七、イサクを供え物としてささげられた後、今までの契約に対する最終確証をされました（創 2:15-18）。

神がアブラハムと結んだ契約は、イサク（創 26:3.24）とヤコブ（創 28:13-15;35:12）に繰り返して確証され、アブラハムの子孫だけではなく、地のすべての民にまで効力を及ぼす宇宙的な契約でした（詩 105:8-11、ガラ 3:7-9.29）。

# 4. シナイ山での契約

この契約はイスラエルの民がエジプトを出てから、シナイの荒野でおおよそ 1 年ほど留まった時、神がシナイ山で十戒を与えると同時に結んだ契約です。十戒はすべての律法の核心であり本質であって、ただの律法ではなく神の契約です（出 19:5;24:7）。十戒は戒めであり、律法でありますが（出 24:12）、神の約束が込められている救いの契約でもあります。ですから十戒を入れた箱を「契約の箱」（申 31:26、サム上 4:5、ヘブ 9:4、黙 11:19）、それを記録した本を「契約の書」（出 24:7、王下 23:21、代下 34:30）と呼びました。

シナイ山での契約においてモーセは契約の書（出 20:22-23:33）を

民の前で朗読し、民は「わたしたちは主が仰せられたことを皆、従順に行います」と誓いました（出 24:7）。この契約は、イスラエルの民が神の支配を受けて、心を尽くして神に仕えるならば、神が彼らを守る方となるという約束です。契約が結ばれてからモーセは血を取って民に注ぎかけ、「見よ、これは主がこれらのすべての言葉に基づいて、あなたがたと結ばれる契約の血である。」と読み聞かせました（出 24:8）。出エジプト初期に荒野第1世代と結んだシナイ山での契約は、出エジプト40年11月1日、荒野第2世代に再確証されました。これをシナイ山での契約と区別して、「モアブの平野での契約」と呼びます（申 29:1-29）。

モーセの後を引き継いだヨシュアとその世代の人々がすべて死に絶えた後（士 2:6-10）、イスラエルの民は異邦の憎むべき罪を行い、神を信じず、その契約を完全に忘れてしまいました。このようにシナイ山の契約を守らなかった結果（詩 78:10-11.37）、彼らはもろもろの国を通して多くの懲らしめを受けました。しかし契約に真実な神は、しばしば怒りをおさえて、自分の民をあきらめることなく最後まで支えて（詩 78:38）、遂にダビデとの契約を結ばれました（詩 78:70-72）。

# 5. ダビデとの契約

この契約は、イスラエルの民がカナンに入ってから士師の時代とサウル王の時代を経て、神がダビデ王と結んだ契約です（サム下 7:12-16、代上 17:10-14）。ダビデが神の宮を建てようと願っている時、預言者ナタンを通した彼に対する応えとして、主から与えられた契約です（サム下 7:3-4）。

ダビデとの契約の核心は「ダビデの身から出る子」が神の宮を建

て、神がその王位を永遠に堅くするというものです（サム下 7:12-13）。これはダビデの子ソロモンに対する約束であり、ひいてはダビデ王家を通して王の王であるメシヤが来られ、永遠の神の国を建てるという約束です。神がダビデと結んだ契約は幾つかの特徴があります。

### 第一、誓いによる契約です。

誓い（oath）は一般的に「ある目標や約束を必ず成し遂げようと決心、または約束すること」を意味し、ヘブライ語では「シャーヴァ」（שָׁבַע）で、7を意味する「シェヴァ」（שֶׁבַע）に由来する言葉です。したがって誓いとは「7回繰り返して約束する」という意味を持つ言葉で、当事者の間で必ず守らなければならない約束を指しています。詩篇89章3-4節で「わたしはわたしの選んだ者と契約を結び、わたしのしもべダビデに誓った。」と言われています。続けて神は「ひとたび誓った」（詩89:35）、「ダビデに誓われた」（詩89:49）という表現を通して、ダビデに誓って言われたと明らかにしています。

誓いとは、約束より強い確約です。人の誓いも守るべきものですが、神がある事を誓って確証されたなら、これは改めることのできない確固不動の決定事項です（詩110:4）。不完全な存在である人間が決めた事は、いくらでも変わり、ひるがえされますが、完全な主権者である神が誓い定めた事は決して変わることはないのです。

### 第二、まことによる契約です。

まことは「誠実で偽りのない心」であるという意味です。詩篇89篇49節で「主よ、あなたがまことをもってダビデに誓われた」と言われています。

> 詩132:11「主はまことをもってダビデに誓われたので、それにそむくことはない。」

ここで言う「まこと」とはヘブライ語で「エメット」(אֱמֶת) のことで、「充実だ、真実だ」と言う意味の「アーマン」(אָמַן) から由来されました。神は偽ることのあり得ない真実な方です（ヘブ 6:18）。ですから神がまことによって結んだ契約は、必ず実現される約束であります。誰もその契約を破ることができません（エレ 33:20-21）。イザヤ書 55 章 3 節では、ダビデと結んだ契約について、「ダビデに約束した変わらない恵みを与える。」と言われています。これはダビデとの契約が必ず成就されるという確定的なお告げであり、サタンのいかなる強いそしりも、その契約の成就を妨げることはできないという宣言です。

## 6. エレミヤの新しい契約

　この契約はエルサレムが攻め取られる（BC586 年）直前、最も暗鬱な時代に暮らしていた預言者エレミヤになされた神の約束です（エレ 31:31-34）。

　新しい契約が与えられたのは、古い契約そのものが不完全であるという意味ではなく、不完全な人間を憐れみ、完全な救いを与えようとする神の恵みを反映したものです。神が時代ごとに絶えず恵みを与え、契約を更新したにもかかわらず、イスラエルは数え切れない反逆と不従順によってさらなる犯罪を起こし、遂に破滅の状況に直面しました。新しい契約の目的は、バビロンに捕らわれても、そこで救いの望みを失わないようにするためでした（エレ 51:50-53）。イスラエルの民が新しい契約を堅く信頼し、大切に留めておきながら捕囚の期間を悔い改める機会とし、最後まで耐えなければならないことを勧告しながら、必ず神が彼らを救おうとする力強い意志を示されたのです。

　その内容は大きく二つです。

**第一、神のみことばを自分の民の心にしるそうとすることです。**

エレミヤ書31章33節で、「すなわちわたしは、わたしの律法を彼らのうちに置きその心にしるす。」と言われています。古い契約が石の板に記録されましたが、新しい契約は心の板に記録されることで、私たちが福音を通して「キリストの手紙」になることです（2コリ3:1-3）。その結果、「わたしは彼らの神となり、彼らはわたしの民となる。」というみことばが成し遂げられるでしょう（エレ31:33b、参照‐出6:7；19:4-6、エゼ36:25-8）。

**第二、小さい者から大きい者まで皆、神を知るようになることです。**

エレミヤ書31章34節で、「人はもはや、おのおのその隣とその兄弟に教えて、『あなたは主を知りなさい』とは言わない。それは、彼らが小より大に至るまで皆、わたしを知るようになるからである。」と主は言われています（ヘブ8:8-13）。これは人の教えを受けなくても、聖霊の御わざを通して神を知るようにさせるということです（ヨハ14:26;15:26;16:13）。

エレミヤが預言した新しい契約は、古い契約を実現させる力を持つイエス・キリストがこの地に訪れることによって成し遂げられます（ロマ8:2-4）。それでヘブル人への手紙12章24節では、「キリストは新しい契約の仲保者」であると明らかに語っています。（ヘブ9:15）。イエス・キリストも聖晩餐の時、「この杯は、あなたがたのために流すわたしの血で立てられる新しい契約である。」（ルカ22:20）と言われました（1コリ11:25）。

聖書のすべての契約は、イエス・キリストが人間の救いの唯一で絶

対的な根拠になった十字架の贖いの受難を終えて、新たに人間の救いの最終実現となる永遠の天国の到来を中心にして立てられた新しい契約として帰結されます（マタ 26:27-29、マル 14:24-25、ルカ 22:20、ヘブ 8:10-13、13:20）。だから根本的に、キリストにあってアブラハムの霊の子孫となったすべての聖徒たちは（ロマ 4:11.16、ガラ 3:7-9.29）、契約に関わる者になります。

　すべての契約の核心内容は、神が契約を結んだ人々を自分の民にし、彼らの神になるということです（創 17:7、出 6:6-7;19:4-6、レビ 11:45、26:11-12、申 4:20、29:13、王下 11:17、代下 23:16、2 コリ 6:16）。ですからギリシャ人、ユダヤ人、割礼の者、無割礼の者、未開人、スクテヤ人、奴隷、自由人の差別はなく、新しい契約の仲保者であるイエス・キリスト（ヘブ 8:6）のうちに救われ、神の契約の民となるのです（ロマ 10:11-13、コロ 3:11）。

II　救済史と契約

# Ⅲ
# とこしえの契約の成就者 イエス・キリスト

　今まで述べてきた契約は、すべてイエス・キリストとつながっています。それぞれの契約は共通してイエス・キリストの訪れを証しており、その約束どおりイエス・キリストが訪れたからです。

　神の救済史は、契約を結び、それを成就する歴史のことを言います。聖書は、神がメシヤを遣わして人間を救おうとする契約の始まり、その契約の継承、そしてその契約の成就として神がイエス・キリストをこの地に遣わされたことを裏付けています。

　したがって聖書に現われた契約とイエス・キリストの密接な関係を究明する時、神の贖いの経綸を正しく悟ることができます。

　行いの契約が破れたことで、アダムとエバは歴史的に実在していた美しいエデンの園から追い出されました（創 3:24）。それから（アダム以後）すべての人々は罪によって死と怒りの子になってしまいました（ロマ 5:12、エペ 2:3）。神が堕落した人間に与えた「女のすえ」に対する初めての約束（創 3:15）を根拠にして、後に与えられたさまざまな約束はイエス・キリストの訪れに向かって漸進的に発展していきました。

# 1. ノアの契約とイエス・キリスト

　神はノアとその子孫、そして地のすべての生き物と虹の契約を立てられました。虹の約束の本質は、約束の子孫が生まれる系統が絶たれないようにするために、再び洪水によってすべての肉なる者と地を滅ぼすことをしないという約束です（創 9:11.15）。

　この約束のしるしは、雲の中に置かれた虹です（創 9:11-17）。肉ある者と地が洪水によって滅ぼされ、廃墟になった状況の中で、神はノアに望みを与えながら、虹を雲の中に置いて約束されました。

　大洪水以後、雨が降る度に洪水による裁きが再び来るのではないか、恐ろしさに震えていたノアの時代の人々は、虹を眺めながら安心と平安を抱けるようになったはずです。赤、だいだい色、黄色、みどり、青、藍色、紫色の順に空と地を横切って調和を成した模様は、誰の目にも美しくて深い感動、喜びと平安を与えます。このとこしえの望みの虹こそイエス・キリストです（コロ 1:27）。今日の聖徒たちにもこの望みの虹があれば、恐ろしさは感じないでしょう。暗雲のような患難に襲われても、虹さえあれば安心と希望が生まれます。

　ノアの時代の人々は虹を眺めて安心し、荒野の時代の人々は青銅の蛇を仰いで暮らしたように、今日の私たちも力を尽くしてイエス・キリストを仰ぎ見つつ、永遠の命を受けとらなければなりません（ヘブル 12:2）。このように虹の約束は私たちの生きた望みであり、永遠の慰め主であるイエス・キリストを予表しています（2 コリ 1:3-7、1 ペテ 1:3）。

# 2. アブラハムの契約とイエス・キリスト

　マタイによる福音書 1 章 1 節で「アブラハムの子であるダビデの子、

Ⅲ　とこしえの契約の成就者 イエス・キリスト

イエス・キリストの系図」と言われています。イエス・キリストがアブラハムの子であるということは、一次的にイエス・キリストがアブラハムに属するユダヤ人たちの救い主であることを表わします。しかし、血筋によらず、ユダヤ人でも異邦人でも信じる者は誰もアブラハムに属する者で（ガラ 3:7-9.29)、イエス・キリストはすべて信じる者の救い主です。

　神はアブラハムと幾多の契約を結びましたが、その契約の中にはただ一人イエス・キリストが約束されています（ガラ 3:16）。

　**第一、**創世記12章3節で「地のすべてのやからは、あなたによって祝福される。」と言われています。
　ここで、「あなたによって」というヘブライ語は「ヴェーハー」(בְךָ)で、「あなたの中に」という意味です。ですから神は、弱い人間アブラハムのゆえに、地のすべての民族が祝福を受けると言われたのではなく、アブラハムの中からアブラハムの子として来られるイエス・キリストによって地のすべての民族が祝福されると言われたのです。

　**第二、**創世記15章5節で「天を仰いで、星を数えることができるなら、数えてみなさい。」また彼には、「あなたの子孫はあのようになるでしょう。」と言われています。
　ここで「あなたの子孫」(זֶרַע、ゼラ）は複数ではなく単数で、一次的にはイサクを指しますが、究極的には現われるべきイエス・キリストを指しています（ガラ 3:16)。イエス・キリストこそ、アブラハムに与えられた神の契約を成就させる真の「契約のあとつぎ」（創 15:2-4）です。ですから、このみことばはイエス・キリストによって天の星のように多くの聖徒たちが天国を継ぐことを指しています。

**第三**、創世記18章18節で「アブラハムは必ず大きな強い国民となって、地のすべての民がみな、彼によって祝福を受けるのではないか。」と言われています。

　ここで「彼によって」というヘブライ語は「ヴォー」(בוֹ)で、「その中」でという意味です。ですからこのみことばも、すべての民族がアブラハムの中で、すなわちアブラハムの子として来られるイエス・キリストによって祝福を受けることになるという意味になります。

　**第四**、創世記22章17-18節で、「わたしは大いにあなたを祝福し、大いにあなたの子孫をふやして、天の星のように、浜べの砂のようにする。あなたの子孫は敵の門を打ち取り、また地のもろもろの国民はあなたの子孫によって祝福を得るであろう。あなたがわたしの言葉に従ったからである。」と言われています。

　ここで、「子孫（זֶרַע、ゼラ）」に対して3つの約束をしています。この3つはすべて単数形で、来たるべきイエス・キリストを指しています。

　まずは、「大いにあなたの子孫をふやして、天の星のように、浜べの砂のようにする。」（創22:17）というみことばです。この「あなたの子孫」はアブラハムの子孫として来られるイエス・キリストを指し、その方を通して多くの信仰の聖徒たちが現れることを約束しています。

　次に、「あなたの子孫はその敵の門を打ち取る」（創22:17）というみことばです。これは一次的にあなたの子孫が敵の町を得るという意味ですが、究極的にイエス・キリストがすべてのサタンの力を退けて勝利するという約束です。

　最後に、「また地のもろもろの国民はあなたの子孫によって祝福を得るであろう。」（創22:18）というみことばです。ここで登場する「あなたの子孫によって」はヘブライ語で「ヴェザルアハー」(בְזַרְעֲךָ)と言い、「あなたの子孫の中で」という意味です。ですから、これは来る

べきアブラハムの子イエス・キリストが、地のすべての民族に祝福をもたらせることを約束されたということです。

　以上のみことばを見る時、アブラハムと結んだ契約の核心とその終結点は、将来メシヤとして来られるイエス・キリストなのです。

## 3. シナイ山での契約とイエス・キリスト

　シナイ山での契約とは、神がアブラハムと彼の子孫に対して行った「約束」から430年後（ガラ 3:15.17）、モーセを通してイスラエルに十戒とその他の律法を与えられたことです（出 20-23 章）。ここで神はモーセに律法を与え、モーセは受けたすべてのみことばを民に告げ、民は神との契約をすべて準行すると告白しました（出 24:3.7）。シナイ山での契約にも、イエス・キリストの訪れに対する約束が予示されています。

　**第一、「契約の血」はイエス・キリストの血の予表です。**
　民が契約を順守することを約束すると、モーセは獣の血を取って民に注ぎかけ、契約を確かめながら「契約の血」と言われました（出エジプト 24:8）。

　モーセが立てた、「契約の血」は、イエス・キリストが十字架の上で立てるべき、永遠で完全な「契約の血」に対する予表でした。イエスは十字架を控えた聖晩餐を通して、「これは、罪のゆるしを得させるようにと、多くの人のために流すわたしの契約の血である。」と言われました（マタ 26:28、マル 14:24、ルカ 22:20、1 コリ 11:25）。獣の血は、人間の罪を一時的に贖うことはできますが、イエス・キリストの十字架の血潮は、すべての罪を一度だけで（once for all）で、完璧にかつ永遠に解決します（ヘブ 7:27;9:12.26;10:2.10、ロマ 6:10、1 ペテ 3:18）。

第二、「初めての契約」はイエス・キリストによる「新しい契約」の予表です。

　初めての契約は、神がモーセを通してイスラエルの民と結んだシナイ山での契約です（ヘブ 8:7;9:1.15.18）。イスラエルの民はこの契約を順守すると誓いましたが、全体的に堕落してしまった人間は、罪と弱さのために完全に順守することはできませんでした。初めての契約は、イエス・キリストを通して成し遂げられる新しい契約に対する大望をもたらせます。イエス・キリストは新しい契約の仲保者です（ヘブ 9:15;12:24）。ですから、聖徒たちは自分の力で契約を順守するのではなく、イエス・キリストの内にある聖霊の働きと神の力に従うことで、契約は成し遂げられるのです（ロマ 8:2-4）。

## 4. ダビデの契約とイエス・キリスト

　新約聖書は、「ヒュイウー ダウィド ヒュイウー アブラアム」（υἱοῦ Δαυὶδ υἱοῦ Ἀβραάμ）で始まります（マタ 1:1）。「イエス・キリスト」がアブラハムの子でありながら、同時にダビデの子であることを告げています。ダビデとの契約において最も重要なことは、「ひとり子」すなわち、ダビデの子に対する約束です（サム下 7:12-14、代上 22:9-12、詩 89:28-29）。ダビデに与えられる「ひとり子」は、平和の人であり、彼が神のために家を建て、その国の王位を永遠にまで堅くすると言われています（代上 22:9-10）。

　この契約は、ダビデの子ソロモンがエルサレムの宮を建ててささげることによって一次的に成就されました。しかし、「ひとり子」が国の王位を堅実なものとし、永遠に堅くするという約束は、究極的にダビデの子として来るイエス・キリストが永遠の御国を建てるという約束

です。

　御使いガブリエルがマリアに、「主なる神は彼に父ダビデの王座をお与えになり、彼はとこしえにヤコブの家を支配し、その支配は限りなく続くでしょう。」（ルカ 1:32-33）と言われたのは、確かにイエス・キリストがダビデの契約の成就者として来られたことを証明したことになります（詩 2:7.12、行 13:33-34）。

## 5. エレミヤの新しい契約とイエス・キリスト

　神はエルサレムが滅びる前に、預言者エレミヤを通して新しい契約を立てられました。この新しい契約の主体であり、これを成し遂げる方はイエス・キリストです。イエスは「わたしの血で立てられる新しい契約」（ルカ 22:20、1 コリ 11:25）と言われヘブル人への手紙の記者は、イエスを「新しい契約の仲保者」である（ヘブ 9:15;12:24）と言われています。

　新しい契約にはイエス・キリストがどうしるされているでしょうか。

　第一、イエス・キリストの福音によって、人格と心も変えられる御わざが起きることのしるしです。

> エレ 31:33「しかし、それらの日の後にわたしがイスラエルの家に立てる契約はこれである。すなわちわたしは、わたしの律法を彼らのうちに置き、その心にしるす。わたしは彼らの神となり、彼らはわたしの民となると主は言われる。」

　ここで言う、「うち」とは、ヘブライ語の「ケレヴ」（קרב）で、「心臓、中心」という意味であり、人格を表します。「心」はヘブライ語の「レー

第1章　すべてにまさる神

ブ」(לֵב)で、「うちなる人、心」を意味します。ですから、旧約の律法が人の外的なことを変える契約ならば、新しい契約は人の「人格とうちなる人」を変える契約です（詩40:8、エゼ11:19-20、2コリ3:2-3）。

イエス・キリストも、今まで外的な行いのみを罪と定めていた姦淫の問題を、内的な人格と心の問題に変えて言われることによって、罪の本質を明かしました。マタイによる福音書5章27-28節で、「『姦淫するな』と言われていたことは、あなたがたの聞いているところである。しかし、わたしはあなたがたに言う。だれでも、情欲をいだいて女を見る者は、心の中ですでに姦淫をしたのである。」と言われました。

今までの律法は心にしるされることができませんでしたが、新しい律法は心にしるされる律法です（エレ31:33、ヘブ8:10）。心にしるされる新しい律法、これがまさにイエス・キリストの福音です。

ここで「しるす」はヘブライ語で「カータヴ」(כָּתַב)で、「刻む」という意味を指し、ギリシャ語では「エピグラフォー」($\epsilon\pi\iota\gamma\rho\acute{\alpha}\phi\omega$)と言い、同じく「刻む」という意味です。これは簡単に刻むのではなく、石に刻むように永遠に消されることなく刻むということを意味します。イエス・キリストの福音が心に刻まれる時、神と民の間に永遠の関係が成立されて、「わたしは彼らの神となり、彼らはわたしの民となると主は言われる」（エレ31:33、ヘブ8:10）というみことばが成就されるのです。

神の律法が心に刻まれていない時、イスラエルの民は神に逆らって離れましたが、神のおきてが永久に心に刻まれる時、二度と神の元から離れない真の民になるでしょう。

## 第二、イエス・キリストが与える完全な贖いのしるしです。

エレ31:34「人はもはや、おのおのその隣とその兄弟に教えて、

Ⅲ　とこしえの契約の成就者　イエス・キリスト

『あなたは主を知りなさい』とは言わない。それは、彼らが小より大に至るまで皆、わたしを知るようになるからであると主は言われる。わたしは彼らの不義をゆるし、もはやその罪を思わない。」

ここで「知る」という単語はヘブライ語の「ヤーダ」（יָדַע）で、知識という意味合いにおいて知ることではなく、「顔と顔を合わせる」ように全人格的に知ることを意味します（1 コリ 13:12）。

では、このようなことがどうやって可能になるのでしょうか。それは神が彼らの罪をゆるし、もはや何も思い出さないからです（エレ 31:34b）。原文にはエレミヤ書 31 章 34 節で「... わたしは彼らの不義をゆるし、もはやその罪を思わない」と言われ、冒頭にヘブライ語の「理由を表す接続詞」である「キー」（כִּי）が書かれてあります。ですから神の贖いの御わざによって、人々が神を人格的に知るようになるということになります（ヘブ 8:11）。

人々のすべての罪を赦す贖いの御わざは、イエス・キリストの十字架によって成し遂げられます（エペ 1:7、ヘブ 9:12-13.28）。したがって、イエス・キリストの十字架こそ、すべての人々が神を人格的に知る根拠になるのです。このような意味でイザヤ書 59 章 20 節では、「ヤコブのうちの、とがを離れる者」と契約を結ぶと言われています。神の主権的な恵みにあって悔い改め、イエス・キリストの十字架の贖いの御わざに加わる者が新しい契約の対象になるのです。

イザヤ書 59 章 21 節では、新しい契約の結果として成し遂げられる二つの御わざに対して言われています。

**イザ 59:21** 主は言われる、「わたしが彼らと立てる契約はこれである。あなたの上にあるわが霊、あなたの口においたわが言葉は、今から後とこしえに、あなたの口から、あなたの子らの口から、あなたの子らの子の口から離れることはない」と。

このみことばを見る時、新しい契約が成し遂げられると、神の聖霊とみことばの歴史が、とこしえまで神の民の口から決して離れられないであろうと言われています。ここで「わが霊」とは、ヘブライ語の「ルーアッハ」(רוּחַ)と言い、「聖霊」を意味します（イザ61:1、1 ヨハ 2:27)。「わが言葉」はヘブライ語の「ダーヴァール」(דָּבָר)で、「みことば」を意味します。初代教会の時にも聖霊とみことばが共に働きました。ペテロがみことばを伝える時に、みことばを聞くすべての人々に聖霊が下りました（行 10:44）。新しい契約の時代はイエス・キリストによって到来したが、いまだその究極的で最終的な完成の時は到来していません。主の再臨によって新しい契約が完全に成就されれば、神の聖霊とみことばが永遠に代々に離れることはないでしょう。

　今まで調べてみたすべての契約の主人公はイエス・キリストです。イエス・キリストは聖書に現われたすべての契約の最終的な成就者であり、完成者です。すべての契約は救済史の流れによって、漸次的に確かで鮮かな啓示によってイエス・キリストを証しました。このような契約を中心に、歴史の中で展開された贖いの経綸を圧縮して記録したものこそ、イエス・キリストの系図なのです。

　これから、契約とその成就を中心としたイエス・キリストの系図を追究するにつれ、聖書に表れた救済史の真髄を明らかに悟ることができるでしょう。

第 1 章　すべてにまさる神

# 第 2 章
# 救済史的経綸と
# イエス・キリストの系図

God's Administration in the History of Redemption
and the Genealogy of Jesus Christ

# 救済史的経綸と
# イエス・キリストの系図

　旧約の始まりである創世記は、世界とその中にある万物創造の記事から始まりますが、新約の最初の巻であるマタイによる福音書は堕落した人類を救うため、この世に誕生されたイエス・キリストの系図の記事から始まります。イエス・キリストの訪れを紹介した新約聖書の入り口が「系図」です。

　一般的に系図は、「一族の人々の血縁関係を示した家系図」として、法的権利を示したり、氏族の純粋性を証明し、先祖の業績を誇示しようとする目的によって記録されます。したがって、人々は系図を誇るために、恥ずべき過去は隠し、誇らしい業績は極立たせるなど美化することを厭いませんでした。しかし、イエス・キリストの系図は氏族による系統だけではなく、救済史的な次元から、神の恵みと祝福が受け継がれてきた聖なる系図であり、その中には社会的に卑しめられていた女性の名前も記録されています。

　ユダヤ人の系図は、代々伝わる過程に起きた多くの騒乱や戦争の中でも大切に保存されてきました（代上 1-9 章）。そして、彼らの間では系図に従って嗣業の地が決められ、系図によって長子と次子の序列、そして社会の身分と地位が決められました（代上 5:1-3、民 3:10；26:55；33:54）。

　バビロンから帰還した後、祭司の権限を主張する人は、自分が祭司の子孫であることを系図で証明し、系図が確かでなければ祭司の職か

ら除かれました（エズ 2:61-63、ネヘ 7:63-64）。実際にバビロンからの帰還者の中には自分の系図を証明できず、祭司の職に就けなかったハバヤの子孫、ハッコヅの子孫、バルジライの子孫がいました（エズ 2:61、ネヘ 7:63）。また、氏族と血統がイスラエルに属していることを明らかにすることができないデラヤの子孫、トビヤ子孫、ネコダの子孫も合わせて 652 人もいました（エズ 2:59-60,参照 - ネヘ 7:61-62、642 人）。新約時代にも、「戸籍」を登記するためには各々自分の系図を必ず知っておかなければなりませんでした（ルカ 2:1-4）。系図を大切にするイスラエルでは、ある人を言及する際、その人の父、祖父等、直系及び傍系の幾代を言及しました（民 27:1、ヨシ 17:1、ゼパ 1:1、サム上 1:1、代上 4:37 等）。

　系図がこれほどまでに大切な理由は、その人個人の存在や社会的身分を確認し、正当化されるための確かな証拠であるためです。

　ですからマタイによる福音書やルカによる福音書の系図は、一次的には、ナザレびとイエス・キリストの生まれに対する歴史的事実の確証であり、イエス・キリストの身分を証明するものである、と言えます。イエスはユダヤ人であり、ユダヤのベツレヘムでは、マリアとヨセフの息子として知られていた実存する人物であり（ルカ 3:23）、本質的には神の遠大な人類の救いのためにいにしえから予め定められ、旧約で約束されたメシヤである御子なる神です。イエス・キリストの系図は究極的に、すべての贖いの御わざを圧縮した結晶として、その聖なる系図を最後まで受け継がせた神の契約に対する真実、その契約が成就するまで休まず働く神の恩寵と熱心さを悟らせる救済史の生き生きとしたパノラマです。

# I
# イエス・キリストの系図

マタ 1:1b　　ビブロス ゲネセオース イエースー クリストー
　　　　　　Βίβλος γενέσεως ᾽Ιησου Χριστοῦ
　　　　　　本　　　系図の　　イエス・キリスト

　マタイによる福音書 1 章 1 節の「イエス・キリストの系図」の「系図」とは、ギリシャ語では「ビブロス・ゲネセオース」(Βίβλος γενέσεως) ですが、「ビブロス」(Βίβλος) は、「本」を意味し、「ゲネセオース」(γενέσεως) は、「始まり、起源、根源、実存」を意味する、「ゲネシス」(γένεσις) の所有格です。したがって、マタイによる福音書 1 章 1 節の「系図」を原語では、「系譜の本、歴史の本、起源の本」という意味になります。また、マタイによる福音書 1 章 18 節にも「イエス・キリストの誕生の次第はこうである…」として記されていますが、ここにある「誕生」というギリシャ語も、同じ「ゲネシス」(γένεσις) です。

　旧約聖書の「天地創造の由来」(創 2:4)、「アダムの系図」の (創 5:1)「由来、系図」という言葉は 70 人訳のマタイによる福音書 1 章 1 節の「系図」と同じ「ビブロス・ゲネセオース」(Βίβλος γενέσεως) と訳されています。特に「ゲネシス」は、マタイによる福音書が記録された当時、すでに 70 人訳の「創世記」(Genesis) の標準称号として確定されたことを考えると、マタイによる福音書を記録し始めつつ、「ゲネシス」を記録していたことは創世記を思い起こさ

せます。

　そのような意味で、マタイによる福音書1章のイエス・キリストの系図は、宇宙万物と人の創造の由来（創 2:4）に相応します。そして、アダムから成る歴代の敬虔な族長たちのすべての系図（創 5:1）を網羅する、新・旧約全体の起源が宣布されたものとして見ることができます。言わばイエス・キリストによる「新しい創造」（γένεσις、ゲネシス）を宣言したものです。

　「系図」にあたるヘブライ語は「トーレドート」（תּוֹלְדֹת）で、創世記2章4節では「由来」、創世記5章1節（新改訳では歴史）、6章9節（新共同訳では物語、新改訳では歴史）、10章1節（新改訳では歴史）、11章10節（新改訳では歴史）、27節（新改訳では歴史）、25章12節（新改訳では歴史）では「系図」として、創世記37章2節（新改訳では歴史、新共同訳では由来）では「子孫」として訳されています。これらは系図が神話や象徴または比喩ではなく、歴史の中で起きた実際の出来事を証しするものです。

　マタイによる福音書1章1節は「アブラハムとダビデの子、イエス・キリストのトーレドート」、すなわち実際の歴史上の人物としてのイエス・キリストの系図、歴史、由来、経緯、物語などを教えてくれます。

　特にトーレドートは「出生、子孫、結果、ある出来事や人の歴史」という意味の「ヤーラド」（יָלַד）から由来し、出生や子孫の意味より、その人物のすべての生涯にわたって実現される、神の贖いの経綸と摂理、という深くて広大な意味を持っています。

　「本」を意味する「ビブロス」（Βίβλος）を用いたことだけを見ても、マタイによる福音書1章の系図が、たとえ、ほんの16節に過ぎないとしても、それが一巻の本としてまとめることができるほどの膨大な内容が含まれた完成された本であるということが暗示されています。

第 2 章　救済史的経綸とイエス・キリストの系図

ですからマタイによる福音書1章1節は、ただイエス・キリストの出生という一つの出来事を表すとか、マタイによる福音書や新約聖書の序論に留まるのではなく、始まりの根源と実存を示す新旧約の歴史全体を一つにする重大な宣言として見ることができます。したがって、マタイはイエス・キリストの系図を記録して、イスラエルのすべての歴史を神が直接主張されたことを宣言し、それを示して「イエス・キリストの系図」とすることで、イエス・キリストが旧約の核心であり、新約の根拠であることを宣言したのです（ヨハ5:39、ルカ24:27.44）。

　実に今日までの世界史の中心の軸、歴史の求心力はイエス・キリストによる神の主権的な救済史であり、人類の歴史はイエス・キリストを目指して（目標・起点として）進む救済史の行進でした。ですから神の観点から見る時、系図に載せられた一人ひとりは誰もがイエス・キリストと繋がり、イエス・キリストによる神の贖いの歴史の中で生まれ、暮らし、死んだと言っても過言ではありません。

　イエス・キリストの系図において救済史的に重要な二つの核心は、「アブラハムの子であるダビデの子」として誕生されたイエス・キリストと、「女のすえ」として誕生されたイエス・キリストです。

# 1. アブラハムとダビデの子孫

　新約聖書の始まりは「アブラハムの子であるダビデの子、イエス・キリストの系図」です（マタ1:1）。
　なぜイエス・キリストをアブラハムの子であるダビデの子であると、紹介しているのでしょうか。

**第一に、**イエス・キリストがアブラハムとダビデを通して約束されたメシヤであることをあかすためです。

ユダヤ人たちは、誰よりもアブラハムとダビデを誇りにしていました。アブラハムはユダヤ人の先祖であり、ダビデはイスラエルの王統を確立した王であったからです。

神はアブラハムを通して「また、地のもろもろの国民はあなたの子孫によって祝福を得るであろう。」と約束され（創 22:18）、ダビデを通して「あなたが日が満ちて、先祖たちと共に眠る時、わたしはあなたの身から出る子を、あなたのあとに立てて、その王国を堅くするであろう。彼はわたしの名のために家を建てる。わたしは長くその国の位を堅くしよう。」と約束されました（サム下 7:12-13）。これはアブラハムとダビデの子孫として、メシヤが来ることを約束したものです。

そして、ユダヤ人たちは、アブラハムとダビデを通して預言された「アブラハムの子であるダビデの子としてメシヤが来る」という約束が成就されることを誰よりも望んでいました。ところでイエス・キリストの系図は、「アブラハムの子である、ダビデの子イエス・キリスト」を書の初めに紹介することによって、イエス・キリストがアブラハムとダビデに預言されたそのメシヤであることを力強く宣布したのです。

**第二に、**契約を成就する神の真実をあかすためです。

アブラハムはBC2166年に生まれました。神がアブラハムと初めて契約を結んだのは、アブラハムが75歳のBC2091年です。この時、神は創世記12章3節で「地のすべてのやからは、あなたによって祝福される。」と言われましたが、ここで「あなたによって」とはヘブライ語、「ヴェハー」（בְךָ）で、「あなたの中で」という意味です。ですから、神はアブラハムの中で、アブラハムの子孫として来るイエス・キリス

トによって、地のすべての民が祝福を受けると言われたのです。

　神は、「アブラハムの子孫として誕生されるメシヤ」を約束したのち2087年後にイエス・キリスト（BC4年生まれ）を通して、成就させることによって、必ず契約を成し遂げる神の真実を宣布したのです。

　また、神は、ダビデが7年6カ月間、ヘブロンを治め、BC1003年にエルサレムを治め始めてから結ばれたダビデとの契約においても、ダビデの子孫として来るメシヤを約束し、おおよそ1千年後にイエス・キリストを通して、それを成就されました。

　このようにマタイによる福音書の系図は、イエス・キリストを中心とした救済史的経綸をアブラハムとダビデを通して立てられた契約と、その成就の経緯を説明しています。

## 2. 女のすえ

　アダムが堕落した後、メシヤが来るという最初の約束は、「女のすえ」に関することです。創世記3章15節にある、「彼はおまえのかしらを砕くであろう」というみことばの意味は、蛇の頭を完全に破砕するということです。ですから創世記3章15節は、メシヤことイエス・キリストによるサタンと悪魔に対する勝利を約束する原福音です（黙12:9）。

　マタイによる福音書1章の系図は、イエスの肉的な血縁関係や子孫を示すことにとどまらず、救済史的に、「女のすえ」が来るまで信仰の血統を示すことに大きな意味があります。

　このため、神が人となって来られるべきでしたが、男と女が結ばれることによってではなく、ただ、処女の体から生まれなければなりませんでした（イザ7:14、マタ1:23）。まさにイエスは聖霊によって生まれた、「女のすえ」でした（マタ1:18、ルカ1:35）。

　イエス・キリストは「女のすえ」ですが、本質的には「肉の父」が

いません。イエス・キリストは、異性関係によってではなく、聖霊によって乙女より生まれました。そのお方は私たちとまったく同じ性質を持っていますが、罪性のない「真の神と真の人」（God-Man）であり、私たちの救い主となられました。昔から、イエス・キリスト以外のすべての人はみな男の子孫です。男の子孫というのは、人を生む根源と主体が「男」であるということです（マタ 1:1-17、1 コリ 11:8）。男の子孫はすべてが罪人で（ロマ 3:10）、人間の生殖方法によって生まれた者です。しかし、イエスは聖霊によって生まれた、「女のすえ」であって男の子孫ではありません。[4]

　神は、イスラエルの長い歴史を通して幾多の方法で契約を結ばれ、また、その契約を成就させるために休むことなく、贖いの摂理を進行され、遂にイエス・キリストを女から生まれさせられました（ガラ 4:4）。
　実にイエス・キリストは、聖書に示された契約の通り、歴史の絶頂期に来られ、その約束の通り、罪と死を滅ぼし、サタンの歴史を終結させることによって（ヘブ 2:14、1 ヨハ 3:5.8、ユダ 1:6）、私たちを贖ってくださいました。

　神は契約に基づいて、ご自分の民を救われます。神はその契約を守られ、今日に至るまで贖いの活動を休むことなく進行させてきました。
　不完全な人が約束した事は、いくらでも変えたり、取り消されたりしますが、完全な主権者である神が約束された事は決して変わることなく、すべての約束を必ず成し遂げるのです。実に神は、人とは違い偽ることのできない方で（ヘブ 6:18）、時が来れば一度言われた契約は必ず成就させます（民 23:19、申 8:18b）。神の契約は、人間のいかなる環境や時間の流れによって、変動したり、取り消されたり、消滅されることなく、必ず栄えて実をもたらす確かなものです（イザ

55:11)。まことに天地は消えても神のみことばは一点一画も消えることなく、すべて成就されます（マタ 5:18）。

　ですから私たちがみことばの鉄の杖の力を手にすれば、いかなる壁も乗り越えて、すべての問題を解決することができます。このように約束された方が真実な方ですから、私たちも信仰の望みを揺り動かすことなく、初志一貫、神の約束を堅く握って出て行かなければなりません。

# II
# イエス・キリストの系図の構造

　イエス・キリストの系図は、人類の贖いのために、永遠の昔から立てられた三位一体の神の経綸と摂理が実現された契約と恵みの系図です。

　それは、マタイによる福音書 1 章とルカによる福音書 3 章に 2 回記録されています。マタイによる福音書はダビデの子ソロモンにつながった系図で（マタ 1:6）、ルカによる福音書はソロモンの腹違いの兄ナタン（サム下 5:14、代上 3:5；14:4）からつながる系図です（ルカ 3:31）。マタイによる福音書の系図とルカによる福音書の系図は、ダビデの後からは血統を異にしていますが、すべて歴史的な事実に基づいたイエス・キリストの真の系図です。

　ルカは福音書を記録する時、「わたしたちの間に成就された出来事」（ルカ 1:1a）に基づいていることを明らかにしつつ、自分を「最初から親しく見た人々であって、仕えた人々が伝えたとおり物語に書き連ねようと、手を付けた者」（ルカ 16:2）であると紹介しています。このようにルカはすべての事を事実に基づいて記録しただけではなく、「すべての事を初めから詳しく調べ」（ルカ 1:3a）また、それを「順序正しく」（ルカ 1:3b）記録しました。

　ですからマタイによる福音書 1 章とルカによる福音書 3 章に記録された系図は、互いに異なる系列に記録されています。この二つの系図を通して、ひとりイエス・キリストただひとりを証ししようとする神

の摂理があることを覚えておかなければなりません。

## 1. マタイによる福音書 1 章の系図と
　ルカによる福音書 3 章の系図の比較

　マタイによる福音書の系図（マタ 1:1-17）は、マタイによる福音書の冒頭に記録されています。

　ルカによる福音書の系図（ルカ 3:23-38）は、イエス・キリストが洗礼を受ける出来事（ルカ 3:21-22）と悪魔から三度試みられる出来事（ルカ 4:1-13）の間に記録されています。特にルカによる福音書の系図では、イエス・キリストの系図を紹介しつつ、「イエスが宣教を始められたのは、年およそ三十歳のときであった」（ルカ 3:23a）と記録しています。ここで「宣教を始められたとき」とはギリシャ語では一つの単語で「アルコー」（ἄρχω）と言います。これは「第一、かしら、治める」（マル 10:42、ロマ 15:12）という意味で、イエス・キリストが主人となって治める時代の始まりを知らせる宣言として見ることができます。

　マタイによる福音書の系図は、アブラハムからイエスまでの 41 人を下向式（子孫へ下がる方式）で記録し（マタ 1:1-17）、ルカによる福音書の系図は全 77 人（神、イエスを含む）を上向式（先祖へさかのぼる方式）で記録しています（ルカ 3:23-38）。

　マタイによる福音書 1 章 17 節には、イエス・キリストの系図を 14 代ごとに三つの時期に分けて 42 代として記録しています。しかし、マタイによる福音書の系図に実際に記録された人物が 41 人しかいない理由は、ダビデが重複して記されているからです（マタ 1:6）。一万、ルカによる福音書の系図は 78 人とも見られますが、それは「アドミ

ン」('Αδμιν) という人物を含めた場合です。しかし、「アドミン」は、UBS (United Bible Societies) 4版には記録されていますが、ギリシャ語聖書の標準原文 (Textus Receptus) には記録されていない人物です。

　マタイによる福音書の系図はアブラハム以後約2千年間の人物であり、ルカによる福音書の系図は旧約全体の約4千年間にわたる人物です。マタイによる福音書の系図は、アブラハムから始まってイエス・キリストで終わり、ルカによる福音書は、イエス・キリストから始まって神で終わります。二つの系図は記録方法のほかに、一人を除いてアブラハムからダビデまでの名前が同一ですが（マタ 1:3 の「ラム」、ルカ 3:33 の「アルニ」）、ダビデの後からイエスの父親ヨセフ以前の名前は互いに一致することなく、ルカによる福音書の系図は、アブラハムからイエスまでの世代が 56 人で、マタイによる福音書よりはるかに多くの世代を記録しています。

　これから詳しく見ていきますが、マタイによる福音書1章の系図は全世代を連続的に記録したのではなく、多くの世代が省略されています。それは、マタイによる福音書1章の系図が、神の救済史的経綸の中で意図された御心が込められていることを示す明らかな証拠です。また、マタイによる福音書の系図にはタマル（マタ 1:3）、ラハブ（マタ 1:5a）、ルツ（マタ 1:5b）、ウリヤの妻（マタ 1:6）、マリア（マタ 1:16）など合わせて5人の女性の名前が記録されましたが、ルカによる福音書の系図には女性の名前が記録されていません。

　マタイによる福音書の系図は、ヨセフの家の系図で、ルカによる福

| 本文 | 方式 | 人数 | 始まり - 終わり | 特徴 |
|---|---|---|---|---|
| マタイによる福音書 1 章 | 下向式 | 41 名 | アブラハム - イエス | ヨセフの家系図 |
| ルカによる福音書 3 章 | 上向式 | 77 名 | イエス - 神 | マリアの家系図 |

音書の系図はイエスの母親マリアの家の系図として知られています。[5]

　私たちはマタイによる福音書の系図の構造（14 代ずつ三つの時期に分けられた 42 代）を通して、神がアブラハムとダビデと結んだ契約にしたがってすべての時代を摂理せられ、時が満ちてイエス・キリストを契約の最終成就者としてこの地にお遣わしになったことを確認することになります（ガラ 4:4）。また、ルカによる福音書の系図の構造（上向式構造）を通して、罪ある人間を救うために（ロマ 3:22、24、ガラ 2:21;10:43;16:31）この地に来られたイエス・キリストが「神の子」（ルカ 3:22;4:3.9、ロマ 1:2-4、参照 - ルカ 1:35;2:49）であることを確認するようになります。

## 2. マタイによる福音書 1 章の系図の構造（マタ 1:1-17）

　マタイによる福音書の系図は、1 章 1 節を序論とし、1 章 2-16 節にかけて系図を紹介し、最後に、17 節でこれまで紹介した系図がどのような形式によって作成されたのかについてを補足して説明しました。ですからマタイによる福音書 1 章 17 節はマタイによる福音書 1 章の系図を解釈する鍵となります。

> **マタ 1:17**「だから、アブラハムからダビデまでの代は合わせて十四代、ダビデからバビロンへ移されるまでは十四代、そして、バビロンへ移されてからキリストまでは十四代である」

　アブラハムからダビデまで 14 代（マタ 1:2-5）、ダビデからバビロンに移住するまで 14 代（マタ 1:6-11）、バビロンに移住してからイエスまで（マタ 1:12-16）14 代。[6]

　マタイは、イスラエルの歴史の大きな出来事を基点に三つの部分に

分けて、「14」という代の数を通して神の救済史的経綸を表わそうとしたことが明らかです。

聖書に現われた数字に過剰に執着する必要はありませんが、この「14」という数字に全く意味がないとは言えません。「14」は「7」の倍数です。聖書で「7」は父、御子、聖霊を意味する天を象徴する数である「3」と、四方を意味する地を象徴する数である「4」を合わせた数で、「ある御こころが完成される成就の期間、充満、全体」を意味する象徴的な数です。[7] ですから 7 は完全で、不足がなく、7 自体で全てになるのです。セム族は「7」の 2 倍である「14」をより重みのある数としていました。[8]

ルカによる福音書の系図（ルカ 3:23-38）が、77 人で構成されたことも神の贖いの経綸の完全性、すなわち多くの時代を経る中で、その経綸によって錯誤なしに摂理して来られたという事実の確証であると言えます。そのため、イエス・キリストの系図は「7」と「14」という数を通して、神の子イエス・キリストによる贖いの経綸の完全な成就を証しているのです。

このようにアブラハムからキリストまでの世代を 14 世代ずつ三つに分けて 42 代を記録したことは、各世代（時期）の中に神の完全な時代的な経綸があったという力強いメッセージとなります。イスラエルが経験したあらゆる興亡・盛衰の事件の背後には、天地の造られる前から計画した御わざを、定められた時に成し遂げようとする神の主権的な介入があったということです（エペ 1:4;3:11、2 テモ 1:9）。

マタイによる福音書の系図とは、イエス・キリストが贖いの経綸の中で神の定められた時（ハバ 2:3、マル 1:15、ガラ 4:2）にしたがってこられたと言う驚くべき真理の宣布です。使徒パウロはこれを示して、「時の満ちるに及んで実現されるご計画」（エペ 1:9-10）と言われ

ました。経綸とは「事を計画し、組織を通して経営すること」「国家の秩序をととのえ治めること。またその方策」という意味で、神が天下を治める経営を意味します。

　ですから、私たちはこの系図の中から完全で隙のない神の贖いの経綸を発見することが重要です。そして、私たちが住んでいる世界の歴史も適当に流れる偶然の産物や繰り返しではなく、歴史のアルファとオメガである神の完全なる経綸の中で、主の再臨に向けて進行されていることを悟る知恵を得なければなりません（1テモ 2:6；6:15、ヘブ 10:37）。

## 3. ルカによる福音書3章の系図の構造　　（ルカ 3:23-38）

　　ルカ 3:23「人々の考えによれば、ヨセフの子であった。」
　　ルカ 3:38「エノス、セツ、アダム、そして神にいたる。」

　ルカによる福音書の系図は、マタイによる福音書の系図とは違って、特別な分岐点に対する説明や人物に対する説明がなく、77人をまったく同じ規則に従って並べた構造です。

　マタイによる福音書には、先祖から子孫へとつながる正順によって記録されている一方、ルカによる福音書の系図は、子孫から先祖へさかのぼる逆順によって記録されています。旧約では聖歌隊の職務者たちの系図が、唯一逆順に記録されています（代上 6:31-48）。このような「上向式構造」はルカによる福音書の系図の最も著しい特徴であり、系図を救済史的に解釈する鍵となります。

　ルカによる福音書の系図に載せられた人物たちを詳らかに見ていき

ますと、重要な人物を基点に「7」人ずつとして11のグループに分け、合わせて77人を記録していることが分かります。11のグループに分けられた各時期の最初の人物は、大部分神の救済史から見る際に、重要な位置を占めていることが分かります（イエス、ヨセフ、マタテヤ、サラテル、ヨシュア、ヨセフ、ダビデ、アルニ、テラ、カイナン、ヤレデ）。

その他にも、ルカによる福音書の系図を出生関係ではない、主題別に記録されたものとする見解があります。すなわち、ルカによる福音書の系図を歴史的（生物学的）な構成ではない、神学的な多くの主題に沿った構成とする見解です。9)

また、ルカによる福音書の系図に載せられた77人の人物を四つの時期に分けて、捕囚期からイエス・キリストが来るまでの21代（3×7）、王国時代の21代（3×7）、ダビデからアブラハムまでの14代（2×7）、アブラハム以前の時期までの21代（3×7）に分けることもあります。10)

## （1）77人の名前の意味

次の図表ではルカによる福音書3章の系図に記された77人を7代ずつ11のグループに束ねて、グループごとに該当される名前とその意味を簡略して整理しました。ルカによる福音書3章の系図に載せられた人々は旧約ではその業績や名前を全く見いだすことができない無名の人物たちがほとんどです。

しかし、聖書に記録された名前は例外なく、すべて意味を持っていることを忘れてはなりません。その上、救済史的経綸の中で、名前の持つ意味は非常に重要です。系図に載せられた名前を通して、その人物の歴史における身元を推測することができます。また、聖書における名前は、ほとんど母や父がつけたもので（創4:1.25-26；5:3.28-29；16:11.15；17:19；19:37-38、士8:31、代上7:23）、子に向けた親の

信仰における願いや感謝、さらに時代の背景と生まれた環境を推測することができます。聖霊による感化を受けて、その名前と意味を緻密に調べ参考にする時、系図の中に込められた神の贖いの経綸を悟る、驚くべき恵みを実感することと思います。

※世界史上初めて、ルカによる福音書の系図の人物77名を11にグループ化し、各人名を原語に基づいて体系的に整理

## （1）イエスからヤンナイまで

| ①**イエス** / Ἰησοῦς / **Jesus** | ルカ 3:23 | 主は救い。おのれの民をその諸々の罪から救う者（マタイ 1:21） |
|---|---|---|
| ②**ヨセフ** / Ἰωσήφ / **Joseph** | ルカ 3:23 | 主が加えてくださる、主よ加えてください |
| ③**ヘリ** / Ἡλί / **Eli** | ルカ 3:23 | 高い |
| ④**マタテ** / Ματθάτ / **Matthat** | ルカ 3:24 | 贈り物、神の賜物 |
| ⑤**レビ** / Λευί / **Levi** | ルカ 3:24 | 結びついた |
| ⑥**メルキ** / Μελχί / **Melchi** | ルカ 3:24 | 王 |
| ⑦**ヤンナイ** / Ἰαννά / **Jannai** | ルカ 3:24 | 神は恵みなり |

## （2）ヨセフからマハテまで

| ①**ヨセフ** / Ἰωσήφ / **Joseph** | ルカ 3:24 | 主が加えてくださる、主よ加えてください |
|---|---|---|
| ②**マタテヤ** / Ματταθίας / **Mattathias** | ルカ 3:25 | 神の賜物 |
| ③**アモス** / Ἀμώς / **Amos** | ルカ 3:25 | 強い |
| ④**ナホム** / Ναούμ / **Nahum** | ルカ 3:25 | 慰労者、慰め |
| ⑤**エスリ** / Ἐσλί / **Esli** | ルカ 3:25 | 私に近づく |
| ⑥**ナンガイ** / Ναγγαί / **Naggai** | ルカ 3:25 | 光る |
| ⑦**マハテ** / Μάαθ / **Maath** | ルカ 3:26 | 切る、捕まえる |

## （3）マタテヤからゾロバベルまで

| ①**マタテヤ** / Ματταθίας / **Mattathias** | ルカ 3:26 | 主の贈り物 |
|---|---|---|
| ②**シメイ** / Σεμεΐ / **Semein** | ルカ 3:26 | 彼は加えられる |

第2章　救済史的経綸とイエス・キリストの系図

| ③ヨセク / Ἰωσὴχ (UBS4) / Josech<br>／Ἰωσὴφ (TR) / Joseph | ルカ 3:26 | 聞き入れられる |
|---|---|---|
| ④ヨダ / Ἰωδὰ / Joda | ルカ 3:26 | ユダ(Ἰουδά)と同じ意味で、ほめたたえる |
| ⑤ヨハナン / Ἰωάννα / Joanan (KJV) | ルカ 3:27 | 主にあいされる |
| ⑥レサ / Ῥησά / Rhesa | ルカ 3:27 | 友人 |
| ⑦ゾロバベル / Ζοροβαβέλ / Zerubbabel | ルカ 3:27 | バビロン出生、バビロンの子孫 |

## (4) サラテルからエルまで

| ①サラテル / Σαλαθιήλ / Shealtiel | ルカ 3:27 | 私が神に求めた |
|---|---|---|
| ②ネリ / Νηρί / Neri | ルカ 3:27 | 光、ともし火 |
| ③メルキ / Μελχί / Melchi | ルカ 3:28 | 王 |
| ④アデイ / Ἀδδί / Addi | ルカ 3:28 | 掴む |
| ⑤コサム / Κωσάμ / Cosam | ルカ 3:28 | 預言者、分ける |
| ⑥エルマダム / Ἐλμωδάμ / Elmadam (KJV) | ルカ 3:28 | 広大 |
| ⑦エル / Ἤρ / Er | ルカ 3:28 | 覚醒する者、目覚めた者 |

## (5) ヨシュアからユダまで

| ①ヨシュア / Ἰησοῦς / Joshua | ルカ 3:29 | 主が救われる |
|---|---|---|
| ②エリエゼル / Ἐλιέζερ / Eliezer | ルカ 3:29 | 神は我が助け |
| ③ヨリム / Ἰωρείμ / Jorim | ルカ 3:29 | 神の称賛 |
| ④マタテ / Ματθάτ / Matthat | ルカ 3:29 | 贈り物、恩賜 |
| ⑤レビ / Λευί / Levi | ルカ 3:29 | 連合する |
| ⑥シメオン / Συμεών / Simeon | ルカ 3:30 | 聞く、耳を傾ける |
| ⑦ユダ / Ἰούδας / Judah | ルカ 3:30 | 賛美する |

### (6) ヨセフからナタンまで

| | | |
|---|---|---|
| ①ヨセフ / Ἰωσήφ / Joseph | ルカ 3:30 | 主が加えてくださる、主よ加えてください |
| ②ヨナム / Ἰωνάν / Jonam (KJV) | ルカ 3:30 | 神は恵み深い |
| ③エリヤキム / Ἐλιακείμ / Eliakim | ルカ 3:30 | 神が立てる |
| ④メレヤ / Μελεᾶς / Melea | ルカ 3:31 | 充満、一杯、農産物 |
| ⑤メナ / Μεννά / Menna | ルカ 3:31 | 激しい苦痛 |
| ⑥マタタ / Ματταθα / Matthat | ルカ 3:31 | 贈り物、神の恩賜 |
| ⑦ナタン / Ναθάν / Nathan | ルカ 3:31 | 良心、与える者、贈り物 |

### (7) ダビデからアミナダブまで

| | | |
|---|---|---|
| ①ダビデ / Δαβίδ / David | ルカ 3:31、代上 2:15、ルツ 4:22 | 愛される者、友人 |
| ②エッサイ / Ἰεσσαί / Jesse | ルカ 3:32、代上 2:12～13、ルツ 4:22 | 存在する、生きておられる |
| ③オベデ / Ὠβήδ / Obed | ルカ 3:32、代上 2:12、ルツ 4:21～22 | 仕える、しもべ |
| ④ボアズ / Βοόζ / Boaz | ルカ 3:32、代上 2:11～12、ルツ 4:21 | 優れている、裕福な者 |
| ⑤サラ / Σαλά / Salmon | ルカ 3:32、代上 2:11、ルツ 4:20～21 | 外套、上着、マント |
| ⑥ナアソン / Ναασσών / Nahshon | ルカ 3:32、代上 2:10～11、ルツ 4:20 | 経験から知る、熱心に観察する、預言する |
| ⑦アミナダブ / Ἀμιναδάβ / Amminadab | ルカ 3:33、代上 2:10、ルツ 4:19～20 | 私の尊い民 |

### (8) アルニからアブラハムまで

| | | |
|---|---|---|
| ①アルニ / Ἀράμ / Arni (ASV) | ルカ 3:33、代上 2:9～10、ルツ 4:19 | 高い、高める |
| ②エスロン / Ἑσρώμ / Hezron | ルカ 3:33、代上 2:5、ルツ 4:18～19 | 塀で取り囲む、囲い |
| ③パレス / Φάρες / Perez | ルカ 3:33、代上 2:4、ルツ 4:18 | 破る、破って出る |

| ④ユダ / Ἰούδας / Judah | ルカ 3:33、代上 2:1 | (神を)賛美する、(神を)ほめたたえる |
| --- | --- | --- |
| ⑤ヤコブ / Ἰακώβ / Jacob | ルカ 3:34、代上 1:34、2:1 | かかとを掴む者、人を出し抜く者 |
| ⑥イサク / Ἰσαάκ / Isaac | ルカ 3:34、代上 1:28、34 | 笑う |
| ⑦アブラハム / Ἀβραάμ / Abraham | ルカ 3:34、代上 1:27、34 | 多くの国民の父 |

※アブラハムからアダムまで20人の人物については、
朴潤植 著『神の救済史的経綸の中から見る創世記の系図』第４章をご参考ください。

## (9) テラからサラまで

| ①テラ / Θάρα / Terah | ルカ 3:34、代上 1:26 | 滞留する、遅滞する |
| --- | --- | --- |
| ②ナホル / Ναχώρ / Nahor | ルカ 3:34、代上 1:26 | 鼻息を吹く |
| ③セルグ / Σαρούχ / Serug | ルカ 3:35、代上 1:26 | 巻きひげ、非常に堅い力、弓 |
| ④レウ / Ῥαγαῦ / Reu (リウ) | ルカ 3:35、代上 1:25 | 友人または隣人 |
| ⑤ペレグ / Φάλεκ / Peleg | ルカ 3:35、代上 1:19、25 | 分割、分離、分裂 |
| ⑥エベル / Ἔβερ / Heber | ルカ 3:35、代上 1:18~19、25 | 渡ってきた者 |
| ⑦サラ / Σαλά / Shelah (シラ) | ルカ 3:35、代上 1:18、24 | 送られた者、若枝、拡張 |

## (10) カイナンからエノクまで

| ①カイナン / Καϊνάν / Cainan | ルカ 3:36 | (思いがけず)得た子、(広大な)所有 |
| --- | --- | --- |
| ②アルパクサデ / Ἀρφαξάδ / Arphaxad | ルカ 3:36、代上 1:17、24 | 領域 |
| ③セム / Σήμ / Shem | ルカ 3:36、代上 1:4、24 | 名前、名誉、名声 |
| ④ノア / Νῶε / Noah | ルカ 3:36、代上 1:4 | 安息、休息、慰め |

II　イエス・キリストの系図の構造

| | | |
|---|---|---|
| ⑤レメク / Λάμεχ / Lamech<br>（ラメク） | ルカ 3:36、代上 1:3 | 力ある者 |
| ⑥メトセラ / Μαθουσάλα / Methuselah | ルカ 3:37、代上 1:3 | 彼が死ぬと判きが来る<br>槍を投げる者 |
| ⑦エノク / ʽΕνώχ / Enoch | ルカ 3:37、代上 1:3 | 献納者、開始、<br>先生 |

## (11) ヤレデから神まで

| | | |
|---|---|---|
| ①ヤレデ / Ἰαρέδ / Jared | ルカ 3:37、代上 1:2 | 子孫、降って来た者（高きところから低いところに） |
| ②マハラレル / Μαλελεήλ / Mahalaleel | ルカ 3:37、代上 1:2 | 神にほめ歌を、神に栄光 |
| ③カイナン / Καϊνάν / Cainan<br>（ケナン） | ルカ 3:37、代上 1:2 | （思いがけないときに）得た子、<br>（広大な）所有 |
| ④エノス / Ἐνώς / Enosh | ルカ 3:38、代上 1:1 | アダム（人）、<br>（死なねばならない）弱い人 |
| ⑤セツ / Σήθ / Seth | ルカ 3:38、代上 1:1 | 身代わり者、代替、固定された者、<br>基礎、土台 |
| ⑥アダム / Ἀδάμ / Adam | ルカ 3:38、代上 1:1 | 人、人類、人間 |
| ⑦神 / θεός / God | ルカ 3:38 | 唯一であり、真の神、<br>三位一体の神 |

\*各人名の英語表記はASB に従って記載

\*ルカによる福音書3章の系図に出てくる77名の名前の意味についての参考文献

- Spiros Zodhiates, *The Complete Word Study Dictionary New Testament* (AMG Publishers, 1994)
- Horst Balz and Gerhard Schneider, *Exegetical Dictionary of the New Testament* (Eerdmans, 1990)
- Richard S. Hess, *Studies in the Personal Names of Genesis 1-11* (Verlag Butzon & Bercker Kevelaer, 1993)
- 弟子院企画・編集、「ルカによる福音書　第1-8章」、オックスフォード言語聖書大典シリーズ106（弟子院、2006）
- 基督教大百科事典 編纂委員会、基督教大百科事典（基督教文士、1989-1992）

以上のように、ルカによる福音書の系図はイエス・キリストから始まり神に至るまで77代の人物が記録されています。たとえこれらの人物のすべての詳細な人生の歩みが聖書に記録されていなくとも、それらの名前がイエス・キリストの系図に載せられたことは、極めて光栄なことです。

## (2) ルカによる福音書3章の系図の救済史的経綸
　ルカによる福音書の系図には、偉大なる救済史的経綸が盛られています。

### 第一に、イエス・キリストの起源は最初の人アダムまで遡ります。[12]
　こうして、イエス・キリストは初めから終末まで存在するすべての人間と深い関係を結ぶようになりました。これはイエス・キリストこそ堕落したアダムの子孫を救うために、この世に誕生された方であることを証しています。

　最初の人アダムは、確かに神のかたちに造られた神の子でしたが、不従順によって、その役目を果たすことができませんでした。しかし、神のひとり子イエス・キリストは最後のアダムとして誕生されて（1コリ15:45）、従順に生きたことによってすべての人を贖い、救いの道を開いてくださいました（ロマ5:12-21）。ですから、この系図では、イエス・キリストが真の神の子として新しい起源になったことを表しているのです。[13]

　アダムから始まった罪と死の歴史が、第二のアダムであるイエス・キリストに至って命の歴史に転換され、イエス・キリストの永遠の命がすべての選ばれた民に与えられたのです。イエス・キリストは、私たちの信仰と命のルーツであり、根拠です。実にすべてのものがキリ

ストを通して神から現れ、すべてのものがキリストを通して神に至るという真理を教えてくれる不思議な構造です。

**第二に、イエス・キリストから始めて神に至ったことは、イエス・キリストの神的起源を証しています（ルカ 3:38）。**[14]

神の子イエスは堕落した人類を救うためにこの地に来られましたが、たとえイエス・キリストの系図が最初の人アダムで終わってしまったとしても、私たちは神と相変わらず遠く離れた存在のまま残されたはずです。しかし、イエス・キリストは仲保者として（ヨハ 14:6、ガラ 3:19-20、1 テモ 2:5、ヘブ 8:6;9:15）、全人類を抱きしめて神と和解させました（エペ 2:15-16、コロ 1:21-22）。以前は遠く離れていた私たちが、イエス・キリストの血により神にとって近い存在となりました（エペ 2:13）。

これと関連して、私たちはルカによる福音書の系図が記録された位置を、もう一度注目して見なければなりません。ルカによる福音書の系図は、イエス・キリストがバプテスマを受けた出来事のすぐ後に記録されています。イエスには罪がなく、バプテスマを受けなくても良いのですが、あえてバプテスマのヨハネからバプテスマを受けました。その理由は贖いのために「すべての正しいこと」を実行する必要があったからでした（マタ 3:15）。何の罪もないイエスが、自ら罪人である人間の姿を取ってバプテスマを受けられたのは、全人類の代わりに「悔い改めのバプテスマ」に参与したことです（マル 1:4、ヨハ 8:46、ロマ 8:3-4、2 コリ 5:21、ピリ 2:8、ヘブ 2:14;4:15;7:26、1 ペテ 2:22、1 ヨハ 3:5）。

イエスがバプテスマを受けて水から上がられた時「これはわたしの愛する子、わたしの心にかなうものである」（マタ 3:16-17、マル 1:9-11、ルカ 3:21-22）という御声が聞こえたことは、イエス・キリストが神

の子であることを証したことです（ヨハ1:29-34）。

　ルカによる福音書では、イエス・キリストがバプテスマを受けられた出来事を通して、彼が神の子であることを証しました。それからその事実を確証するために系図を記録しましたが、それが上向式の記録です。

**第三に、イエス・キリストが「女のすえ」として、人類を救うための契約を完全に成就させるために来られた方であることを証ししています。**

　これに対してルカによる福音書3章23節では「人々の考えによれば、ヨセフの子であった。」と言われました。イエス・キリストは人々にヨセフの子、大工の子として知られていましたが（マタ13:55、ルカ4:22、ヨハ1:45;6:42）、実はマリアの体を通して聖霊によって生まれた方で、「女のすえ」として来られたメシヤであることを証明したのです。

　ルカによる福音書の系図の救済史的な価値は、契約に沿ってこの世に来られたイエス・キリストこそが、「父のふところにいるひとり子なる神」（ヨハ1:18）、「神のかたちであられた」（ピリ2:6）という事実を証明したことにあります。とこしえまで無限の方が、有限の姿を取り、罪人のために生贄(いけにえ)として、自ら十字架にかかって殺されました。神は光そのものであるため罪を受け入れることや不問に付すことができず、アダム堕落以後罪を犯した人類のためにイエス・キリストを通して罪の代価を支払うようにされたのです。

　このように、ルカによる福音書の系図は、すべてに勝る大いなる神が、虫にも等しい私たちの人生と繋がれているという偉大なる希望のメッセージで満ちあふれています。太陽の7倍以上も眩しい栄ある光彩によって、その顔が光のように輝く方（イザ30:26、マタ17:2）が、罪人の最も身近な友としてインマヌエルとなられました（マタ1:23）。

これは世が造られる前にキリストにあって選ばれた者の崇高さを示すことであり、彼らに対する神の燃える愛と救いの熱心を示すことです。

# III
# イエス・キリストの系図に示された三つの時期

　マタイによる福音書1章17節のとおり、イエス・キリストの系図を三つの時代に分けて、それぞれ時期別に分析してみると、第1期のアブラハムからダビデまでの14代、第2期のダビデからバビロンに移住するまでの14代、第3期のバビロンからイエス・キリストまでの14代です。第1期と第2期は「ダビデ王」という人物を中心に分けられ、第2期と第3期は「バビロン捕囚」という出来事を分岐点に分けられました。

　マタ 1:17「だから、アブラハムからダビデまでの代は合わせて十四代、ダビデからバビロンへ移されるまでは十四代、そして、バビロンへ移されてからキリストまでは十四代である。」

## 第1期 - アブラハムからダビデまでの14代

　アブラハムと契約することで始まったイスラエルの歴史の胎動と、ダビデによる統一王国の形成に至るまでの約束の時期です。

> ①アブラハム→②イサク→③ヤコブ→④ユダ→⑤パレス→
> ⑥エスロン→⑦アラム→⑧アミナダブ→⑨ナアソン→⑩サルモン→
> ⑪ボアズ→⑫オベデ→⑬エッサイ→⑭ダビデ王

　マタイによる福音書1章の系図の第1期14代の人物は、歴代志上の系図と同一です（代上 1:27-34;2:1-15、ルツ 4:18-22）。また、ルカによる福音書3章の系図にも、同じく記録されています（ルカ 3:31-34）。相違があるのはマタイによる福音書では、「アラム」（マタ 1:3-4）と言っていることをルカによる福音書では「アルニ」（ルカ 3:33）と記録しているのと、マタイによる福音書には「ダビデ王」（マタ 1:6）と言っているのに対して、ルカによる福音書では、ただ「ダビデ」（ルカ 3:31）と言っていることです。

### （1）年代記的構成（総1163年）

　アブラハムの誕生から始まり、ダビデ王のヘブロン統治までです。ダビデはヘブロンで7年6カ月、エルサレムで33年間統治しました（サム下 5:4-5、王上 2:11、代上 3:4-5;29:27）。本書では、マタイによる福音書1章の系図の第1期を「ダビデ王」のヘブロン統治まで、第2期を「ダビデ」のエルサレム統治から始めています。なぜなら第2期は「... ダビデはウリヤの妻によるソロモンの父」（マタ 1:6）という言葉で始まっていますが、ダビデがウリヤから妻を奪ったのは（サム下 11章）、ヘブロンでの統治を終えた後始まったエルサレム統治の前半部の出来事であるからです（サム下 5:13-14、代上 3:4-5）。

　アブラハムの生まれた年はBC2166年で、ダビデがエルサレムで統治した年はBC1003年なので、第1期にあたる年数は1163年です。この時期は大きく五つの期間に分けることができます。詳しい内容は第3章でみていきましょう。

①アブラハム - イサク - ヤコブ - ユダ - パレス - エスロン（マタ 1:2-3）
　アブラハムの出生（BC2166 年）からヤコブが彼の家族 70 人を連れてエジプトへ入ったとき（BC1876 年）までの 290 年

②エスロン - アラム - アミナダブ - ナアソン（マタ 1:3-4）
　エジプトでの奴隷の生活の期間 430 年

③ナアソン - サルモン（マタ 1:4-5）
　出エジプト後、荒野での 40 年とカナン征服期 16 年を含めた 56 年

④サルモン - ボアズ - オベデ - エッサイ（マタ 1:5）
　士師時代 340 年

⑤エッサイ - ダビデ（マタ 1:5-6）
　サウル王が治めた 40 年とダビデがヘブロンで治めた 7 年 6 カ月を含む 47 年 6 カ月


(2) 第 1 期の系図に載せられた 3 人の女性
　- タマル、ラハブ、ルツ
　マタ 1:3 「ユダはタマルによるパレスとザラとの父」
　マタ 1:5a 「サルモンはラハブによるボアズの父、」
　マタ 1:5b 「ボアズはルツによるオベデの父、」

ルカによる福音書の系図とは異なり、マタイによる福音書の系図には「タマル、ラハブ、ルツ、ウリヤの妻、マリア」など、5人もの女性の名前が記録されています。ユダヤ人が系図を記録する慣例によれば、決して女性の名前を記録しないのですが、女性たちが記録されたことはイエス・キリストの系図だけが持つ奇異な特徴です。その上に旧約聖書には有名な信仰の先駆者たちの母であるサラ、リベカ、ラケルなどがいますが、イエス・キリストの系図には彼らの名前が記録されず、代わりに卑賤で社会的に疎外された身分の女性、罪に染められた女性の名前が記録されています。

　私たちは第1期の系図に載せられた3人の女性を通して、救いの対象がすべての異邦人にまで拡がることを確認できます。すなわち神の贖いの活動は、イスラエル人に限られたのではなく、世界のすべての人々に開かれているということです（ロマ 1:14-16;3:22;10:11-13）。イエス・キリストの福音は種族や性別、身分の区別を超越しており、ギリシャ人にもユダヤ人にも差別なく救いが与えられるのです。（1コリ 1:24；12:13、ガラ 3:28）。

　　**コロ 3:11**「そこには、もはやギリシャ人、割礼と無割礼、未開の人、スクテヤ人、奴隷、自由人の差別はない。キリストがすべてであり、すべてのもののうちにいますのである。」

　マタイによる福音書の系図に、不浄な女性の名前が記録されたことは、罪人の救いのためのイエス・キリストの自己卑下を示してくれています。イエスは罪がなく（ヘブ 4:15）、罪を知らない方であり（2コリ 5:21）、また、人のような罪のからだ（ロマ 6:6）ではありません。しかし神は、聖にして、悪も汚れもなく、罪もない（ヘブ 7:26）ひとり子イエス・キリストの肉において罪を罰せられ（ロマ 8:3b）、罪人

と同じ有様になられました（ピリ 2:7）。これがまさに、私たちを救おうとする贖いの奥義であり（マタ 20:28、マル 10:45）、私たちを義とさせるために認めてくださる救いの原理なのです（ロマ 4:25）。

　イエスは自分の系図を清く保つこともできましたが、罪人を救うための僕の形を取る方法として、不法や不倫、また近親相姦に塗れた異邦の女性たちさえも自分の先祖にすることを厭わなかったのです。このようなイエス・キリストの系図を通して宇宙に勝る広くて、深い神の愛を発見することができます。初めのみことばである神が人として来られ、「系図」の中の罪人たちと一緒にその名前が記録されていることだけでも、私たちは自己卑下された犠牲愛に深い感謝をおぼえます。イエス・キリストの系図には、世の人々にそしられ、侮られるほど（詩 22:6-7）徹底的に低くなられたイエス・キリストが示す、罪人へのアガペーの愛が溢れています。

## (3) マタイによる福音書の系図で唯一、二度数えられる人物 - ダビデ

　ダビデは、マタイによる福音書の系図に載せられた三つの時期の第1期を区切る人物、第2期を始める人物として、唯一、二度数えられています（マタ 1:17）。ダビデは一時代に区切りを付け、そして新しい時代を開く人物として際立った存在です。また、系図に記録されている王たちの中で、ただダビデ一人に、「王」という称号が付いていることや（マタ 1:6）、系図の構成が「ダビデ」（דוד）のヘブライ語の名前が象徴する数字を合せた「14」代になっていることは、決して偶然ではないでしょう。[15]

　確かにマタイによる福音書1章の系図は、ダビデが中心人物であり、イエス・キリストがダビデの子であることを例証する系図です。[16] こ

のようにマタイによる福音書1章の系図で、イエス・キリストを象徴するダビデが中心人物になっていることは、将来イエス・キリストが来られ、約束されたことを成就させることだけではなく、新しい時代を開いて救いの歴史の中心人物になるという贖いの経綸の意味をいっそう深めています。

　ダビデとの契約にある、一人の子による永遠に有効で、堅固な国を建てるということは（サム下 7:12-13.16.17:14、詩 89:4;132:11-12、イザ 9:6-7）、ダビデの血統を継ぐ子孫によって建てられる世の国ではなく、窮極的にイエス・キリストによって建てられる神の国のことを指します（ルカ 1:31-33.69、黙 22:16）。

### 第 2 期 - ダビデからバビロンへ移住するまでの王政期 14 代

　第 2 期はイスラエルの王たちの名前が並べられる中、最後にダビデ王家は王権が完全に喪失し、国を失い、惨めな姿でバビロンに捕らわれた屈辱的な時期です。それにもかかわらず、神はダビデと結んだ契約を忘れずに、主権的な憐れみと慈しみで贖いの歴史を導かれました。

---

①ダビデ→②ソロモン→③レハベアム→④アビヤ→⑤アサ→
⑥ヨサパテ→⑦ヨラム→⑧ウジヤ→⑨ヨタム→⑩アハズ→
⑪ヒゼキヤ→⑫マナセ→⑬アモン→⑭ヨシア

マタイによる福音書1章の系図に載せられた第2期の人物は、歴代志上の系図と非常に似ています（代上 3:5-16）。しかし、歴代志上3章11-12節とマタイによる福音書1章8節を比べると、マタイによる福音書の系図にはヨラムとウジヤ（アザリヤ）の間にアハジヤ、ヨアシ、アマジヤ等3人の王が省略されていることに気づくことでしょう。ここに女にして息子アハジヤが死んだ後、自ら王になった「アタリヤ」を追加し、4人の王が省略されたのです（王下 11:1-3、代下 22:10-12）。

## （1）年代記的構成（総406年）

　ダビデがヘブロンの統治を終え、エルサレムで統治し始める時がBC1003年です。バビロンはエコニヤが王になったBC598年12月頃に、エルサレムを2回目に侵攻したBC597年3月16日に完全に陥落させ、エコニヤをバビロンに連れて行きました（王下 24:8-12、代下 36:9-10）。これらの歴史的背景から、本書ではバビロンへ移住する時をBC597年として計算しました。すなわち、第2期にあたる期間は406年（BC1003年からBC597年まで）です。

---

① ダビデ王 - ソロモン（マタ 1:6）

　ダビデのエルサレムを治めた33年とソロモンが治めた40年を含めた73年

② レハベアム - アビヤ - アサ - ヨサパテ - ヨラム - ウジヤ - ヨタム - アハズ - ヒゼキヤ - マナセ - アモン - ヨシア（マタ 1:7-10）

　分裂王国時代 332年

---

## (2) 第2期の系図にのせられた女性 - ウリヤの妻

マタ 1:6b 「ダビデはウリヤの妻によるソロモンの父であり、」

「ウリヤの妻」は、ほとんどの英語版聖書で "her who (that) had been the wife of Uriah"（NKJV,ASV,NASB）と記録されています。これは「ウリヤの妻だった女」という意味です。ここで「バテシバ」という名前の代わりに、「ウリヤの妻」と記録されたことは意味深長です。詳しい理由は、本書の後に発刊される救済史シリーズの続巻で言及しますが、忠臣ウリヤの信仰を浮上させたことだけは確かです。

イスラエルのバビロン捕囚期が含まれた第2期の系図の始まりが、ダビデが奪ったウリヤの妻の登場から始まることは大きな意味があります。タマル、ラハブ、ルツと一緒に問題視されていた異邦の女性たちが、アブラハムからダビデに至る家系を築いた一方、ダビデ王がウリヤの妻を奪う犯罪の以後、ダビデ王統（王朝）は傾き始めて国は不安定となりました。それは神の預言者ナタンを通して、ダビデに「あなたがわたしを軽んじてヘテびとウリヤの妻をとり、自分の妻としたので、つるぎはいつまでもあなたの家を離れないであろう。」（サム下 12:10）と言われたみことばの通りです。ダビデの姦淫の罪はエルサレムの宮が破壊され、国が破滅され、すべての民がバビロンに捕らわれる不幸な結果を生んでしまったのです。

## 第3期 - バビロンへ移住してからイエス・キリストまでの14代

第3期は、イスラエルが70年間バビロン捕囚の地で苦難と恥を受けながら、新しい回復を渇望していた時期で、捕囚から帰って来て宮

を再建し、絶えず異邦人からの苦しみを受けつつ、すべての望みが絶たれた中で、最も大きくメシヤを待望した時期です。

> ①エコニア→②サラテル→③ゾロバベル→④アビウデ→
> ⑤エリヤキム→⑥アゾル→⑦サドク→⑧アキム→⑨エリウデ→
> ⑩エレアザル→⑪マタン→⑫ヤコブ→⑬ヨセフ（マリアの夫）→
> ⑭イエス・キリスト

### (1) 年代記的構成（総593年）

　バビロンへ移住してから（BC597年）イエス・キリストの誕生（BC4年）まで、14代の歳月は593年頃です。第3期の人物の中でサラテルとゾロバベルを除いたアビウデ、エリヤキム、アゾル、サドク、アキム、エリウデ、エレアザル、マタン、ヤコブに関しては聖書に記録された史料がありません。これらに対するより詳細な研究は、本書の後に発刊される救済史シリーズの続巻で言及していきます。

---

**①エコニア - サラテル - ゾロバベル（マタ 1:12）**

　エコニアが捕らわれた時（BC597年）より、ゾロバベルが中心になってバビロン捕囚から一次帰還して神殿を再建したBC516年までの期間（エズ 6:15、ハガ 1:1-2.14-15）

---

**②アビウデ―ヨセフ（マタ 1:13-16）**

　概略、神殿を再建したBC516年以後からイエス・キリストが生まれる時（BC4年）までの霊的な暗黒の期間

## (2) イエス・キリストの到来に備える残された者たち

　イスラエルがバビロンへ捕らわれた時、信仰が消滅したようでしたが、神はその時代に「残された者」たちを通して敬虔な命の代を引き継ぐようにされました。

　彼らは、神の救済史的経綸を引き継ぐ聖なる切り株でした。それで、「残された者」を示すヘブライ語の中に「シャーアル」(שְׁאָר) という言葉があります。聖書に約26回登場する単語で、「無価値で、数少ない」（申4:27、エレ8:3）という意味を持っています。力が弱く、数が少ないにもかかわらず、消えることなく残された者を示します。彼らが残されたのは、神の特別な恵みと愛を受けたからです（ロマ11:5）。

　神の贖いの経綸は多くの人を通して引き継がれるのではなく、神を畏れ敬い、神のみことばに従順な、少数の敬虔な子孫たちを通して引き継がれるということを忘れてはなりません（マラ2:15）。

　以上のように、三つの時期に分けられたイエス・キリストの系図を概略的に見てきました。イエス・キリストの系図は、イスラエルの不信による反逆と不従順の恥ずべき歴史を隠すことなく記録しています。これは人間の足りなさや弱さにもかかわらず、神の救済史的経綸は継続的に進行されることを示し、非常に弱く間違いだらけである私たちの人生に、限りない慰めと勇気を与えてくれます。マタイによる福音書1章のイエス・キリストの系図は、罪と不信の絶望の中でも、ひたすらイエスを待望する踏み石であり、最後の勝利をもたらせる偉大なる福音の宣布です。

# IV
# 省略された世代と記録された人物の名前

＊世界初 イエス・キリストの系図から省略された世代数をまとめて収録

　イエス・キリストの系図が新約聖書の最初に記録されたのは、系図に載せられた人物が人類の救い主であるメシヤを地上に与えられた神の救済史的経綸の課程だからです。イエス・キリストの系図では、肉体における系統の正統性を明らかにするだけではなく、イエス・キリストが肉体を伴って世に誕生するまで信仰の系図を引き継いできた信仰の足跡を表しています。マタイによる福音書１章の系図は、すべての世代を欠かすことなく、連続的に記録されたものではありません。むしろ系図の合間に、多くの代が省略されています。

　ですから私たちは、マタイによる福音書１章の系図が、イエス・キリストをアブラハムとダビデの子孫であると説明することで、彼がメシヤであることを証ししようとする以外にも、ただ契約に忠実な信仰の人々を中心に、イエス・キリストの系図が引き継がれているということを明確に悟らなければなりません。

　もちろんイエス・キリストの系図に邪悪な人々も登場しますが、神は人間の犯罪や失敗にもかかわらず、むしろ彼らを救済史的経綸を成し遂げる手段として用いられたことも見逃してはいけません。

# 1. エジプトでの奴隷生活 430 年間の中で省略された世代

　ユダの孫ヘヅロンはエジプトに入った当時、ヤコブの 70 人の家族の名簿にその名前が含まれています（創 46:12）。ヘヅロンは、エジプトでの 430 年の奴隷期間の前半に生きた人物です。また、アミナダブの息子ナションがエジプトを出た後、荒野の時代にユダ部族の頭として記録されていることから（民 2:3;10:14）、ナションはエジプトで奴隷の生活をしていた最後の世代であることが分かります。遊女ラハブはカナン入城（BC1406 年）以後、カナン征服初期の人物で（ヨシ 2:1）、ラハブと結婚したサルモンは荒野で生まれた荒野第 2 世代で、彼の父親ナションはエジプトで奴隷の生活をしていた最後の世代と判断することができます。

　結果的にイエス・キリストの系図には、エジプトでの 430 年間の奴隷の生活のうち、ヘヅロン（エスロン）、ラム（アラム）、アミナダブ、ナション（マタ 1:3-4）までのわずか 4 世代だけが記録されているのです。実際にこの時期にあたる世代の数は、エフライムからヨシュアまで 10 世代と考えると（代上 7:20-27）、イエス・キリストの系図には、エジプトで奴隷としての 430 年間に該当する多くの代が省略されたことが分かります。

# 2. カナン定着からダビデ王まで省略された世代

　イスラエルがエジプトを出てカナンに入る時が BC1406 年で、ダビデが歴史に登場した時は BC1010 年ごろです。ところで、約 396 年という長い歳月の間、イエス・キリストの系図にはダビデを除いて、サ

ルモン、ボアズ、オベデ、エッサイ（マタ 1:5-6）まで 4 世代だけが記録されています。

　前述したように、サルモンとラハブはカナン征服時の初期人物で、ボアズとルツは士師時代末期の人物です（ルツ 1:1;4:21-22）。すなわち、サルモンとボアズの間には 300 年以上の時間の隔たりがあります。私たちはここでカナン征服のリーダーであるヨシュアと、その世代のすべての人々が死んだ後、士師時代の霊的暗黒期のほとんどの人々は、イエス・キリストの系図に記録されなかったという衝撃的な事実に接することになります。神はマタイによる福音書 1 章の系図から士師時代の人々の名を削除することで、士師時代の霊的かつ暗闇の状態を聖書の証言（士 2:7-10、参照 - ヨシ 24:31）として正確に立証しています。

　神に仕える信仰が消えてしまった時代、信仰のない時代は、イエスの系図から削除されてしまいました。

# 3. 南ユダの王たちの支配期間から省略された世代

　イエス・キリストの系図では、ダビデからヨシヤまでの 14 代が記録されていますが（マタ 1:6-11）、歴代志上に記録された系図と比べて見ると、「アハジヤ、ヨアシ、アマジヤ」の 3 代が削除されています（代上 3:11-12）。これらは皆、北イスラエルの悪しき王アハブとその妻イゼベルの子孫と係わる王たちです（王下 8:26）。アハブとイゼベルの娘アタリヤは、メシヤが来る王家の子孫を完全に滅ぼして、神の救済史を断絶させようとした張本人でした（王下 11:1、代下 22:10）。アタリヤと係わりのある 3 人の王は、悪業を行ったために系図に記録されませんでした。それは王上 21 章 21 節で、神がアハブの家に災いを

下し、アハブの家に属する男はすべて滅ぼす、と言われたエリヤの預言のとおりになりました。

　また、イエス・キリストの系図には、バビロンへ移住する時を前後してエホアハズ（王下 23:31、代下 36:1-2）、エホヤキム（王下 23:36、代下 36:5）、ゼデキヤ（王下 24:18、代下 36:11）の 3 代が記録から削除されました（マタ 1:11-12、代下 36:1.5.11）。系図から削除された王たちは、続く救済史シリーズで詳らかに言及したいと思います。

　マタイによる福音書 1 章のイエス・キリストの系図には、多くの歳月が途切れてはつながり、また、途切れてはつながることを繰り返しました。これからその人々を詳らかに追究する時、私たちは神が自ら選んだ民を救うために、イエス・キリストをこの世に送るまでの過程が、決して容易ではなかったことを痛感するようになるでしょう。

## 4. 系図に記録された人々の名前

　イエス・キリストの系図から多くの人々の名前が省略されたことを見ていくと、その名前が記録された人々の重要性がより大きくなると言えます。イエス・キリストの系図にのせられた人々は、ヨセフを除けばすべてが旧約の人々で、イエス・キリストの系図は長い旧約歴史の要旨であると言えるでしょう。彼らはイエス・キリストによって存在し、イエス・キリストを示すために存在した者であると言っても過言ではありません（ロマ 9:6-8、ガラ 3:16、参照 - ヨハ 1:3；5:39、ルカ 24:27.44）。

　一方、系図の各々の人物は、今日に生きる私たちの信仰の歩みを照らしてくれる灯火です。系図の中に記録された各人物の行跡と、その名前を通じて、その事跡を細密に調べる事は意味深い事に違いありま

せん。

　特に名前は、単に一個人の呼称や他人と区別すること以上の意味があります。

### 第一、名前はその存在の本性と活動を意味します。

　名前を知ってこそ、その存在に対する正しい理解が生じ、ひいてはその存在の活動状況を知ることができます（創 25:26、サム上 25:25）。ヘブル人たちは、ある存在に対して知りたいときには、まず「その名は何という意味ですか」と聞きます（出 3:13、士 13:17）。

### 第二、名前には親の期待と時代相が込められています。

　イスラエルでは子供の名前を親が付けます（創 4:1.25-26;5:3.28-29;16:11.15;17:19;19:37-38、士 8:31、代上 7:23）。子供に名前を付ける時に、いい加減に付ける親はいません。子供の名前には親の信仰と生き方、子に対する望みや期待はもちろん、更には彼らが住んでいた当時の時代相等が幅広く込められています（ルツ 4:14-17）。

### 第三、名前には救済史的経綸が込められています。

　聖書に記録された名前は、特別な意味があります。すべて聖書は神の霊感を受けて書かれたもので（2 テモ 3:16）、聖霊に感じ、神によって語ったものです（2 ペテ 1:21）。ですからアダム以来、人類の歴史を経て行った多くの人々の中で、イエス・キリストの系図にのせられた人物の名前には、格別の救済史的な意味があると言えるでしょう。

　本書では、イエス・キリストの系図にのせられた人物の名前の意味とその語源、そして彼らの生涯を辿ることによって、イエス・キリストの系図に脈々と流れる神の救済史的な経綸を明らかにしていきたい

と思います。

　イエス・キリストの系図42代を三つの時期に分けて、第3章ではアブラハムからダビデまでの14代を、その後の系図は本書の後に続く救済史シリーズで言及してまいります。

　イエス・キリストの系図から省かれた時代―士師時代、サウル時代、北イスラエルの歴史―も、イエス・キリストの系図と係わる歴史については、できるだけ概括的に扱うことになるでしょう。何よりもイエス・キリストの系図に示された救済史的経綸を明確に理解して、聖なる信仰の系図を引き継ぐ、敬虔で真実なる神の子らが、たくさん与えられますように切にお祈りします。

# 解説 1

世界史上初、イエス・キリストの二つの系図を時代別・体系的にまとめた

## 一目で分かるイエス・キリストの系図42代

### THE 42 GENERATION IN THE GENEALOGY OF JESUS CHRIST AT A GLANCE

マタイによる福音書 1:17 『だから、アブラハムからダビデまでの代は合わせて十四代、ダビデからバビロンへ移されるまでは十四代、そして、バビロンへ移されてからキリストまでは十四代である。』

Πᾶσαι οὖν αἱ γενεαὶ ἀπὸ Ἀβραὰμ ἕως Δαβὶδ γενεαὶ δεκατέσσαρες καὶ ἀπὸ Δαβὶδ, ἕως τῆς μετοικεσίας Βαβυλῶνος γενεαὶ δεκατέσσαρες καὶ ἀπὸ τῆς μετοικεσίας Βαβυλῶνος ἕως τοῦ Χριστοῦ γενεαὶ δεκατέσσαρες

### 第一期（1,163年）

| | アブラハムからダビデまで (14代)<br>14 GENERATIONS FROM ABRAHAM TO DAVID | | 同時代のルカによる福音書3章の系図 (14代)<br>THE GENEALOGY IN LUKE CHAPTER 3 FROM THE SAME TIME PERIOD(14 GENERATIONS) |
|---|---|---|---|
| 1 | **アブラハム** / אַבְרָהָם / Ἀβραάμ /Abraham<br>(マタ 1:2, 代上 1:27, 34) | 1 | アブラハム / Ἀβραάμ /Abraham (ルカ 3:34) |
| 2 | **イサク** / יִצְחָק / Ἰσαάκ / Isaac<br>(マタ 1:2, 代上 1:28, 34) | 2 | イサク / Ἰσαάκ / Isaac (ルカ 3:34) |
| 3 | **ヤコブ** / יַעֲקֹב / Ἰακώβ / Jacob<br>(マタ 1:2, 代上 1:34, 2:1) | 3 | ヤコブ / Ἰακώβ / Jacob (ルカ 3:34) |
| 4 | **ユダ** / יְהוּדָה / Ἰούδας / Judah<br>(マタ 1:2-3, 代上 2:1) | 4 | ユダ / Ἰούδας / Judah (ルカ 3:33) |
| | タマルによる (マタイ 1:3) | | |
| 5 | **パレス (ペレツ)** / פֶּרֶץ / Φάρες / Perez<br>(マタ 1:3, 代上 2:5, ルツ 4:18) | 5 | パレス / Φάρες / Perez (ルカ 3:33) |
| 6 | **エスロン (ヘツロン)** / חֶצְרוֹן / Ἐσρώμ / Hezron<br>(マタ 1:3, 代上 2:5, ルツ 4:18-19) | 6 | エスロン / Ἐσρώμ / Hezron (ルカ 3:33) |
| 7 | **アラム (ラム)** / רָם / Ἀράμ / Ram<br>(マタ 1:3-4, 代上 2:9-10, ルツ 4:19) | 7 | アルニ / Ἀράμ / Arni (ASV) (ルカ 3:33) |
| 8 | **アミナダブ** / עַמִּינָדָב / Ἀμιναδάβ /Amminadab<br>(マタ 1:4, 代上 2:10, ルツ 4:19-20) | 8 | アミナダブ / Ἀμιναδάβ /Amminadab (ルカ 3:33) |
| 9 | **ナアソン (ナション)** / נַחְשׁוֹן / Ναασσών / Nahshon<br>(マタ 1:4, 代上 2:10-11, ルツ 4:20) | 9 | ナアソン / Ναασσών / Nahshon (ルカ 3:32) |
| 10 | **サルモン** / שַׂלְמוֹן / Σαλμών / Salmon<br>(マタ 1:4-5, 代上 2:11, ルツ 4:20-21) | 10 | サラ / Σαλά / Salmon (ルカ 3:32) |
| | ラハブによる (マタイ 1:5) | | |
| 11 | **ボアズ** / בֹּעַז / Βοόζ / Boaz<br>(マタ 1:5, 代上 2:11-12, ルツ 4:21) | 11 | ボアズ / Βοόζ / Boaz (ルカ 3:32) |
| | ルツによる (マタイ 1:5) | | |
| 12 | **オベデ** / עוֹבֵד / Ὠβήδ / Obed<br>(マタ 1:5, 代上 2:12, ルツ 4:21-22) | 12 | オベデ / Ὠβήδ / Obed (ルカ 3:32) |
| 13 | **エッサイ** / יִשַׁי / Ἰεσσαί / Jesse<br>(マタ 1:5-6, 代上 2:12-13, ルツ 4:22) | 13 | エッサイ / Ἰεσσαί / Jesse (ルカ 3:32) |
| 14 | **ダビデ王** / מֶלֶךְ דָּוִד / Δαβὶδ βασιλεύς<br>King David (マタ 1:6, 代上 2:15, ルツ 4:22) | 14 | ダビデ / Δαβίδ / David (ルカ 3:31) |

族長時代 / エジプト時代 / 荒野及びカナン征服時代 / 士師時代 / 統一王国時代

※第一期と第二期の区分は、ダビデのヘブロン統治7年6ヶ月までの期間と、エルサレム統治33年を基準とする（サム下 5:4-5, 代上 3:4; 29:27, 王上 2:11）。

## 第二期 (406年)

| | | ダビデからバビロンへ移住するまで (14代)<br>14 GENERATIONS OF KINGS FROM DAVID UNITIL THE DEPORTATION TO BABYLON | | 同時代のルカによる福音書3章の系図<br>THE GENEALOGY IN LUKE CHEAPTER 3 FROM THE SAME TIME PERIOD |
|---|---|---|---|---|
| 統一王国時代 | 1 | ダビデ / דָּוִד / Δαβίδ / David<br>(マタ 1:6, 代上 2:15, ルツ 4:34) | 15 | ナタン / Ναθάν / Nathan<br>(ルカ 3:31) |
| | | ウリヤの妻による (マタイ 1:6) | | |
| | 2 | ソロモン / שְׁלֹמֹה / Σολομών / Solomon<br>(マタ 1:6-7, 代上 3:5) | 16 | マタタ / Ματταθά / Mattatha (ルカ 3:31) |
| | 3 | レハベアム / רְחַבְעָם / Ῥοβοάμ / Rehoboam<br>(マタ 1:7, 代上 3:10) | 17 | メナ / Μεννά / Menna (ルカ 3:31) |
| | 4 | アビヤ / אֲבִיָּה / Ἀβιά / Abijah<br>(マタ 1:7, 代上 3:10) | 18 | メレヤ / Μελεάς / Melea<br>(ルカ 3:31) |
| | 5 | アサ / אָסָא / Ἀσά / Asa (マタ 1:7-8, 代上 3:10) | 19 | エリヤキム / Ἐλιακείμ / Eliakim (ルカ 3:30) |
| | 6 | ヨサパテ (ヨシャパテ) / יְהוֹשָׁפָט / Ἰωσαφάτ / Jehoshaphat (マタ 1:8, 代上 3:10) | 20 | ヨナム / Ἰωνάν / Jonam<br>(ルカ 3:30) |
| | 7 | ヨラム / יוֹרָם / Ἰωράμ / Joram (マタ 1:8, 代上 3:11) | 21 | ヨセフ / Ἰωσήφ / Joseph<br>(ルカ 3:30) |
| | | 系図から除外された王 | | |
| 分裂王国時代 | | アハジヤ / אֲחַזְיָה /Ahaziah (代上 3:11)<br>アタリヤ / עֲתַלְיָה /Athaliah (王下 11:1-3, 代上 22:12)<br>ヨアス / יוֹאָשׁ / Joash (代上 3:11)<br>アマジヤ / אֲמַצְיָה /Amaziah (代上 3:12) | 22 | ユダ / Ἰούδας / Judah<br>(ルカ 3:30) |
| | | | 23 | シメオン / Συμεών / Simeon<br>(ルカ 3:30) |
| | 8 | ウジヤ (アザリヤ) / עֻזִּיָּה / Ὀζίας / Uzziah<br>(マタ 1:8-9, 代上 3:12) | 24 | レビ / Λευί / Levi (ルカ 3:29) |
| | 9 | ヨタム / יוֹתָם / Ἰωαθάμ / Jotham (マタ 1:9, 代上 3:12) | 25 | マタテ / Ματθάτ / Matthat<br>(ルカ 3:29) |
| | 10 | アハズ / אָחָז / Ἀχάζ /Ahaz (マタ 1:9, 代上 3:13) | 26 | ヨリム / Ἰωρείμ / Jorim<br>(ルカ 3:29) |
| | 11 | ヒゼキヤ / חִזְקִיָּה / Ἐζεκίας / Hezekiah<br>(マタ 1:9-10, 代上 3:13) | 27 | エリエゼル / Ἐλιέζερ / Eliezer (ルカ 3:29) |
| | 12 | マナセ / מְנַשֶּׁה / Μανασσῆς / Manasseh<br>(マタ 1:10, 代上 3:13) | 28 | ヨシュア / Ἰησοῦς / Joshua<br>(ルカ 3:29) |
| | 13 | アモン / אָמוֹן / Ἀμώς /Amon (マタイ 1:10, 代上 3:14) | 29 | エル / Ἤρ / Er (ルカ 3:28) |
| | 14 | ヨシヤ / יֹאשִׁיָּה / Ἰωσίας / Josiah<br>(マタ 1:10-11, 代上 3:14) | 30 | エルマダム / Ἐλμωδάμ / Elmadam (ルカ 3:28) |
| | | 系図から除外された王 | | |
| | | エホアハズ / יְהוֹאָחָז / Jehoahaz<br>(王下 23:31, 代上 3:15, 代下 36:1-2)<br>エホヤキム / יְהוֹיָקִים / Jehoiakim<br>(王下 23:34, 36, 代上 3:15, 代下 36:4) | | |

※ルカによる福音書3章の系図からナタン以後、マタタからイエスまで41名は、ほとんど聖書に記録されておらず、彼らが生きていた時期を明らかに区分することができないため、各人物の位置は明確な時代的区分によるものではなく、編集便宜上、任意に作成された。

## 第三期 (593年)

### バビロンへ移住してからキリストまで (14代)
14 GENERATIONS FROM THE DEPORTATION TO BABYLON UNTIL JESUS CHRIST

### 同時代のルカによる福音書3章の系図
THE GENEALOGY IN LUKE CHEAPTER 3 FROM THE SAME TIME PERIOD

| | | |
|---|---|---|
| **バビロン捕虜時代** | 1 | エコニヤ (エコニア) / יְכָנְיָה / Ἰεχονίας / Jeconiah (マタ 1:11-12, 代上 3:16) |
| | 系図から除外された王 | ゼデキヤ / צִדְקִיָּה / Zedekiah (王下 24:18-19, 代上 3:16) |
| | 2 | サラテル (シャルテル) / שְׁאַלְתִּיאֵל / Σαλαθιήλ / Shealtiel (マタ 1:12, 代上 3:17) |
| **聖殿・城壁再建時代** | 3 | ゾロバベル (ゼルバベル) / זְרֻבָּבֶל / Ζοροβαβέλ / Zerubbabel (マタ 1:12-13, 代上 3:19) |
| | → | ハナニヤ / Hananiah (代上 3:19, 21) |
| | → | シカニヤ / Shecaniah (代上 3:21-22) |
| | → | シマヤ / Shemaiah (代上 3:22) |
| | → | ネアリヤ / Neariah (代上 3:22-23) |
| | → | エリオエナイ / Elioenai (代上 3:23-24) |
| | 4 | アビウデ / אֲבִיהוּד / Ἀβιούδ / Abihud (マタ 1:13) |
| | 5 | エリヤキム / אֶלְיָקִים / Ἐλιακείμ / Eliakim (マタ 1:13) |
| | 6 | アゾル / עַזּוּר / Ἀζώρ / Azor (マタ 1:13-14) |
| **新・旧約中間時代** | 7 | サドク / צָדוֹק / Σαδώκ / Zadok (マタ 1:14) |
| | 8 | アキム / יוֹקִים / Ἀχείμ / Achim (マタ 1:14) |
| | 9 | エリウデ / אֱלִיהוּד / Ἐλιούδ / Eliud (マタ 1:14-15) |
| | 10 | エレアザル / אֶלְעָזָר / Ἐλεάζαρ / Eleazar (マタ 1:15) |
| | 11 | マタン / מַתָּן / Ματθάν / Matthan (マタ 1:15) |
| | 12 | ヤコブ / יַעֲקֹב / Ἰακώβ / Jacob (マタ 1:15-16) |
| | マリヤの夫 | |
| | 13 | ヨセフ / יוֹסֵף / Ἰωσήφ / Joseph (マタ 1:16) |
| | マリヤから | |
| | 14 | イエス / יֵשׁוּעַ / Ἰησοῦς / Jesus (マタ 1:16) |

| # | |
|---|---|
| 31 | コサム / Κωσάμ / Cosam (ルカ 3:28) |
| 32 | アデイ / Ἀδδί / Addi (ルカ 3:28) |
| 33 | メルキ / Μελχί / Melchi (ルカ 3:28) |
| 34 | ネリ / Νηρί / Neri (ルカ 3:27) |
| 35 | サラテル / Σαλαθιήλ / Shealtiel (ルカ 3:27) |
| 36 | ゾロバベル / Ζοροβαβέλ / Zerubbabel (ルカ 3:27) |
| 37 | レサ / Ῥησά / Rhesa (ルカ 3:27) |
| 38 | ヨハナン / Ἰωάννα / Joanan (ルカ 3:27) |
| 39 | ヨダ / Ἰωδά / Joda (ルカ 3:26) |
| 40 | ヨセク / Ἰωσήχ / Josech (ルカ 3:26) |
| 41 | シメイ / Σεμεΐ / Semein (ルカ 3:26) |
| 42 | マタテヤ / Ματταθίας / Mattathias (ルカ 3:26) |
| 43 | マハテ / Μάαθ / Maath (ルカ 3:26) |
| 44 | ナンガイ / Ναγγαί / Naggai (ルカ 3:25) |
| 45 | エスリ / Ἑσλί / Hesli (ルカ 3:25) |
| 46 | ナホム / Ναούμ / Nahum (ルカ 3:25) |
| 47 | アモス / Ἀμώς / Amos (ルカ 3:25) |
| 48 | マタテヤ / Ματταθίας / Mattathias (ルカ 3:25) |
| 49 | ヨセフ / Ἰωσήφ / Joseph (ルカ 3:24) |
| 50 | ヤンナイ / Ἰανναί / Jannai (ルカ 3:24) |
| 51 | メルキ / Μελχί / Melchi (ルカ 3:24) |
| 52 | レビ / Λευί / Levi (ルカ 3:24) |
| 53 | マタテ / Ματθάτ / Matthat (ルカ 3:24) |
| 54 | ヘリ / Ἡλί / Eli (ルカ 3:23) |
| 55 | ヨセフ / Ἰωσήφ / Joseph (ルカ 3:23) |
| 56 | イエス / Ἰησοῦς / Jesus (ルカ 3:23) |

※第三期の時代的区分 (バビロン捕虜時代〜新旧約中間時代) は、概略的に推定。
※各人名の英語表記はNASBに従い、ギリシャ語は基本形で表記。

# 第3章
# イエス・キリストの系図
## 第1期の歴史

― アブラハムからダビデまでの14代

The Genealogy of Jesus Christ : History of the First Period
14 Generations from Abraham to David

| | | | |
|---|---|---|---|
| 1. | アブラハム | 8. | アミナダブ |
| 2. | イサク | 9. | ナアソン |
| 3. | ヤコブ | 10. | サルモン |
| 4. | ユダ | 11. | ボアズ |
| 5. | パレス | 12. | オベデ |
| 6. | エスロン | 13. | エッサイ |
| 7. | アラム | 14. | ダビデ王 |

# イエス・キリストの系図
# 第1期の歴史

　イエス・キリストの系図に記録されている1期の14代は、アブラハムからダビデまでです（マタ1:2.6.17）。この二人の名前はユダヤ人の間で多く知れ渡っており、尊敬されています。この1期の14代には幾つかの特徴があります。

### 第一、イスラエル史の漸進的発展を明らかにする。

　アブラハムはユダヤ人の起源となる人です。ユダヤ人はアブラハムを「父祖アブラム」と呼びました（ルカ1:73、ヨハ8:53、行7:2、ロマ4:12、ヤコブ2:21）。ダビデはイスラエルの王政体制を本格的に確立した人です。ですから、イエス・キリストの系図に載せられた初めの14代は、イスラエルの歴史の胎動と王国の形成に至るまでの漸進的発展の過程を明かしてくれます。

### 第二、イエス・キリストがメシヤであることを示しています。

　マタイによる福音書では、イエス・キリストはアブラハムの子孫であり、ダビデの子孫であることを表しています（マタ1:1）。ユダヤ人において最も重要で誇らしい先祖は、アブラハムとダビデでした。神はこの二人にメシヤを約束されました（創12:3；22:17-18、サム下7:12-13）。そして、彼らに約束した子孫こそがイエス・キリストであることを告げることによって、イエス・キリストがメシヤであること

を証しされました。

　**第三、イエス・キリストが全世界の救い主であることを示しています。**
　イエス・キリストの系図の第1期14代には、「タマル、ラハブ、ルツ」という3人の異邦の女性が登場します。本来系図には、女性の名前が記録されることがないにもかかわらず、それも異邦の女性の名前が系図にのせられたことは画期的なことです。これはイエス・キリストが、ただユダヤ人のための主ではなく、すべての異邦人の救い主、つまり全世界の救い主であることを示すものです。[17]
　ダビデは系図の第1期と第2期にわたって、二度名前が記録されました。したがって本書では、ヘブロンでのダビデの治世7年6カ月までの期間をイエス・キリストの系図の第1期として扱い、エルサレムでのダビデの治世33年を系図第2期として扱います。
　イエス・キリストの系図の第1期、アブラハムからダビデのヘブロン支配までの期間は、アブラハムが生まれたBC2166年からダビデのヘブロンの支配が終わるBC1003年までの約1163年間です。
　この章では、アブラハムからダビデまでの系図14代にあたる人たちの歴史を辿り、続く4章と5章では、この歴史と関わる士師時代とサウルとダビデの歴史を辿ることになるでしょう。

# Overview of 42 Generations in the Genealogy of Matthew
## The First Period: 14 Generations from Abraham to David

# マタイによる福音書の42代人物概要〈第1期〉
## アブラハムからダビデまでの14代

| 人 物 | 内　容 |
|---|---|
| **1代**<br>**アブラハム**<br>אַבְרָהָם<br>’Αβραάμ<br>Abraham<br><br>多くの国民の父 | ① イエス・キリストの系図1代目の人物である。父親はテラで、彼の代を引き継ぐ子はイサクである（代上1:27、マタ1:2、ルカ3:34）。<br>② アブラハムの本来の名前は「偉い父、尊い父」という意味の「アブラム」であるが、99歳の時「多くの国民の父」という意味の「アブラハム」に改名された（創17:5）。アブラハムはこの名前通り、ユダヤ人の先祖であるだけでなく、イエス・キリストにある世界中の信仰者の先祖である（ヨハ8:53、ロマ4:1.16.18、ガラ3:7.29）<br>③ 最初、カルデヤのウルで神から召され（行7:2-4）、75歳の時ハランで再び召しに従い、ついにカナンの地に到着した（創12:5）。84歳の時「松明の契約」によって、カナンの地と子孫に関する確証を受け（創15:1-21）、86歳の時ハガルによってイシマエルを生み（創16:16）、100歳の時サラによって約束の子イサクを生んだ（創21:5）。<br>④ 神がアブラハムと結んだ子孫の約束（創13:15-16; 15:5-6; 17:8; 22:17-18）は究極的に、この子孫を通して来られる一人の子孫イエス・キリストを示す（ガラ3:16）。 |
| **2代**<br>**イサク**<br>יִצְחָק<br>’Ισαάκ<br>Isaac<br><br>笑う | ① イエス・キリストの系図2代目の人物である。父親はアブラハムで、彼の代を引き継ぐ子はヤコブである（代上1:28.34、マタ1:2、ルカ3:34）。<br>② イサクは神の御言葉の通り、神が言われた期間通りアブラハム100歳の時にサラによって生まれた約束の子である（創17:18-21; 18:10; 21:1-5、ロマ9:7-8）。<br>③ イサクは40歳の時、ベトエルの娘リベカと結婚し（創24章.25:20）、 |

| 人　物 | 内　容 |
|---|---|
| | 60歳の時に神が祈りを聞かれ、双子のエサウ（長子）とヤコブ（次子）を生んだ（創25：21-26）。<br>④ イサク以降、信仰の代はヤコブへ引き継がれる。表面的にはイサクがヤコブの知らぬ間に長子の祝福を与えたように見えるが、事実これは神の主権的な摂理であった（創25：23；27：26-40、ロマ9：10-13、ヘブ11：20）。 |
| 3代<br><br>ヤコブ<br><br>יַעֲקֹב<br>Ἰακώβ<br>Jacob<br><br>かかとをつかむ者、<br>人を出し抜く者 | ① イエス・キリストの系図3代目の人物である。父親はイサクで、彼の代を引き継ぐ子孫はユダである（代上1：34; 2：1、マタ1：2、ルカ3：34）。<br>② 祖父アブラハム、父イサクとは15年間共に幕屋に住み（ヘブ11：9）、契約の信仰を受け継いだ。エサウは長子であったが、長子の特権を軽んじて（創25：31-34）、弟ヤコブにその祝福を奪われてしまった（ロマ9：10-13）。<br>③ ヤコブは兄エサウから逃げるためカナンを離れた時が76歳で（創28：1-5）、76歳から96歳までの20年間は叔父ラバンの家で仕えた。83歳の時結婚し（創29：18-30）、90歳の時ラケルによって11番目の息子ヨセフを生んだ（創30：22-24）。<br>④ ヤコブが息絶えた時、足を床に納めた敬虔な彼の姿勢は（創49：33）、一生の間彼が進んできた歩みと、最後の歩みまでもが神の前に惑うことなく納めようとした偉大な信仰を物語っている。 |
| 4代<br><br>ユダ<br><br>יְהוּדָה<br>Ἰούδας,<br>Judah<br><br>神を賛美する<br>神をほめたたえる | ① イエス・キリストの系図4代目の人物で、父親はヤコブである。息子は5人いたが、その中でパレスがイエス・キリストの系図に記録された（マタ1：2-3、ルカ3：33、代上2：1-4）。<br>② 父ヤコブから王の統治主権と力を象徴する「つえ」の祝福と、平和と安息を与える「シロ」に象徴されるメシアが来られる祝福を受けた（創49：10）。ヤコブの預言通りイエス・キリストはユダの部族からお生まれになった（マタ1：3、ヘブ7：14、参考-ミカ5：2）。<br>③ ユダは妻（シュアの娘）によってエル、オナン、シラの4人の子を生み（創38：2-5）、嫁タマルによってペレツとゼラを生んだ（創 |

| 人　物 | 内　容 |
|---|---|
| | 38:27-30)。タマルは、アブラハムとイサクがヤコブによって繋がる契約の子孫を得ようとする聖なる熱心のもと、命がけの冒険を敢行し、傾いていくユダの家系を立て直したので、聖書は彼女を「正しい」と認めた(創38:26、ルツ4:12)。<br>④「タマル」(תָּמָר)は「真っ直ぐに立てる」という語源に由来し「柱、なつめやし」という意味を持っている。 |
| **5代**<br>**パレス**<br>**(ペレヅ)**<br>פֶּרֶץ<br>Φάρες<br>Perez<br>破る<br>破って出る | ① イエス・キリストの系図5代目の人物である。父親はユダで、彼の代を引き継ぐ子はエスロンである(代上2:4、マタ1:3、ルカ4:18)。<br>② パレスは父ユダ母タマルの間に双子として生まれ、緋の糸で手を結んだゼラよりも先に母の胎内から出ることによって長子になった(創38:27-30)。<br>③ パレスはユダの代を引き継ぐメシア系統の系図に上った後、「ヘヅロン、ハムル」という2人の子を生んだ(代上 2:5)。 |
| **6代**<br>**エスロン**<br>**(ヘヅロン)**<br>חֶצְרוֹן<br>Ἐσρώμ<br>Hezron<br>塀で取り囲む<br>囲い | ① イエス・キリストの系図6代目の人物である。父親はパレスで、彼の代を引き継ぐ子はアラムである(代上2:5、マタ1:3、ルカ3:33)。<br>② エスロンには五人の子がいた。長男がエラメル(代上2:9.25)、次男がラム(代上2:9)、三男がケルバイ(カレブ)(代上2:9.18)、四男がセグブ(代上2:21)、五男はアシュル(代上2:24)であった。<br>③ エスロンは初めの妻を通してエラメル、ラム、ケルバイを生み(代上2:9)、60歳になった時2人目の妻マキルの娘(エフラタ、代上2:24)を通して、セグブとアシュルを生んだ(代上2:21)。 |
| **7代**<br>**アラム**<br>**(ラム、アルニ)**<br>רָם　Ἀράμ<br>Ram or Aram<br>(Arni) | ① イエス・キリストの系図7代目の人物で、父親はエスロン。彼の代を引き継ぐ子はアミナダブである(代上2:9-10、マタ1:4、ルカ3:33)。<br>② 次男であったがイエス・キリスト直系の系図に上った。アラムには四人の兄弟(エラメル、ケルバイ、セグブ、アシュル)がいた(代上2:9.21.24)。<br>③ ルカによる福音書の系図には「アルニ」と記録され(ルカ3:33)、 |

| 人物 | 内容 |
|---|---|
| 高い、高める | ギリシャ語では「アラム」('Αράμ)と言い、「高い所」という意味である。 |
| 8代<br>アミナダブ<br>עַמִּינָדָב<br>'Αμιναδάβ<br>Amminadab<br>わたしの尊い民 | ① イエス・キリストの系図8代目の人物である。父親はアラムで、彼の代を引き継ぐ子はナアソンである(代上2:10、マタ1:4、ルカ3:33)。<br>② アミナダブの娘(エリセバ)がアロンと結婚したため、大祭司アロンの家系と繋がった(出6:23a)。エリセバとアロンの間に「ナダブ、アビウ、エレアザル、イタマル」の4人の子がいた(出6:23b)。<br>③ マタイによる福音書1章の系図は、エジプトで仕えた430年の間にエスロン-アラム-アミナダブ-ナアソンまでの「4代」だけを記録し、ほとんどの代数が省略されている。 |
| 9代<br>ナアソン<br>(ナション)<br>נַחְשׁוֹן<br>Ναασσών<br>Nahshon<br>経験から知る<br>熱心に観察する、<br>預言する | ① イエス・キリストの系図9代目の人物で、父親はアミナダブである。代を引き継ぐ子はサルモンである(代上2:10、マタ1:4、ルカ3:32)。<br>② 荒野時代のユダ部族の族長であった(民1:7; 2:3; 10:14)。ユダ部族の20歳以上のいくさ人は総74,600人であったが(民1:27)、その中でもモーセとアロンに名を掲げた部族の族長だった(民1:17)。<br>③ ナアソンはユダ部族の代表として、供え物をささげる時(民7:12)や、荒野で行進する時(民10:14)いつも先頭に立った。 |
| 10代<br>サルモン<br>שַׂלְמוֹן<br>Σαλμών<br>Salmon<br>外套、上着、マント | ① イエス・キリストの系図10代目の人物で、父親はナアソンである。代を引き継ぐ子はボアズである(代上2:11、マタ1:4-5、ルカ3:32)。<br>② カナン征服初期、ヨシュアがエリコを探るためにつかわした2人の斥候を親切にもてなし、身をかくまってくれた遊女ラハブは、サルモンと結婚し主の系図を繋げた(ルツ4:20-21、マタ1:5、ルカ3:32)。<br>③ 「ラハブ」(רָחָב)は「広がる、大きくなる、拡張する」という意味の「ラハブ」(רָחַב)から由来し、「幅が広い、大きい、ぱっと開ける」というような意味をもっている。ラハブは命がけで2人の斥候を親切にもてなし身をかくまい、自分の生活の拠り所であったエリコが近いうちに |

| 人物 | 内容 |
|---|---|
| | 審判を受けることを悟り「主がこの地をあなたがたに賜ったことをわたしは知っている」(ヨシ2:9)と確信に満ちた告白をし、異邦人であったにも関わらず「主は上の天にも、下の地にも神」(ヨシ2:11)と告白をするほど、偉大な信仰を所有していた女性だった。 |
| 11代<br>ボアズ<br>בֹּעַז<br>Βοόζ<br>Boaz<br>優れている<br>裕福な者 | ① イエス・キリストの系図11代目の人物で、父親はナアソンである。代を引き継ぐ子はオベデである(代上2:11-12、マタ1:5、ルカ3:32)。<br>② ボアズが生きていた時代は、偶像崇拝と堕落の悪循環が繰り返された士師記の暗黒時代だった。<br>③ ルツは全てを失ってしまったやもめで、主の会衆に永遠に加わることのできない異邦のモアブの女であったが(申23:3)、嗣業を帰す資格がある有力な親族ボアズと会い、オベデを生むことによって(ルツ4:13-17)イエス・キリストの系図を繋げた(マタ1:5、ルカ3:32)。<br>④「ルツ」(רוּת)は「彼女、相方」という意味の「レウート」(רְעוּת)から由来して、「彼女、友情」という意味をもっている。ルツが姑ナオミの強い厳命にも耳を傾けず、姑を離れなかったことは(ルツ1:14-18)、イスラエルの神、主の翼の下で保護を受けることを渇望したためだった(ルツ2:12)。 |
| 12代<br>オベデ<br>עוֹבֵד<br>Ὠβήδ<br>Obed<br>仕える、しもべ | ① イエス・キリストの系図12代目の人物で父親はボアズである。子はダビデの父エッサイと記録されている(代上2:12、マタ1:5、ルカ3:32)。<br>② ボアズが嗣業を帰す者の義務を果たすため、モアブの女ルツと結婚して生んだ子である。オベデは近所の女たちがつけた名であり(ルツ4:17)、祖母ナオミが養い育てた(ルツ4:16)。<br>③ 近所の女たちはナオミにオベデが「あなたのいのちを新たにし、あなたの老年を養う者」(ルツ4:15)になるだろうと言った。<br>④ オベデは「この子の名がイスラエルのうちに高く揚げられますように」(ルツ4:14)と言った近所の女たちの言葉通り、「ダビデの父であるエッサイの父となった」(ルツ4:17)と叫びながら、その名が有名になった(ルツ4:17)。 |

| 人物 | 内容 |
|---|---|
| **13代**<br>**エッサイ**<br>יִשַׁי<br>Ἰεσσαί<br>Jesse<br>存在する、<br>生きておられる | ① イエス・キリストの系図13代目の人物である。父親はオベデで、子はダビデと記録されている（代上2:12、マタ1:5、ルカ3:32）。<br>② エッサイには七人の息子と二人の娘がいたが、その中で末の子であるダビデがイスラエルの王になった（サム上16:10-12、17:12、代上2:13-16）。<br>③ エッサイは、神が自分の息子ダビデをイスラエルの王として立てるまでの過程を、一番近くで見守った人だった（サム上16:3-13,17-23；17:17-58；22:1）。彼は神の御言葉通りに正確に成就される事を見ながら、神が生きておられることを体験したことだろう。<br>④ 主の出現について、「エッサイの株から」（イザ11:1）と預言したことは、主が卑賤な誕生によって来られること、人々が注目すらしないことを意味すると共に（イザ53:1-3）、主が来られる時が絶望的な時代である事を暗示している。 |
| **14代**<br>**ダビデ王**<br>מֶלֶךְ דָּוִד<br>Δαβίδ βασιλεύς<br>King David<br>愛される者、<br>友人 | ① イエス・キリストの系図14代目の人物である。父親はエッサイで、子はソロモンと記録されている（代上2:13-15、マタ1:5-6、ルカ3:32）。<br>② ダビデは王として即位する以前、サウル王から追われ約10年間逃避生活をしていた。ダビデが逃避生活をしながら受けた侮辱や苦痛は、イエス・キリストが私たちの罪のために受けられた厳しい苦痛や受難を連想させる。<br>③ 彼は40年（BC 1010-970）の在位期間中、ヘブロンで7年6ヶ月の間統治しながら六人の子を生み（サム下3:2-5、代上3:1-9）、エルサレムで約33年統治しながら十三人の子を生んだ（サム下5:13-16、代上14:3-7）。その他にも「エレモテ」（代下11:18）という子とそばめの子たちがいた（代上3:9）。<br>④ 系図の中で唯一ダビデだけに「王」という称号がついている事は（マタ1:6）、イエス・キリストだけが王の中の王である事を表している。またダビデが第一期の締めくくりと、第二期を始める人物として二回数えられた事は、イエス・キリストが旧約の律法を成就し、新約で成し遂げられる新しい御わざの主人公である事を表している。 |

## 1代 アブラハム

Abraham / ’Αβραάμ / אַבְרָהָם

多くの国民の父 /
father of a multitude, father of many nations

**順序**
イエス・キリストの系図の1番目の人物（マタ1:1-2、代上1:27）

**背景**
父はテラ、息子はイサク（マタ1:2、ルカ3:34）。イサクの兄イシマエルはエジプトの女ハガルを通して生まれ、イサクより14年先に生まれました（創16:1-16）。

**特徴**
アブラハムはイエス・キリストの系図に初めて登場する人物、そしてユダヤ人の先祖であり、信仰の先祖にもなりました（ヨハ8:53、ロマ4:1.16.18、ガラ3:7.29）。

　アブラハムの本来の名前はアブラムでした。「アブラム」（אַבְרָם）の意味は「高貴な父、尊い父、高められた父」で、99歳の時にアブラハムと改名されました（創17:5）。

　「アブラハム」（אַבְרָהָם）は、「アブ」（אַב）と「ラハム」（רָהָם）が合成された単語です。「アブ」（אַב）は「父、先祖」という意味であり、「ラハム」（רָהָם）は語源的に不明瞭ですが、一般的には「群衆、多く」という意味を持つアラム語「ルハム」に由来すると思われます。ですから「アブラハム」は、「群衆の父、多くの国民の父」という意味になります。

イエス・キリストの系図第1期の歴史 | 129

# 1. アブラハムは約束の子イサクを生みました

## (1) アブラハムの召命

　アブラハムはメソポタミヤのカルデヤ・ウルに住んでいましたが、栄光の神から「あなたの土地と親族から離れて、あなたにさし示す地に行きなさい」というみことばを受けてカルデヤ・ウルを離れ、ハランに住みました（行 7:2-4、創 12:7;「ハラン」と表記）。

　ハランに住んでいたアブラハムは、75歳で再び「あなたは国を出て、親族と別れ、父の家を離れ、わたしが示す地に行きなさい」というみことばに従ってハランを離れ、カナンに行きました（創 12:1-5、行 7:4;「カラン」と表記）。

　その時、神はアブラハムを「大いなる国民」とすることを約束されました（創 12:2）。この約束は、子供がいなかったアブラハムに大きな望みと祝福となりました。

## (2) イシマエルの誕生

　アブラハムは「大いなる国民」の約束を受けてから、10年待っても子供が与えられなかったために、サラの話を受け入れ、彼女のつかえめであるエジプトの女ハガルを通し、86歳にしてイシマエルという「肉の子」を生みました（創 16:16、ロマ 9:6-8）。

　アブラハムが自分のしもべであるダマスコのエリエゼルを、自分の家を継ぐ者と考え始めた時、神は明らかに「あなたの身から出る者があとつぎとなるべき」（創 15:4）であると約束されました。しかし、アブラハムとサラは愚かにも、つかえめであるハガルを通じて神の約束を実現しようとしました。結局、アブラハムがハガルとの間に生んだイシマエルは、その後、家庭の不和と民族間の紛争の火種になりました（創 16:4）。

## (3) イサクの誕生

　アブラハム（99 歳）とサラ（89 歳）が子を生むことができない状況になってあきらめていた頃、神は「サラには男の子が生まれているでしょう」と三度も言われました（創 17:16;18:10.14）。信じられなかったその話に、アブラハムはひれ伏して笑い（創 17:17）、サラも幕屋の入り口でその話を聞き、心の中で笑いました（創 18:12-13）。

　心の中で笑いながらつぶやいたことを神はすべて知った後に、「主にとって不可能なことがありましょうか。」と責め立てて「定めの時に」その約束が実現すると言われました（創 18:14）。約束したとおり、イサクが生まれた時、アブラハムは 100 歳でした（創 21:1-5）。

　マタイによる福音書 1 章 2 節には「アブラハムはイサクの父であり」（新改訳;生まれ、共同訳;もうけ）と記されていますが、ここで「あり、生まれ、もうけ」という単語は、ギリシャ語で「ゲンナオー」（γεννάω）という動詞に当ります。この動詞は割礼の契約を受けたアブラハムが、イサクを生んだと表現する時にも使われました（行 7:8）。「ゲンナオー」は、女が子を産んだという意味を表す「テイクトー」（τίκτω）（マタ 1:23、ルカ 2:7）とは区別される単語です。

　「ゲンナオー」は一般的に、一つの家系の家長が、その家系を引き継ぐ子を持つようになった時に使われる表現です。この単語がイエス・キリストの系図（マタ 1:1-17）に能動態で 39 回も使われたということは、イエス・キリストの系図が血筋による系図と言うよりは契約による系図として、契約の子孫として繋がれた系図であることを表します。

　このような観点によって、生まれた順にすればイシマエルがアブラハムの長子ですが、約束の子であるイサクが、イエス・キリストの系図にのせられたのです（ロマ 9:7-8）。

## 2. アブラハムは信仰の先祖となりました

### (1) ユダヤ人の先祖アブラハム

　ユダヤ人たちはアブラハムを、「父祖アブラハム」と呼びました（ルカ 1:73、ヨハ 8:53、行 7:2、ロマ 4:12、ヤコ 2:21）。神はアブラハムを指して、「あなたがたの先祖アブラハム」と言われ（ヨシ 24:3、イザ 51:2）、イエスもアブラハムを指して「あなたがたの父アブラハム」と言われました（ヨハ 8:56）。使徒パウロは具体的に、「肉によるわたしたちの先祖アブラハム」（ロマ 4:1）と記録しています。

　聖書はユダヤ人の血筋だけが真のアブラハムの子孫になるのではないと言われました（ロマ 2:28-29）。バプテスマのヨハネも、当時のパリサイびとと律法学者たちに「自分たちの父にはアブラハムがあるなどと、心の中で思ってもみるな」と咎めた事があります（マタ 3:9、ルカ 3:8、参考 - ヨハ 8:39-44）。

### (2) 信仰の先祖アブラハム

　アブラハムに後継ぎがなかった時に、神が「あなたの身から出る者があとつぎとなるべきです」と言った後、アブラハムを外に連れ出して「天を仰いで、星を数えることができるなら、数えてみなさい。…あなたの子孫はあのようになるでしょう」（創 15:5）と言われました。アブラハムは「あなたの子孫はあのようになるでしょう」とおっしゃる神を信じたので、神はアブラハムの信仰を「義」と認められたのです（創 15:6）。こういう経緯により、アブラハムは行いではなく、信仰によって義と認められる救いの道を示してくれたのです（ロマ 4:9-11）。ですからローマ人への手紙 4 章 16 節では、「アブラハムは、神の前で、わたしたちすべての者の父であって」、ローマ人への手紙 4 章 17-18 節では、「多くの国民の父となった」と言われています。こ

のように聖書は、たとえ異邦人でもキリストの福音を信じる者なら真のアブラハムの子孫になれるし、アブラハムと一緒に祝福を受けることになるという、驚くべき事実を証ししています（ガラ 3:7-9）。マタイによる福音書 1 章に示されたイエス・キリストの系図も、このような事実を語っています。イエス・キリストがアブラハムの子孫ですから（マタ 1:1）、イエス・キリストに属する者はユダヤ人でも異邦人でもアブラハムの子孫になり得ます（ガラ 3:29）。

そのため、イエス・キリストがアブラハムの子孫であるということは、イエス・キリストが全世界の救い主としてユダヤ人だけではなく異邦人まで含む、選ばれたすべての神の民を救うためにこられたお方であることを証ししています。[18] このようなわけで、アブラハムは「多くの国民の父」であることがお分かりでしょう。

神はアブラハムとの度重なる契約を通じて、メシヤがアブラハムの子孫として来られることを約束されました。創世記 22 章 17-18 節では、「わたしは大いにあなたを祝福し、大いにあなたの子孫をふやして、天の星のように、浜べの砂のようにする。あなたの子孫は敵の門を打ち取り、また地のもろもろの国民はあなたの子孫によって祝福を得るであろう。あなたがわたしの言葉に従ったからである」と言われました。

ここに三度書かれてある「あなたの子孫」は、ヘブライ語で「ゼラ」(זֶרַע : 種、子孫) の単数型として、将来アブラハムの子孫であるイエス・キリストを指します。マタイによる福音書 1 章の系図では、イエス・キリストがアブラハムの子孫であることを明らかにして、イエス・キリストがその契約の成就として来られたメシヤであることを証しているのです。

## 3. アブラハムのふところは楽園として描かれました

　紫の衣や細布を着て、毎日ぜいたくに遊び暮らしていた金持ちがいました（ルカ 16:19）。しかし、この金持ちは死んだ後、黄泉にいて火炎の中で苦しみ悶えていました。その酷い苦しみに耐えられず、指先を水でぬらして自分の舌を冷やしてくれるよう「父、アブラハム」に頼むほどでした（ルカ 16:23-24）。

　一方、金持ちの玄関の前に座って、金持ちの食卓から落ちるもので飢えをしのいでいた全身でき物でおおわれたラザロがいました。ラザロはギリシャ語で「ラザロス」（Λάζαρος）と言い、「神の助け、助けの神」という意味です。金持ちは死んで「黄泉」に行きましたが、ラザロは死んで御使いたちに連れられ、「アブラハムのふところ（楽園）」に送られました（ルカ 16:22-23）。楽園はギリシャ語で「パラデイソス」（παράδεισος）と言い、永生福楽の場所「天国」のことを言い、黄泉はギリシャ語で「ハデス」（ᾅδης）で、死後の永遠の刑罰の場所「地獄」を意味します。聖書では、「楽園」を「アブラハムのふところ」と表現しています。このように表現されたのは「楽園」がすべて信じる者たちが行く所であり、アブラハムがすべての信じる者の先祖として、彼らを代表する人だからです（ルカ 19:9）。このようにアブラハムは「彼のふところ」[19]が、救われた者の送られる場所（マタ 8:11、ルカ 16:22-23）として表現されることで、聖徒たちの霊魂が送られる楽園で最も中心なる人物となったのです。

## 4. アブラハムは「神の友」と呼ばれました

　ヤコブの手紙 2 章 23 節で、「こうして、『アブラハムは神を信じた。

それによって、彼は義と認められた』という聖書の言葉が成就し、そして、彼は『神の友』と呼ばれたのである。」と言われています。アブラハムは「神の友」でした（代下20:7、イザ41:8）。

この「友」という単語は、ギリシャ語で「フィロス」（φίλος）で、「愛される友」という意味であり、アブラハムが神と親密な関係だったことを表します。神は友と称するほど親密な者に、神の契約を知らせます（詩25:14）。神はアブラハムに、ソドムの滅びの内容をあらかじめ知らせました（創18:17）。ヨハネによる福音書15章15節にも、「わたしはあなたがたを友と呼んだ。わたしの父から聞いたことを皆あなたがたに知らせたからである」と言われています。イエス・キリストの友になるためには、イエス・キリストが命じる通り行わなければならないし、イエス・キリストのために命をも捨てなければなりません（ヨハ15:13-14）。世の中で最も大切なのは命であり、最も捨てがたいのが命です。アブラハムは自分の命より大切な存在で、愛するひとり子イサクをささげるよう命じられたことに従順に従い、神の友にふさわしい信仰を示しました。ヤコブの手紙2章21-23節では、アブラハムがイサクを祭壇にささげた事件を「神の友」と関連付けています。

アブラハムが神の命令に従ってイサクを祭壇にささげることは、決してたやすいことではなかったはずです。なぜならばイサクは、アブラハムが75歳で「大いなる国民とする」という約束を受けて（創12:2）、少なくとも25年を待ったすえに、100歳の時に得た約束の子であったからです（創21:5）。それもサラのつきものが断たれ、アブラハムとサラがそれぞれ100歳と90歳になって全く子を産むことができない時に生まれた子のゆえに、イサクに対する愛情はとても大きかったはずです。

神はそれほど愛する息子、ひとり子イサクを燔祭としてささげるよ

う命じられました（創 22:2）。燔祭と供え物を筋々に切り分け、腹を裂いて、血を祭壇の周囲に注ぎかけ、内臓と足は洗ってすべてを焼いてささげるものです。どうして自分の子を燔祭としてささげることができましょうか。おそらく、アブラハムは苦しい暗闇の中で夜をあかしたはずです。しかし、アブラハムは神の命令が下るや否や、みことばの通り従う事に少しの時間も引き延ばすことはしませんでした（詩 119:60）。朝早くに起きて、妻であるサラに何の相談もなく、ろばにくらを置き、2人の若者と、息子イサクを連れ、燔祭用のたきぎを割り、神が示されたモリアの山に向けて出かけました。

　ベエルシバからモリアに着くまでの3日間（創 22:4）、アブラハムは悩みと葛藤といらだちによって胸が締め付けられたはずです。「イサクをささげるべきなのか、もしかしたら自分が啓示を間違えて受けたのではないか、イサクが死ねばどうやって神が約束した大いなる国民になることができようか、もう帰ろうか等々…」アブラハムの心はあらゆる煩悶の中に苦しみ、胸は真っ暗に焦がれていたはずです。しかし、彼は山を登るまで始終、その口を開かなかったのです。

　アブラハムは2人の若者を山の下に残し、イサクに燔祭用のたきぎを負わせ、火と刃物を手に持って一緒に先を進みました（創 22:5-6）。2人の道中、「火とたきぎとはありますが、燔祭の小羊はどこにありますか」（創 22:7）と聞く息子イサクの言葉は、アブラハムの胸を切りつけたはずです。アブラハムは、「子よ、神自ら燔祭の小羊を備えてくださるであろう」（創 22:8）と答えて、神が示した所に向かって黙々と歩きました。

　アブラハムは神の示された場所に祭壇を築き、たきぎを並べ、その子イサクを縛って祭壇のたきぎの上に乗せました。そして、アブラハムは手を差し伸べ、刃物を執ってイサクを殺そうとしました。創世記

22章10節の「執って」は、ヘブライ語で「シャーハト」(שחט)といい、「殺害する、獣の首を切る、屠殺する」の意味です。アブラハムは、ひとり子イサクに対する人間的な情を捨てて、一刀のもとにイサクを殺そうと思ったのです。アブラハムが刀物を執って殺そうとした時、「アブラハムよ、アブラハムよ」と声が聞こえました。アブラハムは「はい、ここにおります」（創 22:11）と答え、その答えには従順なる決断に揺れはないという強い意志が込められています。御使いは「わらべを手にかけてはならない。あなたの子、あなたのひとり子をさえ、わたしのために惜しまないので、あなたが神を恐れる者であることをわたしは今知った」と言いました（創 22:12）。

このように自分の最も大切な命をささげるほど神のみを畏れ敬い、神のみことばに完全に従う者が神の友として認められることができます。私たちもアブラハムのように自分の命をもささげられる信仰、自分にとって最も大切なものも喜んでささげようとする思いで「示された山」に向けて進みましょう！このような者に向けて、神は今日も「あなたはわたしの友」と呼ばれるでしょう。

アブラハムは行く先を知らなかったのですが、神のみことばに従ってカルデアのウルから離れ、またハランから離れ、その後にも神のみことばに従う日々を過ごしました。私たちも日々、神のみことばに従う時、アブラハムが受けた祝福を受けるでしょう（創 12:4、ガラ 3:9、ヘブ 11:8）。

## 2代 イサク

Isaac / Ἰσαάκ / יִצְחָק
笑う / to laugh

> **順序**
> イエス・キリストの系図の 2 番目の人物（マタ 1:2、代上 1:28.34）
> **背景**
> 父はアブラハム、母はサラ、息子はヤコブ（マタ 1:2、ルカ 3:34）。
> **特徴**
> イサクはアブラハムが 100 歳の時、サラが産んだ約束の子である（創 21:1-5）。イサクはエサウとヤコブを産んだが、ヤコブがイエス・キリストの系図にのせられた。

　イサクはヘブライ語で「イツハーク」（יִצְחָק）、ギリシャ語では「イサアク」（Ἰσαάκ）です。イツハークは「あざける、嘲う、冗談を言う、楽しむ、戯れる」と言う意味の「ツァーハク」（צָחַק）から由来しました。この名前はアブラハムが、「100 歳の時に子を産むであろう」と言われた神のみことばを信じることができず、伏して笑った結果、与えられました（創 17:17-19）。

## 1. イサクは約束の子です

　アブラハムには 2 人の息子がいました。一番目の息子は 86 歳の時、ハガルを通じて生まれた肉の子イシマエルで、二番目の息子は 100 歳の時、サラを通じて生んだイサクです。イサクは神のみことばどおり、定めの時にサラを通じて生まれた約束の子です（創 17:18-21；

18:10.14；21:1-5)。

　ローマ書9章7-8節にも「また、アブラハムの子孫だからといって、その全部が子であるのではないからである。かえってイサクから出る者が、あなたの子孫と呼ばれるであろう」と言われています。イサクが約束の子となったのは、善良な人の行いによるものではなく、全て神の主権的な選択によるものでした。

　ところで、アブラハムは神の約束を受けながらも完全に信じることができず、伏して笑ってしまいました(創17:17-21)。息子の名前を「笑い」という意味の「イサク」と名付けたのは、アブラハムの完全ではない姿を悟らせるためでした。私たちもイサクという名前を思い出す度に、自分が神の約束に対し、完全なる信仰があるかどうか、自ら吟味するべきだと思います（2コリ13:5)。

## 2. イサクは完全に従いました

　神はある日、アブラハムに向かって「イサクを燔祭の供え物としてささげなさい」と言われました（創22:1-2)。イサクが燔祭のたきぎを負って山に上がったことを見れば（創22:6)、イサクは成長していたと推定されます。

　イサクは燔祭に使うたきぎを負って上がりながら、供え物がないことを不思議に思い「火とたきぎとはありますが燔祭の小羊はどこにありますか」と言いました（創22:7)。アブラハムは「子よ、おまえが供え物だ」とは言えず、「子よ、神みずから燔祭の小羊を備えてくださるであろう」（創22:3)と答えました。

　神が示された場所に着いた時、アブラハムがイサクを縛って祭壇のたきぎの上に乗せました（創22:9)。ここで、「縛って」はヘブラ

イ語で「アーカド」で（עָקַד）、暴力的、強圧的に犠牲の生贄(いけにえ)を縛る時に使われる表現です。アブラハムがイサクを強制的にたきぎの上に乗せようとした時、イサクは血気盛りの若い青年であり、いくらでも抵抗できる力があったはずです。しかし、イサクは黙々と父に従い（創 22:9-10）、神に対するイサクの完全なる信仰と従順を示してくれたのです。

燔祭に使うたきぎを負わされ、モリアのある山に行って供え物となったイサクの姿は（創 22:6）、十字架を背負いゴルゴタの丘に上がって、人類の贖いの生贄(いけにえ)となるまでに従順であられたイエス・キリストと重ねられます（マタ 20:28、ヨハ 1:29）。このような姿に対して預言者イザヤは、「彼はしいたげられ、苦しめられたけれども、口を開かなかった。ほふり場にひかれて行く小羊のように、また、毛を切る者の前に黙っている羊のように、口を開かなかった」と書いています（イザ 53:7）。

神はアブラハムの信仰とイサクの従順をご覧になり、「わらべを手にかけてはならない」と言われ、角を薮にかけている雄羊を備え、イサクの代わりに生贄(いけにえ)としてささげるようにしました（創 22:13-14）。それでアブラハムはその場所の名を「アドナイ・エレ」（主の山に備えあり）と呼びました（創 22:13-14）。全き従順をする者は、イサクのように死から生きかえられる「アドナイ・エレ」の祝福を受けることでしょう。

## 3. イサクはヤコブに長子の祝福を与えました

イサクは 40 歳の時、リベカと結婚してから 20 年も子供がいませんでした、神はイサクの祈りに応えて、彼の年が 60 歳の時に、エサウとヤコブの双子を与えられました（創 25:20-26）。

イエス・キリストの系図には、イサクの次に、長子であるエサウではなく、ヤコブが記録されました。これはイスラエルの一般的な系図では特に異例なことで、神の主権によって選択されたヤコブを通じて、イエス・キリストが来られる系図がつながれたことを示します。

　初めにイサクは、ヤコブをエサウと思い、「あやまって」長子の祝福をしました。しかし、ヤコブが長子の祝福を受けて父イサクの前から出て、エサウが入って来た時、自分が祝福したのはヤコブであったことに気づいて、「激しく」震えました（創 27:33）。この震えはヤコブをあやまって祝福してしまったという思いからではなく、自分の無知によって神の救済史的経綸と主権的な摂理に逆らって、エサウを祝福するところだったという思いから出た「聖なる恐れ」でした。[20]

　ここでイサクは、自分にも長子の祝福をしてくれるように求めるエサウの強い要求を信仰によって断りました（創 27:33.37-40）。この出来事に対してヘブル人への手紙11章20節には、「信仰によって、イサクは、きたるべきことについて、ヤコブとエサウとを祝福した」と言われています。神の経綸と摂理の前に、人間的な情をあきらめて拒絶するのが真の信仰です。

　イサクは自分の名前が「笑い」と名付けられたことを思いながら、神のみことばに不可能はないことを信じて（創 18:14）、いかなるみことばにも全く従順な生活を送ろうと思ったはずです。アブラハムがイサクを燔祭(はんさい)としてささげようとした時、喜んで従ったイサクの姿は全き従順の見本でした（創 22:9-10）。

　ヘブル人への手紙5章8-9節で、「彼は御子であられたにもかかわらず、さまざまの苦しみによって従順を学び、そして、全き者とされたので、彼に従順であるすべての人に対して、永遠の救の源となり、」と言われています。イエス・キリストは従順を学んで、全き者とされ、

また、自分に従うすべての人々に対して永遠の救いの源になったということです。私たちもイエス・キリストの従順を徹底的に学ぶ中で、イエス・キリストの永遠の救いの御わざに加わり、救済史の主人公になりましょう。

## 3代 ヤコブ

Jacob / Ἰακώβ / יַעֲקֹב
かかとをつかむ者、人を出し抜く者

**順序**
イエス・キリストの系図の3番目の人物（マタ 1:2、代上 1:34）

**背景**
父はイサク、母はリベカ、息子はユダを始め12兄弟（マタ 1:2、ルカ 3:34）

**特徴**
ヤコブは次子であったが、神の主権的な選択によって長子となり（創 27:26-40、ロマ 9:10-13）、系図ではイエス・キリストの直系の先祖となりました。

ヤコブはヘブライ語で「ヤーコーヴ」（יַעֲקֹב）、ギリシャ語では「ヤコーブ」（Ἰακώβ）です。ヤーコーヴは「代わりに居座る」、「かかとをつかむ」という意味の「アーカヴ」（עָקַב）から由来され、「かかとをつかむ者、人を出し抜く者」という意味です。

# 1. ヤコブは長子の祝福を受けました

　実際はエサウが長子ですが、長子の特権と祝福を受けた人はヤコブです。アブラハムはイサクを100歳の時に生み、イサクはヤコブを60歳の時に生み、アブラハムは175年を生きたのでアブラハム、イサク、ヤコブの3代は15年間同じ幕屋に住みました（ヘブ11:9）。アブラハムはイサク、ヤコブとともに暮らしながら、彼らに神の契約を教えながら伝授したはずです。幕屋に住むことを好んでいたヤコブは（創25:27）、祖父アブラハムと母リベカを通じて信仰教育を徹底的に受け、自ら長子の祝福を慕い求めたことでしょう。

　疲れて帰って来た兄エサウが欲しがる赤いものの代わりに、ヤコブが最も先に要求したのが長子の特権でした。それほどヤコブは長子の特権を非常に慕い求めました。実際、エサウは自分の長子の特権を軽んじていました（創25:31.34）。長子の特権を得たヤコブは、父イサクが兄エサウに長子の祝福を与えようとした時、兄エサウよりも先に入り長子の祝福まで奪いました（創27:36）。

　これらすべての事はヤコブの野望によって実現されたように見えますが、その中にはヤコブをイエス・キリストの直系の先祖として立てようとする、神の主権的な選択と救済史的な経綸が込められていました。後日、使徒パウロは、「ゆえに、それは人間の意志や努力によるのではなく、ただ神のあわれみによるのである」（ロマ9:16）と言って、ヤコブの選択が神の主権であったことを確証しました。

# 2. ヤコブはイスラエル国家形成の　　基礎になりました

　長子の祝福を奪われたエサウがヤコブを殺そうとしたので（創

27:41)、ヤコブは76歳の時に叔父ラバンの家に逃げます。ヤコブは叔父ラバンの家で7年間仕え、その対価としてレアをもらい、再び7年を仕える条件として、その7日後に愛するラケルを妻として迎えました（創29:18.27）。ですからヤコブが結婚した時は83歳で（BC1923年）、兄エサウより43年も遅かったのです（創26:34）。[21]

ヤコブは叔父ラバンの家で20年間暮らしながら（創31:41）、レア、ラケル、ビルハ、ジルパという4人の妻を通じてベニヤミンを除いた11男1女を得ました（創29:31-30:24）。90歳にラケルを通じて11番目の子ヨセフを生み（創30:22-24）、それから6年間母方の叔父ラバンの羊の群れを飼いました（創30:25-31；31:38-41）。ヤコブの12人の子はイスラエルの12部族の先祖となり、イスラエルの国家形成の基礎になりました。

ヤコブはBC1910年、96歳の時にカナンの地に帰還し、130歳の時に70人の家族を導いてエジプトの地へ入り（創47:9）、147年を生きてエジプトで息絶えました（創47:28）。

## 3. ヤコブは12人の息子を信仰によって祝福しました

ヤコブは死ぬ前に子らを呼んで、「後の日に、あなたがたの上に起こること」（創49:1）を「祝福すべきところに従って」（創49:28）預言しましたが、彼は契約の継承者として、子たちの生まれた順ではなく、救済史における経綸に従って祝福しました。それを指してヘブル人への手紙11章21節では、ヤコブが死ぬ時に「信仰によって」祝福し、神に礼拝したと言われています。

第一、血筋による長子ルベンには長子の祝福を与えませんでした。

　ルベンは長子でしたが、父のそばめビルハと寝ることによって（創35:22）、父の寝床を汚したからです。創世記49章3-4節では「ルベンよ、あなたはわが長子、わが勢い、わが力のはじめ、威光のすぐれた者、権力のすぐれた者。しかし、沸き立つ水のようだから、もはや、すぐれた者ではあり得ない。あなたは父の床に上って汚した。ああ、あなたはわが寝床に上った。」と言われています。

　第二、4人目の子ユダに長子の特権を与えました。

　ヤコブは、兄弟たちがユダをほめ、身をかがめると祝福しました（創世記49:8）。これはユダが長子となるという預言です。この預言は一次的にはユダの子孫であるダビデの王家を通じて成就され（サム下5:1-2）、究極的にはユダの子孫としてイエス・キリストが来ることによって成就されました（ミカ5:2、マタ1:2）。

　第三、11番目の子ヨセフには、兄弟の中で一番すぐれた者の祝福を与えました。

　創世記49章26節ではヨセフを指して「その兄弟たちの君たる者」であると預言しています。モーセは申命記33章16節にも「その兄弟たちの君たる者」と言われていますが、新改訳と新共同訳では「その兄弟たちから選び出された者、兄弟たちから選ばれた者」と訳しています。歴代志上5章1節では「ルベンは長男であったが、父の寝床を汚したので長子の権利を同じイスラエルの子ヨセフの子孫に譲らねばならなかった。そのため彼は長男として登録されてはいない」と言われています。これはヨセフも長子の特権を受けたことを意味します（参照 - 創48:5-6、エゼ47:13）。[22]

ヤコブは生まれる時、兄エサウのかかとをつかんで生まれました（創25:26）。後にヤコブはその名前の通りに、兄エサウのものであった長子の座に「代わりに居座る者」になって、イサクの長子として、またイエス・キリストの直系先祖として系図に記録されました。

　ヤコブはイスラエル民族の実質的な先祖です。彼の12人の子らはイスラエルの契約共同体である12部族を成し、ヤコブのもう一つの名前である「イスラエル」（創32:28）は、国家の名称になりました。しかし、それはヤコブのある行いによるのではなく、ヤコブを通じてイエス・キリストが来る道を用意しようとする神の主権的な御わざによってなされたのです（ロマ9:10-13）。

　ヤコブは兄エサウのものであった長子の特権と祝福を慕い求めました。そして、その名前の通りに兄エサウのものである長子の席に「代わりに居座る者」となりました。ヤコブがただ一つしかいない長子の特権とその祝福に全身全霊をかけて集中していたように、私たちもイエス・キリストとその方がお与えになる永遠の命と御国の嗣業を望みながら、そこに心を集中させ、精神をつくし、絶え間ない努力と力を注ぐべきです（マタ11:12）。

## 4代 ユダ

Judah / Ἰούδας / יְהוּדָה
（神を）賛美する（神を）ほめたえる

**順序**
イエス・キリストの系図の第4番目の人物（マタ 1:2-3、代上 2:1-4）

**背景**
父―ヤコブ、母―レア、子供―5人の中でパレスがイエスの系図に記録されました（マタ 1:2-3、ルカ 3:33、代上 2:3-4）。

**特徴**
ユダはヤコブの12人の子供の中で4番目の子で、イエス・キリストの直系の先祖となりました。

ユダはヘブライ語で「イェフーダー」（יְהוּדָה）、ギリシャ語では「ユダス」（Ἰούδας）と言います。イェフーダーは「賛美する」という意味で、「たたえる、感謝する、発射する、投げる」という意味を持つ「ヤーダー」（יָדָה）から由来しています。ユダが12人の兄弟の中でイエス・キリストの直系の先祖になったのは、全て神の主権による選択の中で実現されたのです。

# 1. ユダは兄弟たちと共にヨセフを イシマエルびとに売りました

ヨセフは17歳で、羊を飼う兄たちの安否を知るためにシケムまで使いに出かけました（創 37:14.17）。ヨセフの兄たちはヨセフを殺そ

イエス・キリストの系図第1期の歴史 | 147

うと思い、長袖の着物をはぎとり、穴に投げ入れました（創 37:23-24）。

そこでユダが兄弟たちにヨセフを殺さず、イシマエルびとに売ることを勧めたので、ヨセフはイシマエルびとに売られてエジプトへ連れて行かれました（創 37:26-28）。そこで良心の呵責を感じたユダは、カナンのアドラムに行きました（創 38:1）。

そこでユダはシュアというカナンびとの娘と結婚しました。その時ユダは、20 歳頃であったはずです。創世記 38 章 2 節には、「ユダはその所で、名をシュアというカナンびとの娘を見て、これをめとり、その所にはいった」と言われています。ここで使われた「見て」、「めとり、所にはいった」という動詞はヘブライ語ワウ継続法で、ユダが肉の目で見て気に入り、すぐ結婚したことを言います。ユダは外貌のみを見て異邦の女をめとることによって、信仰の純粋性を守ることができず、家に悲劇をもたらしたのです。かつてアブラハムがイサクの妻を求める時、カナンびとのうちから娘を妻にめとってはならないと言いました（創 24:3）。ユダがカナンびとのうちから娘を妻にしたことは大きな過ちでした。

## 2. ユダは長子「エル」と次子「オナン」を亡くしました

ユダはシュアの娘を通じて「エル、オナン、シラ」の 3 人の男の子を生みました。彼は長子エルのために「タマル」という妻を迎えました（創 38:6）。その時は、ヨセフがエジプトへ売られて、少なくとも 15 年が経った時であったと思われます。なぜなら、ユダの長子エルが結婚するほどに歳月が経っていたからです。

ところで、エルは主の前に悪い者であったので、神が彼を殺しまし

た（創 38:7）。2番目の息子オナンの死にも、同じ表現が使われたことを見ると（創 38:10）、エルもオナンと同じく性的な罪のゆえに死んだと推定できます。

エルが死ぬと、継代結婚法によってエルの弟オナンが兄の妻であるタマルをめとることになります。ところが、オナンは兄の妻の寝床に入った時、生まれる子が兄の系図に記録されることを避けるために地に洩らしました（創 38:9-10）。ここで、「洩らした」はヘブライ語シャーハット（שָׁחַת）で、「精子を体外に射精して、その生命を破壊する」という意味になります。

この翻訳によれば、オナンはこのような行為を何回も繰り返し、彼の見るに耐えない邪悪な行いのゆえに神が彼を殺したことが分かります。

ユダが、長子エルが死ぬとオナンを通じて子孫を保全しようと思ったのは、アブラハム、イサク、そしてヤコブとに継続している神との契約の系譜を引き継ごうとする心があったからでしょう。しかし、ユダは2人の息子が続いて死ぬことによってそのことをあきらめ、3番目の息子であるシラをタマルに与えなかったのです。ひょっとすれば3番目の息子までも死ぬかもしれないと思ったからです（創 38:11）。ユダは、2人の息子が突然死んだことが確かに彼らの悪によるものであったにもかかわらず、タマルにその原因があるとして、彼女を実家に帰して節操を守るようにさせたのです（創 38:11）。

ユダは愚かにも人間的な心配を理由に、神の子孫が絶たれたままにしておくという過ちを犯したのです。

# 3. ユダはタマルを通じてペレジを生みました

タマルは実家に帰って、シラが成長するのを待ちました。しかし、

ユダはシラが成長してもタマルをシラの妻としてめとらせなかったので（創38:14）、タマルは無茶とも思える行動を起こします。彼女は遊女に変装し、テムナに来るしゅうとユダを誘惑して双子「ペレジとゼラ」をみごもりました。

ところが3カ月ほどたって、ユダは自分の嫁タマルがみごもったという知らせを聞いて彼女を焼こうと考えました（創38:24）。自分は遊女と関係を結びながらも嫁の前では清く装って、ためらわずにタマルに罪があると定め、焼き殺そうとする甚だ憎むべき者の姿を見せたのです。しかし、タマルがユダからもらった印と紐と杖を見せると、みごもった子が自分の子であることを知って「彼女はわたしよりも正しい。わたしが彼女をわが子シラに与えなかったためである」と告白しました（創38:25-26）。

ユダは、契約の子孫を引き継ごうとするタマルの清い熱望を感じながら、自分の過ちを悟ったのです。ユダがその後、二度とタマルを近付けなかったことを見れば、自分の過ちを悟って悔い改めたことが分かります（創38:26）。

タマルの行動は倫理的な観点から見ると、不道徳なことに違いありません。しかし、タマルが寡婦の衣服を脱ぎすて、遊女のように被衣(かずき)で身をおおい隠してテムナへ行く道のかたわらにあるエナイム（意味=2つの井戸）の人々の通行が多い都の入り口に座っていた（創38:14a）ことは、決して自分の情欲を満たすためでもなく、しゅうとに仕返しをするためでもありませんでした。タマル自身が淫行罪に問われて殺されるかもしれない状況の中で、命をかけてアブラハム、イサク、ヤコブ、ユダにつながる神の聖なる系図を引き継ごうとしたことは信仰の発露でした。タマルはその志を果たすためにユダから印と紐と杖を要求する賢明さを表わしたのです（創38:18）。

タマルはヘブライ語ターマール（תָּמָר）で、「きちんと建てる」というあまり使わない語源から由来し「棕櫚の木、柱」という意味を持っています。実にタマルは命をかけた信仰により、崩れて行くユダの家門をきちんと建て、高くそびえたつ棕櫚の木と柱のような信仰の人でした。

　そして、後代の人々はタマルのとった行動が信仰によるものであったことを認めて、モアブの女ルツを誉める時にも「どうぞ、主がこの若い女によってあなたに賜わる子供により、あなたの家が、かのタマルがユダとの間に産んだパレスの家のようになりますように」（ルツ4:12）と言いました。神もタマルの信仰を高く評価したので、イエス・キリストの系図に「ユダはタマルによるパレスとザラとの父」（マタ1:3）と記録したのです。

　ユダは父ヤコブが死ぬ前に、自分の子孫としてメシヤが来るという預言を聞きました（創 49:8-12）。タマルの信仰的な行いを目の当たりにした時ユダは、約束された契約をタマルを通じて引き継がせようとした神の驚くべき摂理を思い出し、人間的な思いによってメシヤが来る家門の子孫を絶たせようとした自分の過ちがいかに大きいものだったかを悟り、驚かざるを得なかったことでしょう。その後、ユダは神の驚くべき救済史的な摂理を真心からほめたたえる人生を歩んだことでしょう。

## 5代 パレス

Perez / Φάρες / פֶּרֶץ

破る、破って出る

> **順序**
> イエス・キリストの系図の5番目の人（マタ 1:3、代上 2:4-5）
>
> **背景**
> 父はユダ、母はタマル、子供はエスロン（ルツ 4:18、マタ 1:3、ルカ 3:33）。
>
> **特徴**
> ユダはタマルとの間に、双子「パレスとゼラ」を生みました（創 38:27-30）。しかしパレスがタマルの腹から先に出たために、イエス・キリストの系図に直系の先祖として記録される祝福を受けました。

　パレスはヘブライ語で「ペレツ」（פֶּרֶץ）、ギリシャ語ではファレス（Φάρες）です。パレスはヘブライ語で、「破って出る、壊す」という意味のパーラツ（פָּרַץ）から由来しています。そのため、パレスの意味は「破る、破って出る、突破する」です。

# 1. パレスは腹の中で長子の権利を得ました

　タマルがユダとのたった一度関係を持ったことによって、双子をみごもることができたのは、イエス・キリストの聖なる系譜を引き継ぐ子孫を与えようとした神の格別な摂理でした。
　ところで双子の出産の時に、奇妙な事が起こりました。それはひと

りの子の手が出たので、産婆が緋の綿を取って、その手に結びました。ところがその子が手をひっこめると、その弟が先に出ました。産婆は「どうしてあなたは自分で破って出るのか」と言ったので、その子の名前をパレスと付けました（創38:29）。その後、手に緋の綿を結んだ子が出たので、その名前を「ゼラ」と付けました（創38:28-30）。「ゼラ」はヘブライ語「ゼラハ」（זרח）で、「出る、昇る、夜明け、輝き」という意味です。これはゼラが先に手を出して出たエピソードに似つかわしい名前です。

　創世記38章29節の「どうしてあなたは自分で破って出るのか」と言うのは緋の綿を結んでいない子が、緋の綿を結んだ子を押しのけて急いで出ることによって、タマルの身が破れたことを意味します。このようにしてパレスが長子になり、自分の子孫としてイエス・キリストが来るという思いもよらない祝福を受けました。

　パレスとゼラの関係を救済史的に見ていくと、多様な場面（事柄）に適用することができます。神は先に、ユダヤ人にイエス・キリストの赤い十字架の福音を結んでくれました。福音が伝えられた手順から見ると、ユダヤ人は長子だったにもかかわらず、この福音を断って永遠の命を得るにふさわしくない者として振る舞い（行13:46）、神の御心に自ら背きました（ルカ7:30）。そこで異邦人が、ユダヤ人が断った福音を受け入れることで、福音の次子でしたが、実際には福音の長子として祝福を享受するようになったのです。天下より尊い永遠の命の宝であるイエス・キリストを目の前にしながらも、ユダヤ人のように見ることができない、聞くことができないなら（マタ13:13-17）何とも無念で、嘆き悲しむべきことではないでしょうか。

イエス・キリストの系図第1期の歴史

## 2. パレスはエスロンを生みました

　パレスはユダの後を引き継ぐメシヤの系譜に記録された後、「エスロンとハムル」という2人の子を生みました。そのうち「エスロン」が、メシヤの系譜を引き継ぐイエス・キリストの直系の先祖になりました（代上 2:5、マタ 1:3）。

　一方、パレスの弟ゼラは、後に自らの家系において、全イスラエルを苦しめることになる「アカン」事件によって、恥ずべき家系になってしまいました。アカンが罪を犯した時、イスラエルを各部族ごとに進み出させたところ、ユダ部族がくじに当たり、またユダのもろもろの氏族を進み出させたところ、ゼラびとの氏族がくじに当たり、ついにはゼラの子「アカン」がくじに当たったのです（ヨシ 7:16-18）。

　イスラエルはカナンを征服する時、エリコの町を破壊した後、アイの町を攻撃しましたが、アカンのゆえに惨めな敗北に喫しました。それに対して歴代志上2章7節では「カルミの子はアカル。アカルは奉納物について罪を犯し、イスラエルを悩ました者である」と言われています。ここで「アカル」とはアカンのことで、彼によってイスラエルは悩まされたと言われています。

　パレスが近親相姦の家庭で生まれた子として、イエス・キリストの系図に載せられたのは、神の救済史的経綸が人間の血統や出身背景や常識を超えて、ただ神の主権的な摂理の中で進行されることを示しています。パレスが腹の中でゼラを押しのけて先に出て長子になったように、私たちもパレスのように信仰の長子になるための積極的な勇断、命がけの信仰の競争が必要です（1コリント 9:24-26）。

> **6代 エスロン**
>
> Hezron / Ἐσρώμ / חֶצְרוֹן
> 塀で取り囲む、囲い
>
> ---
>
> **順序**
> イエス・キリストの系図の6番目の人（マタ1:3、代上2:5）。
>
> **背景**
> 父はペレヅ、子はラムであると記録されています（ルツ4:18、マタ1:3、ルカ3:33）。
>
> **特徴**
> エスロンには5人の子がいましたが、1番目はエラメル（代上2:9.25）、2番目はラム（代上2:9）、3番目はケルバイ（カレブ、代上2:9.18）、4番目はセグブ（代上2:21）、5番目がアシュル（代上2:24）です。

エスロンとはヘブライ語で「パツローン」（חֶצְרוֹן）、ギリシャ語では「エスローム」（Ἐσρώμ）です。語源は「ハーツァル」（חָצַר）で、「取り囲む、（地を）区画する、塀」を意味します。

## 1. エスロンには2人の妻との間に 5人の息子がいました

　エスロンは1番目の妻からエラメル、ラム、ケルバイ（カレブ）を生みました（代上2:9）。そしてエスロンは、60歳の時に2番目の妻マキルの娘アビヤ（代上2:24）との間にセグブとアシュルをもうけました（代上2:21.24）。特にアシュルはエスロンが死んだ後に生まれた

異腹子で、その名前が「かすかだ、暗い」という意味があるのは、アビヤが夫を亡くし、一人で子を産んだ暗い状況を表しているようです。

エスロンの5人の息子の中でアシュルを除いた4人の息子の語源を調べてみると、エスロンが高き神を待ち望みながら神の憐れみを慕いつつ暮らしていた様子がうかがえます。それは、エスロンが自分の子に名前を付けたことからも確認できます。

1番目の子エラメルはヘブライ語で「イェラフメエール」(יְרַחְמְאֵל)で、「神よ、憐れみたまえ」という意味です。

2番目の子「ラム」(רָם)はヘブライ語で「高き」と言う意味です。

3番目の子「ケルバイ」はヘブライ語で「ケルーヴァイ」(כְּלוּבַי)ですが、歴代志上2章8節では「カレブ」(כָּלֵב)であると書かれています。「カレブ」は「犬」という意味ですが、ヨシュアと共にカナンを探って信仰の報告をしたカレブとは別人です。

4番目の子「セグブ」は、ヘブライ語で「セグーヴ」(שְׂגוּב)です。語源はヘブライ語「サーガヴ」(שָׂגַב)で、「高き、尊い」という意味です。

## 2. エスロンの家は神の主権的な恵みによって大家族を形成しました

歴代志上2章では、イスラエルの12部族のうちのユダ部族、特にパレスの子孫のうち（5節）、エスロン氏族に属する子孫を細かく記録しています（9-55節）。歴代志上2章の記録を見れば、一番先にエスロンの2番目の子ラムの子孫（10-17節）、続いて、以下エスロンの3番目の子ケルバイ（カレブ）の子孫（18-20節）、エスロンが2番目の妻から生んだ子セグブとアシュルの子孫（21-24節）、エスロンの長子エラメルの子孫（25-41節）、再びケルバイ（カレブ）の長男マレシャの子孫とケルバイの2人のそばめ（エパ、マアカ）から生まれた子孫

(42-49 節)、そしてケルバイ（カレブ）のもう 1 人のそばめエフラタから生まれた子孫（50-55 節、代上 2:19）の順に記録されています。

　ところで、歴代志の著者はこのようなエスロンの膨大な家族を紹介する前に、あらかじめユダの家にあった恥ずべき絶望的な出来事を一つひとつ記録しました（代上 2:3-4）。また、エスロンの長子だったエラメルの子孫の中に息子がなく、後継者が三度も断たれた事も記録しています（代上 2:30.32.34）。後継者が断たれることは嗣業を失うことであり、家の恥と屈辱です（民 36:2-4）。このように恥にまみれたユダの子孫が増えていくことはあまり期待できませんでしたが、神はユダ部族の中で特にエスロン家を大いに祝福し、驚くほど栄えさせてその救済史的経綸を進行させました。

　歴代志上 2 章にはエスロンの家そのものの繁栄だけではなく、その家の子孫の中からも特別な出来事が起こります。それはエスロンの子孫サルマの子らのうちの書記の氏族についてです（代上 2:50-55）。書記は律法の解釈者であり、民を教える者として社会・政治的に非常に重要な地位を占めますが（サム下 8:17；20:25、王上 4:3、王下 12:10、エレ 36:12）、エスロンの家から律法の守護者という重大な役目を引き受けた子らが誕生したのです。

　書記の氏族はすべて「レカブの家の先祖ハマテから出た者」でした（代上 2:55b）。レカブの家は、神への熱心を持つ人々で（列王紀下 10:15 〜 24）、特にレカブの子ヨナタブ（別名ヨホナダブ）は、家の犯罪を阻み敬虔な信仰を維持することで（エレ 35:1-19）、後に神から「レカブの子ヨナタブには、わたしの前に立つ人がいつまでも欠けることはない。」（エレ 35:19）という祝福の約束を受けました。

　書記の氏族は「ケニびと」とも呼ばれましたが（代上 2:55b）、モーセのしゅうとはそのケニびとで（出 3:1、士 1:16）、特にリウエルの子

イエス・キリストの系図第1期の歴史

ホバブはモーセの懇切な頼みを受け入れ、イスラエルが荒野を行く時に親切な案内人となりました（民 10:29-32）。この事を覚えておられた神は、サウル王の時代にアマレクびとを滅ぼす時、アマレクに混じって暮らしていたケニびとを守るために、そこをあらかじめ離れるようにと恵みを施されました（サム上 15:6）。このようにケニびとは本来異邦人でしたが、主なる神に対する信仰を受け入れてユダ部族のエスロンの家に入り、「書記の氏族」という重大な使命を果たすことができました。

　こうしてエスロンの子孫が大いに繁栄し、膨大な家系を成したのは、エスロンの名前のごとく神の主権的な恵みがその家の垣根となって守ったからです。そして、エスロンの家系は他の部族に比べてはるかにすぐれた力を持ち、神の契約を守り、受け継ぐという重大な役割を担当する名誉ある家になりました。

## 3. エスロンはカナンの地、カレブのエフラタに葬られました

　エスロンが死んだ場所は、カレブのエフラタです（代上 2:24）。ここ「エフラタ」（אֶפְרָתָה）は、ベツレヘムの昔の地名として知られています（ミカ 5:2、創 48:7、サム上 17:12、ルツ 1:2）。ですからエスロンは、エジプトに入るヤコブの家族 70 人の 1 人として（創 46:12）、エジプトを発つ前だったにもかかわらず、エジプトではなくカナンの地で死んだのです。エスロンがいかなる経緯でカナンの地へ移住して死んだのか、正確な記録はありません。しかし、彼はアブラハムとイサクとヤコブとユダの子孫として、神がイスラエルびとに再三約束されたカナンの地を嗣業としてくださるという約束を信じて（創 12:7；15:18；28:4.13）、エジプトから出てカナンの地こそを自分の生活の

基礎として計画していたようにうかがえます。

　この世に生きるすべての人は、自分の故郷を離れて他の場所でしばらく寄留している辛き旅人です（代上 29:14-15、レビ 25:23、詩 102:11；109:23；144:4、ヨブ 8:9；14:2）。しかし、私たちはイエス・キリストを通じて永遠の命に至る望みある旅人です。私たちの故郷に永遠の御国、住まいである「わたしの父の家」、「神からいただく建物」です（ヨハ 14:2、2 コリ 5:1）。人生最後の目的地、自分が行くべき永遠の住まいである「わたしの父の家」を知らずに生きる人は、努力して豊かに暮らしてもその終わりは虚しいだけです。アブラハムとイサクとヤコブが、この地上で旅人として幕屋に住み、永遠の都を望み見ながら約束のみことばを堅く保ちながら暮らしたように（ヘブ 11:8-16）、私たちも故郷である御国に備えられた朽ちず、汚れず、しぼむことのない嗣業（1 ペテ 1:4）を慕いながら、この地上での旅人の歩みの最後には勝利がもたらされるよう願っています。

| 7代 アラム（アルニ） | Ram (or Aram) Arni / ’Αράμ / רָם |
|---|---|
| | 高い、高める / exalted, high |

> **順序**
> イエス・キリストの系図の 7 番目の人（マタ 1:4、代上 2:9-10）
> **背景**
> 父はエスロン、子はアミナダブ（ルツ 4:19、マタ 1:4）で、ユダの曽孫としても記録されてあります（ルカ 3:33）。
> **特徴**
> 次子であるにもかかわらず、イエス・キリストの系図に記録されました。ラムの兄はエラメルで、弟はケルバイ、セグブ、アシュルです（代上 2:9.21.24）。

「アラム（’Αράμ）」はギリシャ語で、ヘブライ語ではラーム（רָם）です。「ラム」は「高い, 高める、立ち上がる」と言う意味の「ルーム」（רוּם）から由来して「高い」という意味です[23]

「ラーム」（רָם）と同じ語根を持つ「ラーマー」（רָמָה）は、「高いところ」という意味を持っていますが、ラムの異なる表現である「アルニ」（’Αρνί：ルカ 3:33）も「高いところ」という意味です。[24]

# 1. ラムは次子としてイエス・キリストの系図に記録されました

エスロンは本妻から 3 人の子を得ますが、長子はエラメルで、ラムは 2 番目の子でした。歴代志上 2 章 9 節に「エスロンに生まれた子ら

はエラメル、ラム、ケルバイである」と言われています。ラムは次子であるにもかかわらず、ラムの子孫としてイエス・キリストが来られる祝福を受けました（代上 2:9-12）。どうしてラムがこのような祝福を受けるようになったのでしょうか。

　ラムの兄である「エラメル」は妻がいるにもかかわらず、他の妻を持っていました。歴代志上2章26節に「エラメルはまたほかの妻を持っていた。名をアタラといって、オナムの母である」と言われています。アタラはヘブライ語「アターラー」（עֲטָרָה）で、「王冠、花冠」という意味です。エラメルは本妻がいるにもかかわらず、ほかの妻を持っていたことを考えると、敬虔さが足りなかったのではないかと考えられています。

　また、エスロンの長子エラメルの子孫の中には、跡継ぎが三度も断たれた事が記録されています。「セレデは子をもたずに」（代上 2:30）死に、さらに「エテルは子を持たずに」（代上 2:32）死に、「セシャンは男の子がなく、ただ女の子のみであった」（代上 2:34）と言われています。これらの事は「エラメル」が長子として系図に記録されなかったことと、全く無関係であったとは言えないでしょう。

## 2. ルカによる福音書の系図には「アルニ」として記録されました

　ラムはヤコブの子孫であるユダ部族のエスロンの子として記録され、ダビデ（ルツ 4:19-22、代上 2:9-10）とイエスの先祖になりました（マタ 1:3-4）。ルカによる福音書では、「アルニ」と記録されています（ルカ 3:33）。

　マタイによる福音書1章とルカによる福音書3章に記録された、アブラハムからラムまでの系図を比べると次の通りです。

| マタイによる福音書の系図 | アブラハム | イサク | ヤコブ | ユダ | パレス | エスロン | ラム |
| --- | --- | --- | --- | --- | --- | --- | --- |
| ルカによる福音書の系図 | アブラハム | イサク | ヤコブ | ユダ | パレス | エスロン | アルニ |

　マタイによる福音書 1 章のイエス・キリストの系図の第 1 期に記録された 14 人と、ルカによる福音書 3 章の系図にのせられた人物を比べると、ただ「ラム」と「アルニ」だけが異なることに気づきます（ルカ 3:33）。「ラム」と「アルニ」は同一人物で、名前だけが違って記録されているとみなすのが自然です。標準原文（Textus Receptus）を見れば、ルカによる福音書 3 章 33 節に記録された「アルニ」が、マタイによる福音書では同一人物である「ラム」（'Αράμ）として記録されています。

　ラムは次子で彼の兄はエラメルです。ところで、エラメルは長男を生んで、その名を自分の弟の名前と同じ名前「ラム」と名付けました（代上 2:25）。これはエラメルが普段「ラム」という名前を好むほどに、ラムが家族にまで認められる人生を歩んできたと推測されます。

　「ラム」は「高くあげられた」という意味で、彼の別名「アルニ」は「高い所」という意味です。ラムは次子でしたが、神の主権的な御わざによってイエス・キリストの系図にのせられたので、その名前の通りに高くあげられたのです。神は、主のみまえにへりくだる者を高くし（ヤコ 4:10）、神の力強い御手の下に、自らを低くする者を機が熟せば高くしてくださいます（1 ペテ 5:6）。イエス・キリストはおのれを低くして、十字架の死に至るまで従順であられた為、神は彼を高く引き上げ、すべての名にまさる名を与えられたのです（ピリ 2:8-9）。

Amminadab / Ἀμιναδάβ / עַמִּינָדָב
わたしの尊い民 / my noble kinsman

**順序**
イエス・キリストの系図の 8 番目の人（マタ 1:4、代上 2:10）

**背景**
父はラム、子はナアソンであると記録されています（ルツ 4:19、マタ 1:4、ルカ 3:33）

**特徴**
アミナダブの娘エリセバが大祭司アロンの妻となりました（出 6:23）。

アミナダブはヘブライ語「アンミーナーダーヴ」（עַמִּינָדָב）で、ギリシャ語では「アミナダブ」（Ἀμιναδάβ）です。ヘブライ語アンミーナーダーヴは「アム」（עַם）と「ナーディヴ」（נָדִיב）の合成語で、「アム」は「民を」を意味し、「ナーディヴ」は「自発的な、尊い」という意味を持っています。従って「アンミーナーダーヴ」は「わたしの尊い民」という意味です。[25]

# 1. アミナダブは大祭司アロンの家と結ばれます

アミナダブの娘エリセバは、大祭司アロンの妻となりました。出エジプト記 6 章 23 節で「アロンはナションの姉妹、アミナダブの娘エリセバを妻とした。エリセバは彼にナダブ、アビウ、エレアザル、イ

イエス・キリストの系図第 1 期の歴史

タマルを産んだ。」と言われています。

　アロンはモーセの兄で、モーセを助けてイスラエルを荒野からカナンに導く、最も中心的な指導者でした（出 6:20.26）。大祭司アロンの家と縁を結んだアミナダブの家も、やはり民の指導層に属した、とても敬虔な家であったことが推察できます。

　大祭司アロンの妻エリセバは、ヘブライ語「エリーシェヴァ」(אֱלִישֶׁבַע)で、その意味は「神は誓う、誓いの神」です。エリセバとアロンの間に生まれた4人の子は「ナダブ、アビウ、エレアザル、イタマル」です（出6:23）。アロンとエリセバの子であり、アミナダブの外孫（出6:23）である「ナダブとアビウ」はおのおの香炉を取って火を入れ、薫香をその上に盛って異火を主の前にささげました。これは主の命令に反することであったので、主の前から火が出て彼らを焼き滅ぼし、彼らは主の前に死んだため子が与えられませんでした（レビ 10:1-2、民 3:4；26:60-61）。そしてエレアザルとイタマルが祭司の職務を行い（民3:4）、3番目の子エレアザルがアロンに継ぐ大祭司となり、代々、神に仕える家になりました（民 20:25-28、申 10:6、ヨシ 14:1）。

## 2. アミナダブの時代を見ると
　　イエス・キリストの系図から
　　省略された人々がいることが分かります

　ヤコブはBC1876年、70人の家族を連れてエジプトへ入りました。エジプトへ入ったヤコブの家族の中にはユダとその子パレス、そしてパレスの子エスロンまで含まれています。創世記46章12節に「ユダの子らはエル、オナン、シラ、パレス、ゼラ。エルとオナンはカナンの地で死んだ。パレスの子らはエスロンとハムル」と言われています。そうであるならば、イスラエルがエジプトで奴隷生活をしていた

430 年の間、エスロンから数えてラム、アミナダブ、ナアソンまで「4代」しかならないということは常識的に正しくありません。なぜならばアミナダブの子として記録されている「ナアソン」は、出エジプト後の、荒野での族長の一人として記録されているからです（民 1:7；2:3；10:14）。したがってイエス・キリストの系図は、すべての人を漏れなく記録したのではなく、救済史的観点によって選択的に記録されたことが理解できます。

| マタイ1章の系図 | アブラハム | イサク | ヤコブ | ユダ | パレス | エスロン | ラム | アミナダブ | ナアソン |
|---|---|---|---|---|---|---|---|---|---|
| | | | エジプトに一緒に入る | | | エジプト 430 年 | | | 荒野 40 年 |

　アミナダブは「わたしの高貴な民」という意味です。神は地上のすべての人々から選び、契約を結ばれたご自分の民を最も貴く思ってくださいました。神は「あなたがたはすべての民にまさって、わたしの宝となるであろう」と言われました（出 19:5）。この「宝」とはヘブライ語「セグッラー」（סְגֻלָּה）で、「深く隠しておいた貴重で特別な宝」を意味します。神がご自分の民を最も貴いと思い、大切におさめ、守ってくださるという意味です。

　聖徒は神が最も高貴な存在として認める特別な宝であり、深くおさめて守る貴重な宝でもあります（申 26:18、1 ペテ 2:9）。あまりにもしがない私たちを選び、高貴な存在として認めてくださる神の大いなる愛の前で私たちができることは、ただ感謝と命をささげる忠実な働きのみです。

| 9代 ナアソン | Nahshon / Ναασσών / נַחְשׁוֹן |
|---|---|
| | 経験から知る、熱心に観察する、預言する |
| | know from experience, diligently observe, that foretells |

**順序**
イエス・キリストの系図の9番目の人（マタ 1:4、代上 2:10）

**背景**
父はアミナダブ、子はサルモンとして記録されています（ルツ 4:20、マタ 1:4、ルカ 3:32）。大祭司アロンの妻エリセバの兄でもある（出 6:23）。

**特徴**
荒野時代のユダ部族の族長で（民 1:7；2:3；10:14）、代表してユダ部族の20歳以上の戦人の数を数えられた。

ナアソンはヘブライ語「ナフショーン」(נַחְשׁוֹן) で、ギリシャ語では「ナアッソーン」(Ναασσών) です。ナフショーンは「経験から知る、熱心に観察する、預言する、占う」という意味を持つヘブライ語「ナーハシュ」(נָחַשׁ) から由来しました。

# 1. ナアソンは荒野の時代、ユダ部族の族長でした

イスラエルは出エジプト元年1月15日にラメセスから出発して、3月にシナイの荒野に到着しました（民 33:3、出 19:1）。そこで約1年間留まる中で十戒と律法、幕屋の様式を授けられました。そして、出

エジプト第2年2月1日に20歳以上の戦人を数えました（民1:1-3）。

　モーセは兵士を数える時、それぞれの部族のつかさたちが数えるようにと命じられました（民1:2-4；16-18）。そのつかさたちのうちでユダ部族のつかさとして選ばれた人がナアソンです（民数記1:7、16）。族長に代わる表現は「つかさ」（民1:4.16）、ヘブライ語「ローシュ」（רֹאשׁ）で、「頭、リーダー」という意味です。当時ユダ部族の20歳以上の人は、計7万4600人でした（民1:27）。ナアソンは多くの人々の中から指導者に指名された人物です（民1:17）。ナアソンがモーセとアロンに指名されたことを見ると、彼はユダ部族7万4600人を代表するに値する、模範的な信仰の持ち主だったことが分かります。

## 2. ナアソンは供え物を誰よりも先立ってささげました

　イスラエルの人々がエジプトを出てから、第2年1月1日に幕屋が完成しました。幕屋が完成すると、モーセは幕屋とすべての器に油をつけて聖別儀式を行いました。その時、各部族のつかさが神に供え物をささげましたが、つかさ2人につき車一両、1人あたり雄牛1頭でした（民7:1-3）。

　また、つかさたちは神に感謝の供え物をささげました。各部族のつかさたちは12日の間、1日に1人ずつ供え物をささげました。12のつかさたちの中で最も先立ち、第1日に供え物をささげた人がユダ部族の子ナアソンでした。民数記7章12節には「第一日に供え物をささげた者は、ユダの部族のアミナダブの子ナションであった」と確かに言われています。ナアソンはユダ部族のつかさとして、その部族を代表して先立って供え物をささげる祝福を受けたのです。

# 3. ナアソンは荒野で先立って進みました

　荒野でイスラエルの人々は大きく4つの宿営に分かれ、その部隊ごとに進みました。第1宿営はユダを先頭にしたイッサカルの子たちの部族、ゼブルンの子たちの部族、第2宿営はルベンを先頭にしたシメオンの子たちの部族、ガドの子たちの部族、第3宿営はエフライムを先頭にしたマナセの子たちの部族、ベニヤミンの子たちの部族、第4宿営はダンを先頭にしたアセルの子たちの部族、ナフタリの子たちの部族でした（民10:14-28）。

　民数記10章14節には「先頭には、ユダの子たちの宿営の旗が、その部隊を従えて進んだ。ユダの部隊の長はアミナダブの子ナション」と言われています。ユダの部族の一番前に立ったナアソンが、12部族の中で先頭に立って進みました。これは、ナアソンにすぐれた指導力と、人々に認められる献身があったことを意味します。

　「先立つ」とは、道先案内人、または先駆者になることで、付いて来る人々のためにより多くの犠牲が求められます。イエス・キリストは十字架の贖いの務めの大使命を果たすためにエルサレムへ上られる時、恐れる弟子たちに先立って行かれました（マル10:32、ルカ19:28）。

　また先立つ人々は、ナアソンの名前が意味するように、すぐれた観察力で人々の目に留まらないことまでも見、悟れないことまでも悟る、まるで旧約時代の先見者や預言者のような人々です。今日においても聖書を深く観察し（イザ34:16）、その中に込められている神の救済史的経綸を誰よりも先に発見し、悟り、神の御国の建設に先に立って働く使命者になることを望みます。

## 10代 サルモン

Salmon / Σαλμών / שַׂלְמוֹן
外套、上着、マント / garment, coat, cloak

> **順序**
> イエス・キリストの系図10番目の人（マタ1:4〜5、代上2:11）。
> **背景**
> 父はナション、子はボアズとして記録されています（ルツ4:20-21、マタ1:4-5、ルカ3:32）。
> **特徴**
> ヨシュアがエリコの町を探るために2人の斥候を送り、彼らを隠してくれたエリコの町の遊女ラハブと結婚しました。

サルモンはヘブライ語で「サルモーン」(שַׂלְמוֹן)、ギリシャ語ではサルモーン（Σαλμών）です。サルモンは語形が少し変形されたヘブライ語「サルマー」(שַׂלְמָה) から由来し、「外套、マント、上着」という意味です。

## 1. サルモンは遊女ラハブと結婚しました

マタイによる福音書1章5節に「サルモンはラハブによるボアズの父」と言われています。このラハブとはヨシュア記2章の遊女ラハブを指します。

イスラエルの人々が、40年間の荒野の生活を終えてモアブの平野にあるシッテムに宿営した時、ヨシュアはカナンの地エリコを探るために2人の斥候をつかわしました（ヨシ2:1）。2人の斥候は、ラハブと

イエス・キリストの系図第1期の歴史

いう遊女の家に泊まりました。

　エリコの王は、イスラエルの人々のうちの数名が、エリコの地を探るためにやって来たことを聞き、人をやって遊女ラハブに、「あなたの家に入った人々をここへ出しなさい」と言いました（ヨシ 2:2-3）。しかし、ラハブは2人の斥候を屋上の亜麻の茎の中に隠し、2人がすでに出て行ったので急いであとを追うように言いました（ヨシ 2:4-6）。ラハブは、この事が露見すれば殺されるという危機にもかかわらず、命を賭けて神の人々を隠してくれました。

　エリコの町は、ヨルダンの東方にあるモアブの平野からカナンの地へ入る道路にある最初の関門で、その地を占領しなければカナンへ入ることができない、軍事戦略上非常に重要な町です。この町の外壁の厚さは1.8m、高さは9.2m、内側の壁との空間は4.5mある難攻不落の町として知られていました。

　2人の斥候は遊女ラハブのおかげでエリコの町のすべての情報を手に入れることができ、エリコの町が陥落した後、その地を完全に占領するのに非常に役に立ったはずです。遊女ラハブは2人の斥候を生かしてくれただけでなく、イスラエルがエリコの町を占領する際に、最も大きな功績を残した者として、神の贖いの御わざに非常に重要な役目も果たしたのです。

　遊女ラハブの行いは世の常識と基準から見る時、自分の民族を裏切る卑劣な行いであるとも言えるでしょう。しかし、彼女には信仰に基づいた正確に時勢を見る眼目がありました。ラハブは「主がこの地をあなたがたに賜わったことをわたしは知っています」（ヨシ 2:9）と告白しました。彼女はカナンの地はイスラエルに占領されるしかなく、それを妨害することは神の摂理に挑むことであると確信しました。

異邦人の町エリコに暮らす１人の汚れた女性として、神がアブラハムと彼の子孫たちに持続的に言われた「カナンに対する約束」（創 15:7；17:8；26:3；28:13；35:12；50:24、出 6:8；23:28-30、民 33:52-53；34:1-12、申命記 6:18、ヨシ 1:15）を確信する彼女の信仰告白は、驚くべき偉大なものです。ラハブが２人の斥候を安らかに迎え入れることができたのは、このような正しい信仰によるものでした（ヘブ 11:31）。

　彼女は、主が紅海の水を干されたと言われ（ヨシ 2:10）、上の天にも、下の地にも、神でいらせられると告白しています（ヨシ 2:11）。まさに全宇宙を創造し、主観する唯一の神として告白したのです。遊女ラハブは神の救済史を貫く智恵の眼があっただけでなく、神を確信する信仰があったのです。「広い、大きい、ぱっと開かれる」という「ラハブ」（רחב）の意味のように、彼女は心と信仰が広くて大きい人でした。

　彼女は、ただ神だけが自分と家族の命を死から引き上げてくださると確信し、２人の斥候に神への誓いの確かなしるしを要求しました（ヨシ 2:12-13）。彼らはラハブに「わたしたちをつりおろした窓に、この赤い糸のひもを結びつけ、またあなたの父母、兄弟、およびあなたの父の家族をみなあなたの家に集めなさい」と言い、ラハブは言われた通りに従って、赤い糸のひもを窓に結びつけ、家族をみな集めました（ヨシ 2:18-21）。ヨシュアはエリコの町全体を火で焼く時、約束どおり遊女ラハブとその家の一族と彼女に属するすべてのものは生かしました（ヨシ 6:23-25）。

　窓に結びつけた赤い糸のひもは、エジプトを出る時にイスラエルの家の２つの柱とかもいに小羊の血を塗って、死から免れるようにした救いのしるし（出 12:7.13）、人類の罪を贖って死から救い、永遠の命を得させたイエス・キリストの尊い血の予表です（エペ 1:7、１ペテ

1:18-19)。

　遊女ラハブの信仰に対して、ヤコブの手紙 2 章 25 節には「同じように、かの遊女ラハブでさえも、使者たちをもてなし、彼らを別の道から送り出した時、行いによって義とされたではないか」と言われています。このみことばを考える時、ラハブは明確に「義とされた」と認められました。さらに、ラハブが斥候を隠してくれた信仰の行いが、アブラハムがイサクをささげた信仰の行いに引き継いで記録されていることに注目しなければなりません（ヤコ 2:21-25）。

　聖書はアブラハムのような偉大な人が信仰によって義とされたように、異邦の身分の低い遊女ラハブも義とされるに十分な信仰の持ち主であることを明らかに言われたのです。

　サルモンはまさに、この遊女ラハブと結婚しました。彼女はたとえカナンの女で、身分の低い遊女であったとしても、信仰によって夫サルモンとともに、イエス・キリストの系図に名前が記録される最高の祝福を受けました。

## 2. サルモンは心の広い人でした

　サルモンは遊女ラハブ（ヨシ 2:1）と結婚しています。新約にも「遊女ラハブ」と記録されています（ヘブ 11:31、ヤコ 2:25）。遊女はヘブライ語で「ザーナー」（זָנָה）と言い、「姦淫する」「売春する」という意味で、単純に旅館の女将ではなく、身を売って生計を立てる娼婦を意味します。

　もしサルモンが所見の狭い人であったなら、たとえラハブが主なる神の信仰へ改宗したとしても、過去に遊女だったために彼女と結婚しなかったはずです。しかし、サルモンは服でおおってやるように、彼女の過去をおおって結婚したのです。

今日、私たちも隠したい過ちと罪がいかに多いことでしょう。しかし、イエス・キリストは私たちの数え切れない罪と悪を十字架の血潮で完全におおってくださっただけでなく、義と認めてくださいました（詩103:12、ロマ3:24-28；4:24-25、1コリ6:11、テト3:7）。

　義と真理の清さによって新しく造り変えられた私たちはみな、イエス・キリストの血潮の衣を身にまとった者です。ヨハネの黙示録7章13-14節には「長老たちのひとりが、わたしにむかって言った、『この白い衣を身にまとっている人々は、だれか。また、どこからきたのか』。わたしは彼に答えた、『わたしの主よ、それはあなたがご存じです』。すると、彼はわたしに言った、『彼らは大きな患難をとおってきた人たちであって、その衣を小羊の血で洗い、それを白くしたのである。』」と言われています。

　イエス・キリストの血潮の衣を身にまとった者に必要なことは、人々の咎をおおってあげる広い心と愛です。神から与えられた戒めの中で一番大切な戒めは、「心をつくし、精神をつくし、思いをつくして、主なるあなたの神を愛せよ」と言う戒めで（マタ22:37-38）、第二は「自分を愛するようにあなたの隣人を愛せよ」と言われた戒めです（マタ22:39）。「自分を愛するようにあなたの隣り人を愛せよ」と言う戒めは、最高のおきてであると言えます（ガラ5:14、ヤコ2:8）。目に見える兄弟を愛さない者が、目に見えない神を愛するということはすべて偽りです（1ヨハ4:20-21）。

　愛は多くの罪をおおうものです（1ペテ4:8）。人の咎を暴き出すより、サルモンと同じ広い心と愛でおおってやることができる、大きな信仰の人になるように願います。

イエス・キリストの系図第1期の歴史

| 11代 ボアズ | Boaz / Βοόζ / בֹּעַז<br>優れている、裕福な者　excellence / keenness, a mighty man of wealth |

> **順序**
> イエス・キリストの系図の11番目の人（マタ1:5、代上2:11-12）。
> **背景**
> 父はサルモン、子はオベデとして記録されています（ルツ4:17.21-22）。
> **特徴**
> ボアズと結婚したルツはモアブの女でしたが、姑ナオミの信仰に従ってイスラエルに帰化しました。

　ボアズはヘブライ語で「迅速、優れている、素早い」という意味の「ボアズ」（בֹּעַז）で、ギリシャ語では「ボオズ」（Βοόζ）です。ルツ記2章1節では、ボアズを「非常に裕福な者」として表現しています。「非常に裕福な者」とは、力ある裕福な者を指す表現です。

## 1. ボアズは士師時代に生きていました

　ボアズとルツが生きていた時代は、偶像崇拝と異邦人との通婚とあらゆる罪と悪によって堕落の悪循環が繰り返される、「王がなかったので、人々はおのおの自分たちの目に正しいと思うこと」を行っていた時代でした（士2:11-15；17:6；21:25、ルツ1:1）。

　ベツレヘムに酷い飢饉が起こり、ボアズの親族だった「エリメレク」（אֱלִימֶלֶךְ 神は王である）と彼の妻「ナオミ」（נָעֳמִי 楽しい）は、2人の

第3章　イエス・キリストの系図第1期の歴史

息子マロンとキリオンとともに約束の地を捨てて、なじみのないモアブの地へ移住しました。ベツレヘムに起きた飢饉は、罪に対する神の懲戒でした。エリメレクとナオミが生んだ2人の息子の名前は、その懲戒がいかに大きなことであるのかを暗示しています。「マロン」(מַחְלוֹן)は「病いにかかっている」という意味で、「キリオン」(כִּלְיוֹן)は「衰弱」という意味です。

モアブでナオミの夫エリメレクが死んだ後、ナオミは2人の嫁であるモアブの女「オルパ」(עָרְפָּה えり首、背中)と「ルツ」(רוּת 友)を得ました。それ以前に、モアブに暮らして10年経った頃に2人の息子マロンとキリオンが急死しました（ルツ1:5）。そこでナオミは「主がその民を顧みて、すでに食物をお与えになっている」（ルツ1:6）という言葉を聞いて、2人の嫁と一緒に故郷へ帰る途中、2人を返そうと思いました。2人の嫁のうち、オルパは離れ、ルツは最後まで姑ナオミを敬い仕えました。

ナオミがベツレヘムに帰って来た時、人々は「あなたはナオミですか」（ルツ1:19）と言いました。しかしナオミは「わたしをナオミ（楽しみ）と呼ばずにマラ（苦しみ）と呼んでください」と言います（ルツ1:20）。「マラ」(מָרָא)は「苦み、苦い」という意味で、ナオミがモアブでいかに大きな苦しみにあったのかを示してくれます。しかしナオミは、自分のつらさは全能の神から与えられたのだと悟って、「主がわたしを悩まし、全能者がわたしに災をくだされた」と告白しました（ルツ1:21）。神はナオミの家庭の苦しみの中で「ルツ」という偉大な信仰の女を選び、彼女をボアズと出会わせることで、イエス・キリストの系図に記録されるようにしました。

## 2. ボアズは非常に裕福な人で、謙虚な人でした

　ボアズは財産が多く、その町で大きな影響力を行使することができる有力者でありながら、目下の者と隔たりなくかかわるほどに謙虚な美徳を持ち、貧しい者に親切と慈しみを施すことのできる人でした。

　ボアズは大地主でしたが、自ら現場に出て、刈る者どもに真っ先に励ましの言葉をかけ（ルツ 2:4）、彼らと食事を共にしたり（ルツ 2:14）、自ら麦の積み場のかたわらで眠ったりしました（ルツ 3:7）。彼はまことに素朴で権威意識がない人でした。また、ボアズは穂を拾うルツを憐れに思ってパンを渡し（ルツ 2:14）、ルツが穂をたくさん拾えるように、若者たちにわざと束から落として拾わせるようにさせ、（ルツ 2:16）親切に好意を施しました。

　ボアズを見れば、まるでイエスの姿を見ているようです。天の御座の栄光を捨ててこの地上に下って来たイエスは、極めて小さな者一人にさえいつも関心を持たれ（マタ 18:10.14；25:40.45）、徹底的に自分を無にして低くなられ、罪人の友になったお方です（ピリ 2:6-8、マタ 11:18-19、マル 2:15）。

　「いつまでも主の会衆に加わってはならない」（申 23:3）と呪われたモアブびとの女であり、さらに酷い飢饉によって暗鬱だった時代に夫まで亡くし、外国で住むことになったルツのように、私たちも選民から徹底的に疎外された者であり、罪によって永遠に死ぬしかない者（ロマ 3:23；6:23）、何の権限も力も資格もない者でした。しかし有力者であるボアズのすべての栄光と富と幸せが、彼の妻ルツの物になったように、私たちは最高の有力者であるイエス・キリストの翼の下に入り（ルカ 13:34）、彼の妻になることで（黙 19:7-8）すべての富と栄光と幸せを値なしに授けられた者となります。この地上で、これほど

大きな幸せがどこにあるというのでしょうか。

## 3. ボアズは家を継がせるために
　素早く行動しました

　ボアズはナオミとルツの近い親戚として、ゴエル制度に基づいて家を継ぐ義務と権利を持っていました（ルツ 2:20；3:2）。ゴエル制度とは、イスラエルの親族たちの間で守るべき権利と義務を定めた制度を言います。ゴエルは「贖う、親戚の役目を果たす、回復する、買い戻す」という意味のヘブライ語「ガーアル」（גאל）から由来されました。この制度は、まさに御自分の血の対価を払って、私たちをサタンの手から引き上げてくださったイエス・キリストの贖いの御わざを表しています。

　ゴエル制度では、貧しい兄弟が借金によって身を売った場合、身を売った後でも近い親戚や兄弟が代わりに買い戻してあげることが可能です（レビ 25:47-55）。兄弟が貧しくて土地を売った時、近い親戚が兄弟の売った土地を買い戻すこともできました（レビ 25:23-28）。ゴエル制度で重要なことのひとつは、ある人が子を持たず死んだ時、その兄弟や親戚の中で、近い順に死者の妻と結婚し、その家を断絶させることなく継承させることです。

　ナオミはルツと近い親戚で、嗣業を受け継ぐ者であるボアズと結婚させるために、ルツに、ボアズが寝ている打ち場に行って、足の所をまくり、そこに寝て、ボアズの指示に従うよう言いました（ルツ 3:1-5）。ルツはナオミから言われた通りに行い、ボアズに「はしためをおおってください。あなたは最も近い親戚です」（ルツ 3:9）と言って、自分の求婚を受けてくれるよう頼みました。

　ボアズはルツのプロポーズを受け入れ、自分が買い戻しの権利者と

して必ず実行するが、自分よりもっと近い親族がいるので、もしその人が拒むなら自分が買い戻すと約束しました（ルツ 3:12-14）。ボアズは直ちに町に行って、門の所へ上がり長老10人を招いて、買い戻しの権利のある親類で、自分より近い親類と話し合いました。初めにその親類は気軽に自分が買い戻すと返事をしましたが、買い戻す場合、ルツを妻にして死んだ者の名を起こして、その嗣業を伝えなければならないというボアズの話を聞いて、自分の相続地を損なうことになると思い、直ちにあきらめました（ルツ 4:1-6）。こうしてボアズは、買い戻しの権利を得てルツを妻にしました（ルツ 4:7-13）。

　ボアズは神のみことば通りに嗣業を受け継ぐ上で、その名前の通りまことにすぐれた判断をし、かつ素早く行動しました。
　バビロン捕囚期に活動した預言者ダニエルは、神の霊によって満たされ、優れていました（ダニ 5:12；6:3）。その結果、何の過ちや咎もない忠実さを示し、総監と総督らが訴える隙を捜すことができないほどでした（ダニ 6:4）。神の御心に対して優れた行動を取る者こそ、言葉や仕事に間違いのない聖別された生活を送ることができます（参照 - エペ 1:4；5:27、ピリ 1:10；2:15、コロ 1:22、1 テサ 3:13；5:23、1 テモ 6:14、2 ペテ 3:14、ユダ 24）。

　ボアズが神の掟のとおりに素早く従順に嗣業を受け継ぐ者の義務を誠実に履行したように、イエス・キリストは罪人の救いのために、いにしえの前から定められた父の御心に少しも逆らわず、一歩一歩着実に従い、自ら十字架を負うことで嗣業を受け継ぐ者の義務を忠実に果たされました。そして、私たちをサタンの力から解放させ、神の国の跡継ぎにしてくださったのです。

# 4. ボアズはルツから
## 「オベデ」を与えられました

　ルツが舅(しゅうと)エリメレクの親族ボアズの畑へ行って穂を拾っているうちにボアズに会ったこと（ルツ 2:3）と、彼と結婚してオベデを生むことで、イエス・キリストの系図にその名前が記録されたことは決して偶然ではありません（ルツ 4:13、マタ 1:5）。これは神の救済史的経綸の中で、良き御旨を具たすための祝福された摂理でした。

　私たちは、ルツの驚くべき信仰の深さを見逃してはいけません。ナオミがルツにそのままモアブに残るように勧めた時、ルツは「わたしはあなたの行かれる所へ行き、またあなたの宿られる所に宿ります。あなたの民はわたしの民、あなたの神はわたしの神です」（ルツ 1:16）と告白しました。モアブびとは永遠に主の会衆に加わってはならないにも関わらず（申 23:3）、ルツの信仰はこのような規定をも超越したのです。ルツの堅固なる信仰はここで止まることなく、「もし死に別れでなく、私があなたと別れるならば、主よ、どうぞわたしをいくえにも罰してください」と告白しながら（ルツ 1:17）、命をかけて母の信仰に最後まで従ったのです。

　親と親戚が住んでいる自分のすべての生活の基盤であったモアブに比べれば、ルツにとってイスラエルは頼るあてもなく、異邦人に対する排他心が強く、暮らしにくい所でした。ルツがモアブを去ってイスラエルに行く姿は、まるでアブラハムが神のみことばに従って、国を出て、親族と別れ、父の家を離れてカナンへ向かうのと似ています（創 12:1-4）。

　神はボアズがルツと結婚するやいなや、「オベデ」という子を与えられました。ルツは過去にナオミの子マルロンと結ばれて 10 年を過ごしましたが、子に恵まれず（ルツ 1:4-5；4:10）、ボアズと結ばれると

イエス・キリストの系図第1期の歴史

直ちに子が与えられました。これは神がルツにみごもらせたからです（ルツ 4:13、マタ 1:5）。オベデはダビデの祖父となり（ルツ 4:17.22）、ボアズとルツは偉大なるイスラエルの王ダビデの先祖となり、イエス・キリストの先祖となる祝福を受けました（マタ 1:5）。人々がボアズに「あなたがエフラタで富を得、ベツレヘムで名を上げられますように」（ルツ 4:11）と祝福したとおりになったのです。

　果てしない罪悪がもたらされた士師時代の暗闇の中で、神は遂にボアズとモアブの女ルツを通じて、ダビデ王とその後のイエス・キリストが来られる道を備えられました（マタ 1:5）。

　ルツは異邦の女で、永遠に主の会衆に加えられることができないモアブの女でしたが（申 23:3）、ボアズに出会うことによってユダ部族の家に加えられました。ルツは神の羽の下に身を寄せようとし、ボアズは自分の羽の下にルツを抱いたのです（ルツ 2:12）。

　有力者ボアズの生涯を通して予表されたイエス・キリストは、ユダヤ人の救い主のみならず異邦人の救い主として、すべての疎外された人々の痛みを知り、それを癒やしてくださるお方です（詩 34:18；51:17；147:3、イザ 57:15；61:1；66:2）。ただイエス・キリストだけが、私たちを罪と死とあらゆる呪いから解放させることのできる唯一の救い主です（ヨハ 14:6、行 4:12、参考 -1 コリ 1:30、マタ 20:28、1 ペテ 1:18-19）。ですからイエス・キリストに私たちのすべてをゆだねて信頼しましょう（詩 37:5；55:22、箴 16:3、1 ペテ 5:7）。

　イエス・キリストは私たちの牧者であって、緑の牧場と憩いのみぎわに伴われ（詩 23:2）、飢えることも渇くこともないようにし（イザ 49:10、黙 7:16）、つばさの陰になって日照りを避ける憩いの場になってくれます（詩 17:8；36:7；57:1；63:7；91:1；121:6、イザ 4:5-6）。また、行く所がなくさまよう私たちを温かく抱いてくださり、私たち

の目から涙をぬぐいとってくださり（黙7:17）、遂に神の永遠なる幕屋に導いてくれます（黙21:3、エゼ37:27）。

**12代 オベデ**  Obed / Ὠβήδ / עוֹבֵד
仕える、しもべ / serve, servant

> **順序**
> イエス・キリストの系図の12番目の人（マタ 1:5、代上 2:12）。
> **背景**
> 父はボアズ、子はエッサイです（ルツ 4:21、マタ 1:5、ルカ 3:32）。
> **特徴**
> オベデは近所の女が付けた名前で、祖母ナオミによって育てられ、ダビデの父エッサイを産みました（ルツ 4:17）。

　オベデはヘブライ語で「オーヴェード」（עוֹבֵד）、ギリシャ語では「オーベード」（Ὠβήδ）です。オーヴェードは「仕える者、礼拝する者、しもべ」と言う意味で、「アーヴァード」（עָבַד）の能動形分詞で、「仕える、奉仕する、働く、奴隷となる」という意味です。

# 1. オベデは「ナオミに男の子が生まれた」と言って付けられた名前です

　ボアズが嗣業を受け継ぐ義務を果たすために、モアブの女ルツと結婚して産んだ子がオベデです。ルツ記4章13節では「こうしてボアズはルツをめとって妻とし、彼女のところに入った。主は彼女をみごもらせられたので、彼女はひとりの男の子を産んだ」と言われています。近所の女たちは子を与えられた神をほめたたえながら、「その子の名がイスラエルのうちに高く掲げられますように」（ルツ 4:14）と祈

りました。オベデはその後、「彼はダビデの父であるエッサイの父となった」(ルツ4:17)と言ってその名前が広まり、さらにイエス・キリストの直系の系図にその名前が記録されることによっていっそう広められました。

　さて、この名前は近所の女たちが付けてくれたものです。ルツ記4章17節では「近所の女たちは『ナオミに男の子が生まれた』と言って、彼に名を付け、その名をオベデと呼んだ」と言われています。

　オベデはルツが産んだ子です。ところが「ナオミに男の子が生まれた」という表現は、オベデが世の中に生まれるようになったきっかけがナオミから始まった為であり、これからナオミがオベデを育てなければならないという期待が込められています。私たちはこの地上で生きる中で、常に現在の自分が存在するまでの信仰と、生の基盤になってくれたナオミのような方々を忘れてはいけません（エペ2:20-22）。「ナオミ」(נָעֳמִי)は「私たちの楽しみ」という意味です。ナオミのような篤い信仰と献身がなくては、まさに今自分が享受している祝福と楽しみは存在し得ないのです。

## 2. オベデはナオミを養いました

　ルツ記4章16節で「ナオミはその子をとり、ふところに置いて、養い育てた」と言われています。ここで「養い育てた」という単語にヘブライ語の「アーマン」(אָמַן)で、今日の信者が祈る度に使う「アーメン」(Amen)の語源として使われる単語です。アーマンは「支持する、充実である、養育する」という意味を持っています。ナオミがオベデを自分の子のように真心を込めて養ったことを示しています。

　オベデはナオミの愛のもとで成長し、後にナオミを手厚く養い、孝行したはずです。そのため近所の女人たちはナオミに向かって「彼は

あなたのいのちを新たにし、あなたの老年を養う者となるでしょう」と言いました（ルツ 4:15）。

ナオミは孫オベデを大切に育てたことによって、年老いてからはオベデによって養われました。ルツ記4章15節の「養う者」はヘブライ語「クール」（כול）で、「扶養する、準備する」と言う意味であり、動詞の形態はPL型(強調型)です。ですからオベデはナオミを養う上で、心と誠を尽くし、すべてを委ねて仕えたのです。

今日の私たちも養育してくださった、神の大いなる恵みに感謝し（エペ 5:29）、神を敬い畏れて正しく仕えるだけでなく（申 6:5、マタ 22:37-38）、親を敬って隣人を自分の体のように惜しんで仕えなければなりません（マタ 19:19；22:39）。この2つの戒めが律法と預言者の綱領です（マタ 22:40）。神を正しく信じると言いながら、周辺の隣人を助けないのは誤りです。聖書は特に貧しくて病んでいる隣人に仕えるよう強調しながら（箴 14:21；21:13；28:27、詩 41:1）、それは神に貸しをつくる事であって、必ず償われると約束しています（箴 19:17、参照 - 箴 11:24-25、マタ 25:40.45）。心を尽くしてキリストに仕え、また隣人にも、主に仕えるように仕える者はオベデのように神に喜ばれ、人々からも喜ばれるでしょう（ロマ 14:18、エペ 6:6-7、コロ 3:23）。

## 13代 エッサイ

Jesse / Ἰεσσαί / יִשַׁי
存在する、生きておられる /
God exists, God lives

> 順序
> イエス・キリストの系図の13番目の人（マタ1:5、代上2:12）。
> 背景
> 父はオベデ、子はダビデ（ルツ4:22、マタ1:5、ルカ3:32）。
> 特徴
> エッサイは8人の息子と2人の娘をもうけ、ダビデは末子でした（サム上16:10-12；17:12-14、代上2:13-16）。[26]

　エッサイはヘブライ語で「イシャイ」（יִשַׁי）、ギリシャ語では「イェッサイ」（Ἰεσσαί）です。イシャイは「イェーシュ」（יֵשׁ）と同じ形態で、「存在する、生きておられる」と言う意味の語源から由来しています。エッサイはルツの孫であり、オベデの子であり、ダビデの父です（ルツ4:21-22）。

# 1. エッサイの末の子ダビデは王に選ばれました。

　神はサウルが犯した罪のゆえに彼を捨て、神の心にかなう人を求めて、その人を王にすると言われました（サム上13:14；16:1a）。サウルが捨てられた1番目の理由は、自分が祭司ではないのにもかかわらず、燔祭をささげたからです（サム上13:9-14）。2番目はサウルがアマレクを完全に滅ぼさず、神のみことばに背いたからです（サム上

15:8-9.22-23)。

　神は預言者サムエルに「あなたをベツレヘムびとエッサイのもとにつかわします。わたしはその子たちのうちにひとりの王を捜し得たからである」（サム上 16:1）と言われ、サムエルをエッサイのところへ行かせました。

　エッサイがその 7 人の子と一緒に来た時、預言者サムエルはエリアブの顔の形や姿と身の丈を見て王になると確信し、「自分の前にいるこの人こそ、主が油をそそがれる人だ」（サム上 16:6）と言われました。しかし神は「わたしはすでにその人を捨てた」と言われながら、顔かたちや身の丈が完璧に取り揃えられていても、神は心を見ると言われました（サム上 16:7）。

　この時、サムエルは自分の判断基準が間違っていたことを悟って、エッサイが残りの 6 人の子にサムエルの前を通らせる時、彼らの外貌を見ずに、祈りながら心を見たはずです。その結果、サムエルは「主が選ばれたのはこの人ではない」（サム上 16:8b.9b.10b）と言われました。その時、エッサイはどれほど失望したことでしょう。実は、エッサイは 7 人の子をすべて通らせた後も、ダビデを通らせるつもりは全くなかったのです。[27]

　エッサイは「あなたのむすこたちは皆ここにいますか」という質問に、「まだ末の子が残っていますが、羊を飼っています」と答えました（サム上 16:11）。これは「もう一人、末の子がいますが、羊を飼う子なので、主はお選びになるでしょうか」という答えでした。

　父エッサイまでも、ダビデがまさか王になるとは思っていないのです（イザ 55:8、1 コリ 1:25）。まことにダビデが王になったのは、すべて心を見る神の主権的な選択でした。

　預言者サムエルがダビデに油を注ぐと、「この日からのち、主の霊は、

はげしくダビデの上に臨んだ」と記されています（サム上 16:13)。

## 2. エッサイはダビデが王になるまでの
　　全過程をもっとも近くで見守った者です

　エッサイは末の子ダビデが神に選ばれ、預言者サムエルより王の油注ぎを受ける時から（サム上 16:3-13)、王の座に収められるまで、一番近くで神のなさるすべての過程を見ました。

　第一、エッサイはサウル王の使者よりダビデをサウルのしもべにするという通達を受けました（サム上 16:19)。
　理由はサウルが悪霊に悩まされたために、上手に琴をひく者を捜していたので、それを聞いた一人の若者がエッサイの子ダビデを紹介したからです（サム上 16:17-18)。それでエッサイは、ろばにパンを負わせ、葡萄酒一袋とやぎの子とをダビデの手によってサウル王に送りました（サム上 16:20)。
　心にかなうダビデを見たサウルは、彼を武器を執る者とし、エッサイに人をつかわして丁重に「ダビデをわたしに仕えさせてください。彼はわたしの心にかないました」と知らせました（サム上 16:22)。それから、ダビデはサウルの所を行き来し、ベツレヘムで父エッサイの羊を飼っていました（サム上 17:15)。

　第二、エッサイはペリシテと戦っているダビデの兄たちの安否を知るためにダビデを送りました（サム上 17:17-18)。
　エッサイは年を重ね、すでに年老いていたので戦争に出ることができず、上の3人の子、すなわちエリアブ、アビナダブ、シャンマが戦いに出ていました（サム上 17:12-13)。ダビデはエラの谷に着き、ペ

リシテびとゴリアテが生ける神の軍を侮辱する言葉を聞いて、イスラエルの軍勢の神、万軍の主の名によって大胆に立ち向かいました。その時、ダビデが石投げで投げた石が巨人ゴリアテの額に突き刺さり、一瞬のうちに仰向けに倒れました。ダビデはゴリアテの剣で彼の首をはねました（サム上 17:47-51）。その時、サウル王はダビデに「若者よ、あなたはだれの子か」と聞きました。ダビデは「あなたのしもべ、ベツレヘムびとエッサイの子です」（サム上 17:58）と答えました。それから、サウルはダビデを王の宮に泊まらせ、家に帰らせなかったのです（サム上 18:2）。

### 第三、エッサイはダビデの避難生活に加わりました。

ダビデの避難生活の初期、アドラムのほら穴にのがれたとき、エッサイはダビデの兄弟たちと家の者をみな引きつれてダビデのもとを訪ねました（サム上 22:1）。

その後、ダビデはモアブ王に親を託しました。サムエル上 22 章 4 節に「そして彼はモアブの王に彼らを託したので、彼らはダビデが要害におる間、王の所におった。」と言われています。このみことばの原語の意味は、ダビデが要塞を離れる時まで、モアブ王の所にいたという意味で、後にダビデが要塞を離れる時、ダビデの親も共に離れたことを暗示しています。従ってエッサイは終始、ダビデと避難生活を共にしたことが分かります。

エッサイは、サムエルが自分の子たちから王を選ぶ時、初めはダビデを呼びませんでした。自分の目にも最も資格がないと判断したダビデが、王として油注ぎを受ける光景を見て、驚きながらも一方では、「はたして王としてふさわしいのだろうか」と思ったはずです。

羊を飼う者に過ぎなかった末子ダビデが油注ぎを受けたかと思え

ば、それからもサウル王から招きを受けて、王の宮を出入りする姿を目にするようになります。そして、自分が遣わしたダビデがペリシテびとゴリアテを倒し、その首をはね、人々が今の王サウルより自分の子ダビデをより高く評して歌い交わすことを見るようになります。その後も、ペリシテとの戦いに遣わされる度に、他の者より手柄を立てたので、ダビデの名は広まり、人々と家来たちの間でその名が非常に尊ばれるのを目の当たりにしました（サム上 18:5.16.30）。

　全く予想できなかった出来事の中で、エッサイは預言者サムエルが伝えた神のみことばが一つも無駄になることなく、その通り実現されるのを実感したはずです。そして、エッサイはダビデと避難生活を一緒にしながら、サウル王が軍隊を送りこんでダビデを殺そうとする危機からも、神がダビデの側に立ち、その命を守ってくださることをその目で見届けたはずです。遂にダビデが約 10 年間の辛くて涙ぐましい避難生活を終え、統一イスラエル王国の王として即位することを見届けることになります。

　エッサイはこのすべての過程から、神はすべての御わざを摂理する主観者であり、すべてのものが神のみことばの通り成し遂げられるということを悟ったはずです。エッサイは自分の名前のように、神は正に「生けるお方」であり、神のみことばは人間がいくら疎かにし、誤解し、疑っても、常に生きてはたらき、言われた通り必ず成就するということを体験したのです。

## 3. エッサイはメシヤの先祖として言及されました

　イザヤ書 11 章 1 節で「エッサイの株から一つの芽が出、その根から一つの若枝が生えて実を結び」と言われています。これはイザヤ書

7章14節、9章6節で啓示されたメシヤに対する預言をより確かに知らせてくれます。

### 第一、メシヤは"一芽、一つ"でいらっしゃいます。

イザヤ書11章1節の「一つの芽」はヘブライ語「ホーテール」（חֹטֶר）で、「若芽、若枝」という意味です。「一つ」はヘブライ語「ネーツェル」（נֵצֶר）で、「若芽、枝」という意味です。この2つの表現は、将来訪れるメシアが値打ちもない者として来られることに対する前ぶれで、実際にイエス・キリストは大工の子として、馬屋にみすぼらしい姿で来られました（イザ53:2、エレ23:5）。

### 第二、メシヤは「エッサイの株」から出ます。

イザヤ書11章1節で、エッサイの株から出るということは、イエス・キリストがエッサイの子孫として来られるという意味です。ダビデの子孫ではなくエッサイの子孫だと表現したのは、イエス・キリストがとてもみすぼらしい姿で来られることに対する預言です。なぜならば、エッサイは小さな町ベツレヘムに住む、名もない羊飼いに過ぎなかったからです。実際にイエス・キリストは、ナザレの貧しい大工の子として来られ（マタ13:55）、人々が卑しく思っている大工の仕事をされました（マル6:3）。

「株」はヘブライ語の「ゲザ」（גֶּזַע）で、「株、切り株、切られた木」という意味です。この「木が切られ、枯れて、ねじ曲がった切り株」は、イエス・キリストが来られる当時の状況、政治・経済・社会・文化・宗教が、極度に疲弊した状態だったことを表す象徴的表現です。イエス・キリストの受肉直前のイスラエル社会は、ヘロデ王の暴政の中、まるで根元が切られた木のようでした。イエス・キリストは、このようにすべての望みが消えてしまった暗黒の地に生命の光、救いの光と

して来られたのです（ルカ 1:78-79、ヨハ 1:4-5；8:12；9:5）。

## 第三、メシヤは「エッサイの根」から来られます。

イザヤ書 11 章 1 節で「エッサイの株から一つの芽が出、一つの若枝が生えて実を結び」と言われています。この「根」はヘブライ語「シェレシュ」（שֶׁרֶשׁ）で、「根、根本、根源」を意味します。イザヤ書 11 章 10 節では「その日、エッサイの根が立って、もろもろの民の旗となり、もろもろの国びとはこれに尋ね求め、その置かれる所に栄光がある」と預言されました。これはメシヤが来る時、諸々の国が悔い改めて帰って来ることによって神の国が栄光に輝く事を意味します。使徒パウロはこの預言がイエス・キリストによって成就された事を知らせ、イエス・キリストはエッサイの根から出て、諸々の国の唯一の望みであると言われました（ロマ 15:12）。

## 第四、メシヤの救いのみわざが遂に実るようになります。

イザヤ書 11 章 1 節で「エッサイの株から一つの芽が出、一つの若枝が生えて実を結び、」と言われています。ここで「生えて実を結ぶ」とは一つの単語で「パーラー」（פָּרָה）ですが、「実が多い、実りが豊富」という意味であり、特に動詞の未完了形で、これから継続して豊かになる事を表します。これはまさに一粒の小さなからし種が成長して大きくなって、空の鳥が来て宿ることと同様です（マタ 13:31-32）。

イエス・キリストはみすぼらしく、若枝のように来られましたが、その福音は地の果てまで伝えられ、遂に多くの魂が神の国へ帰り、永遠に住むようになるでしょう（エゼ 17:22-23）。

このようにエッサイは、その名前がイエス・キリストの訪れを預言する名前で使われる大いなる光栄と祝福を受けた人になりました。

エッサイは卑しい存在として終わらず、一国の最高のつかさの父に

なることを確認しながら生きることで神の摂理を体験しました。エッサイは「生きている」という意味です。すべて切り倒され、切り株だけ残された絶望的な状況から、私たちに生きる神を全く信頼するからし種ほどの信仰さえあれば（マタ 17:20）、いつでも再び立ち上がることができ、遂に大きく実を結ぶ祝福があるでしょう。

## 14代
## ダビデ

David / Δαβίδ / דָּוִד
愛される者、友人 / beloved, friend

**順序**
イエス・キリストの系図の14番目の人（マタ1:5-6、代上2:13-15）。

**背景**
父はエッサイ、子はソロモン（マタ1:5-6、ルカ3:32、ルツ4:17）。7人の兄と2人の姉がいます（代上2:13-16）。

**特徴**
ダビデは国を40年間治めました（BC1010～970年）。ヘブロンで7年6カ月間治めるうちに6人の息子を生み（サム下3:2-5、代上3:1-9）、エルサレムで約33年間治めながら、13人の息子を生みました（サム下5:13-16、代上14:3-7）。この外にも「エリモテ」という息子がいました（代下11:18）。[28]

　ダビデはヘブライ語で「ダビド」（דָּוִד）、ギリシャ語では「ダビッド」（Δαβίδ）です。ダビドは「愛される人、友達、恋人」という意味を持ちます。これはヘブライ語で「沸き立つ、愛する」という意味を持つ「ドード」（דּוֹד）と同じ形態です。ダビデはその名の意味のとおり、溢れんばかりの神の愛を受けました（行13:22）。

　ダビデの信仰の背景には、敬虔な母がいました。ダビデは自分の母を「あなたの（主）はしため」と表現しました（詩86:16）。詩篇116章16節では「主よ、わたしはあなたのしもべです。わたしはあなたのしもべ、あなたのはしための子です。あなたはわたしのなわめを解かれました」と言われています。ここでダビデの母を表す「あなたの

イエス・キリストの系図第1期の歴史

はしため」は、ヘブライ語の「アマーテハー」(אֲמָתֶךָ) で、「つかえめ、はしため、女奴隷」を意味する「アーマー」(אָמָה) に、代名詞語尾が結合された言葉です。これはおもに、はしためが自分を卑下して使われる表現で（ルツ 3:9）、ダビデの母が常に「神の前で自分を卑下して謙虚に仕えた」ことをあらわします。

　ダビデは自分の母を「あなたのはしため」、自分を「あなたのしもべ」と表現し、また「あなたのはしための子」と表現しました。これらのことから、ダビデのしもべとして神に仕える信仰は、彼の母から受け継いだ信仰であることが分かります。ダビデの母の名前が聖書に記録されませんでしたが、彼女は非常に敬虔で信心深い女として、ダビデに大きな影響を及ぼしたようです。

　このように母の影響を受けたダビデは、イエス・キリストの系図に最も多く名前が登場する人になりました（マタ 1:1；6；17）。マタイによる福音書 1 章に示されるイエス・キリストの系図の第 1 期 14 代は、アブラハムから始まりダビデまでのものです。本書では、任意にダビデがヘブロンを治めた期間までを第 1 期の 14 代目に含めました。イエス・キリストの系図の第 1 期の 14 代目は「エッサイはダビデ王の父であった。ダビデはウリヤの妻によるソロモンの父であり」というみことばで締めくくり、ダビデが王であるということが強調されています（マタ 1:6）。

## 1. ダビデの逃げ回る生活は　　イエス・キリストの苦しみを思わせます

　エッサイの 8 番目の子ダビデは羊飼いで、預言者サムエルを通じて王の油注ぎを受けますが（サム上 16:13）、それからサウルに追われ、逃げ回る生活が始まりました。ダビデが受ける侮辱と苦痛は、イエス・

キリストが私たちの罪のために受ける酷い苦しみと辱めを表しています。

　ダビデはサウルに追い回され眠る所がないので、何度もほら穴や広野で過ごしました。これはイエス・キリストが客間もなく、馬小屋の中で生まれた後（ルカ 2:7）、その育った故郷ナザレに受け入れられず（ルカ 4:16-30、マタ 13:53-58、マル 6:1-6）、「きつねには穴があり、空の鳥には巣がある。しかし、人の子にはまくらする所がない」（マタ 8:20、ルカ 9:58）と言われた主の姿を思わせるようです。

　ダビデは何度も死の危機に直面して「わが神、わが神、なにゆえわたしを捨てられるのですか、なにゆえ遠く離れてわたしを助けず、わたしの嘆きの言葉を聞かれないのですか」と告白しています（詩篇 22:1）。これは十字架の上で「エリ、エリ、レマ、サバクタニ（わが神、わが神、どうしてわたしをお見すてになったのですか）」（マタ 27:46、マル 15:34）と叫んだ救い主の姿を彷彿とさせます。

　ダビデは残酷な試練の中で気力が尽き、くたびれた状態を「わたしは水のように注ぎ出された」と表現し、肉体の極限な苦しみを「わたしの骨はことごとく外れた」と表現しました（詩篇 22:14）。ここでの「外れた」はヘブライ語で「パラード」（פָּרַד）で、「分離される、粉々に壊される、破られる」という意味です。イエス・キリストも十字架の上で血と水を流して（ヨハ 19:34）、全身を鞭で打たれて骨が外れるほどの苦しみを受けました（マタ 27:26、マル 15:15）。

　ダビデは崩れ落ちる自分の心を「わたしの心臓は、ろうのように、胸の内で溶けた」（詩 22:14b）と表現しています。「ろう」はヘブライ語で「ドーナグ」（דּוֹנַג）と言い、これは「蜜蝋」（巣を作る蜜蜂の分泌物）を指し、摂氏50度で溶けてしまいます。ですから詩篇22章14節は、ろうが火の前で溶けるように、ダビデの心が極度に弱くなった状態をこのように表現したのです。イエス・キリストは十字架を控えた極度

に苦しい心の状態を、「わたしは悲しみのあまりに死ぬほどである」（マタ 26:38）と表現されました。

　ダビデは長年の逃亡生活の中で、「わたしの舌はあごにつく」（詩篇 22:15）と告白しました。これは、身も心も燃え上がるような酷い苦しみにあったことを表しています。これは、イエス・キリストが十字架の上でのどがあまりにも渇き、「わたしは、かわく」と叫ぶ姿と重なります（ヨハ 19:28）。

　ダビデは自分が受けた極度の恥を「わたしの衣服を分け、わたしの着物をくじ引きにする」（詩 22:18）と表現しています。ところが、このみことばはイエス・キリストが十字架の上で処刑される時、ローマ兵卒たちが主の上着を取って4つに分け持ち、また主の下着を取ろうとくじを引く姿となって、そのまま成就されました（ヨハ 19:23-24）。

　実にダビデの苦しむ姿は、イエス・キリストの十字架の苦しみを思わせるようです。しかし、サウルに追い回されるダビデが避難生活の苦しみを経て、遂にヘブロンで王になったように、イエス・キリストは死からよみがえられ、すべての名にまさる名のもとに、神の右の御座に上げられました（マル 16:19、行 2:31-33、ピリ 2:9）。

## 2. ダビデはメシヤに対する　　契約の通路になりました

　ダビデはサウル王に追われて逃亡生活を送りましたが、遂にヘブロンで油注ぎを受けてユダの家の王になりました（サム下 2:4）。

　さて、マタイによる福音書に登場するイエス・キリストの系図の諸王のうち、「王」の呼称が付いたのはダビデただ一人です。マタイによる福音書1章6節で「エッサイはダビデ王の父」であると言われています。「ダビデ王」という表現は、「ユダの部族から王が絶えず起こるが、

シロが来る時まで及ぶ」と預言したみことばが成就したものです（創49:10）。

　創世記49章10節の「つえ」は王権を象徴する短い杖で、「つえはユダを離れず」というのは、王がユダ部族から来るという預言です。また「シロ」（שִׁילֹה）は、「安息を与える者、平和をもたらす者」すなわちメシヤを示します。「シロが来る時まで」という表現はメシヤがユダの部族から来るという預言です。ダビデはユダの部族に属した王として「つえはユダを離れず」という預言を成就させ、ひいては自分の子孫としてメシヤ（シロ）が来るという預言も確かなものにしました（サム下7:12-13）。結果的にダビデはメシヤに関する預言を成就させ、確実なものにさせた救済史的に非常に重要な「王」でした。

　私たちは、ダビデがヘブロンで王となり、イスラエルを治めるまでの半生を通じて、絶望と苦しみと死の陰に陥っても、神は愛する者の命を守り、必ず栄光の座を用意してくださるお方であることを確信することができます。苦しみにあってもやがて現われる光栄を、確固たる信仰と満ち溢れる希望を持って待ち望みましょう。そうすることによって神の愛に支えられ、今の苦しみを乗り越えることができ、遂に約束どおり大いなる栄光の主人公になることができるでしょう（ロマ8:18、2コリ4:17-18、1ペテロ1:6-7）。

# 第4章
# 士師時代の歴史
The History of the Period of the Judges

1. オテニエル
2. エホデ
3. シャムガル
4. デボラ
5. ギデオン
6. トラ
7. ヤイル
8. エフタ
9. イブザン
10. エロン
11. アブドン
12. サムソン

# 士師時代の歴史

　イエス・キリストの系図の第1期14代の10代目のサルモンは遊女ラハブと結ばれました（マタ1:5）。サルモンは、ヨシュアがカナンとエリコの様子を探るために送った2人の斥候の1人で（ヨシ2:1）、カナン征服戦争時に生存していた人です。また、13代目の人エッサイは、預言者サムエルの時代に生存していた人です（サム上16:1）。ですからイエス・キリストの系図の第1期14代の中で、サルモン（10代）からエッサイ（13代）までは、士師時代と重なる時代であることが分かります。この章ではカナン征服後、王国時代前に治めていた士師たちの活動を中心に、イエス・キリストの系図の第1期14代の歴史的な背景を追ってみようと思います。

　カナンの地に定着したイスラエルの12部族は、ヨシュアが生きている間、そして神が荒野の40年とカナン征服の過程を通して行われた、すべての大いなる御わざを目にし、長老たちが生きている間は神に仕えました。しかし、ヨシュアと長老たちが死んだ後にほかの時代が起こりましたが、彼らは神を知らず、神がイスラエルのために行われた御わざも知りませんでした（士2:10）。ここで「知る」という言葉は、ヘブライ語「ヤーダー」（ידע）で、夫婦間で一緒に寝ることを表す時にも使われ、単純に知るだけではなく、経験を通して具体的に知ることを意味します。だから、この「ほかの時代」には、神の存在と神の行われた御わざを聞いたことはあっても曖昧で、それらを生活

の中で実感しながら徹底的に心に迫ってくる（という）信仰がなかったのです。

　士師記3章7節では「こうしてイスラエルの人々は主の前に悪を行い、自分たちの神、主を忘れて、バアルおよびアシラに仕えた」と言われています。ここで「忘れる」はヘブライ語「シャーハハ」（שָׁכַח）で、「ヤーダー」（יָדַע）の反意語です（ホセ2:13；4:6；13:4）。「シャーハハ」（שָׁכַח）は単純に知識を忘れることだけではなく、神に挑む行動を伴うことです。神を知らず、神を忘れた「ほかの時代」は神の前で悪を行い、異邦の神であるバアルとアシラに仕えました（士2:7-13）。

　実にイスラエルの士師時代340年は、神を知らない霊的な暗黒期でした。この時代を一言で要約すると、士師記21章25節の「そのころ、イスラエルには王がなかったので、おのおの自分の目に正しいと見るところを行った」と言われる通りです（参考 - 士17:6；18:1；19:1、ローマ1:28）。これは単に混乱しているイスラエルを強力に支配する王権制度がなかったという意味ではありません。イスラエルが神を自分の真の王として認めず、神の支配を拒んだという意味が含まれます。イスラエルは神の支配を拒むことによって堕落と混乱による異邦の圧制の中で過酷な歳月を余儀なくされました。

　しかし、重なる不信と混乱にも、神は12部族の連合体にすぎなかったイスラエルを、神の選ばれた民とし、神の力と御わざを表す強力な国家として成長させられました。これは将来メシアであるイエス・キリストをこの世に送るために、信仰の系図を継承させようとする神の大いなる摂理でした。

# I
# 士師に対する理解

## 1. 士師の定義

　士師はイスラエルが12部族の連合体として、また、強力な中央集権的な支配が成立していなかった時に立てられました。士師は、対内外的に危機に直面していたイスラエルが呼ばわった時に、イスラエルを救うために神によって立てられた者たちです（士2:16；3:9）。

　士師はヘブライ語で「ショフティーム」（שֹׁפְטִים）ですが、「仲裁する者、治める者、裁判を担当する者」を意味します。士師の語源はヘブライ語「シャーファト」（שָׁפַט）で、「裁判する、仲裁する、治める」という意味を持っています。

　士師記8章23節で「ギデオンは彼らに言った、『わたしはあなたがたを治めることはいたしません。またわたしの子もあなたがたを治めてはなりません。主があなたがたを治められます』」と言われています。ですから神がイスラエルの唯一無二の真の支配者であり、士師は神の代理支配者にすぎません。

　士師が立てられる時は、ほとんど「神の霊」が彼らに降臨しました。「霊」はヘブライ語「ルーアッハ」（רוּחַ）で、「聖霊」を表します。

　士師記3章10節では、オテニエルに主の霊が臨みました。士師記6章34節では、ギデオンに主の霊が臨みました。士師記11章29節では、主の霊がエフタに臨みました。士師記13章25節では、主の霊

がサムソンを感動させました。このように、士師の始まりは神的な起源を有しています。そのため聖書では士師を指して、神の代わりの「ひとりの救助者」という表現を用いています（士 3:9.15）。聖書に記録された士師は、大きく 12 人です。彼らの順は次の通りです。

---

①オテニエル→　②エホデ→　③シャムガル→　④デボラ→
⑤ギデオン→　⑥トラ→　⑦ヤイル→　⑧エフタ→
⑨イブザン→　⑩エロン→　⑪アブドン→　⑫サムソン

---

　12 人の士師のうち「オテニエル、エホデ、デボラ、ギデオン、エフタ、サムソン」の 6 人はその行跡が多く、詳細に記録されているため、大士師として分類され、「シャムガル、トラ、ヤイル、イブザン、エロン、アブドン」の 6 人は小士師と分類されます。

　行跡の記録が少ない小士師たちの場合も、どの人物の「後」、あるいは「後に」立てられたという登場の背景が明らかに示されています（士 3:31；10:1.3；12:8.11.13）。これは神の救いの摂理が、歴史の中で絶え間なく持続されたことを明確に示してくれます。神は民族の危機が迫って来る時だけではなく、特別な外的な侵略や圧制がない平和な時も士師たちを送って、自分の民に対する継続的な関心と愛を示されました。

　士師たちはほとんど、弱点が多い人々だったということが注目されています。エホデは左利きで右手が不自由な者（士 3:15）、シャムガルは農夫（あるいは牧者）の出身者（士 3:31）、デボラは女でした（士 4:4）。ギデオンは虚弱で最も小さな者で（士 6:15）、エフタは遊女の子で本妻の兄弟たちから追い出されてやくざ者と一緒に過ごし（士 11:1-3）、サムソンは道徳的に非常に堕落した欠点を持っていました

（士 14:1-3、16:1)。しかし神が彼らに臨むことで、使命感に満たされた彼らは誰よりも強者であり、敵の手からその民を救い出す、その時代の偉大なる救助者でした。

このように不完全で弱点の多い人々を士師に立ててイスラエルを救ったことは、イスラエルの真の救い主と真の支配者は人間ではない、神であることを示唆しています。神のほかに救い主はいません（イザ 43:11；45:21)。人間の不信と暴虐の中で、神の限りない憐れみと慈しみと愛は、より鮮やかに現れたのです。

## 2. 士師時代の特徴

士師時代はイスラエルの歴史の中で最も暗鬱な時代で、信仰的、道徳的にも最も悪に満ちた時代でありました。

### （1）士師時代は神の前に悪を行った時代でした

士 2:11「イスラエルの人々は主の前に悪を行い、もろもろのバアルに仕え」

この悪はさまざまな形態で現われました。

第一、カナンびとを完全に滅ぼしませんでした（士 1:19-36)。
神はカナンびとをすべて滅ぼすようにと言われました。彼らを滅ぼさなければ、彼らが神々に行う忌み嫌うべきことを模倣することになると警告しました（申 20:16-18)。また、彼らを追い出さなければ彼らが罠とむちになり、結局はイスラエルが追い出されるようになると言われました（ヨシ 23:13、士 2:3)。

しかし、イスラエルはそれを不服としてカナンびとを完全に追い出さなかったのです。士師記 1 章は、イスラエルがカナンびとを追い出

すことができなかったことを重ねて証しています。「谷の住民は彼らを追い払わなかった」（士；新改訳 1:19）、「エブス人を追い払わなかった」（士 1:21）、「住民を追い出さなかったので」（士 1:27）、「彼らをことごとくは追い出さなかった」（士 1:28）、「カナンびとを追い出さなかった」（士 1:29）、「住民を追い出さなかった」（士 1:30）、「レホブの住民を追い出さなかった」（士 1:31）、「ベテシメシの住民およびベテアナテの住民を追い出さずに」（士 1:33）と言われています。

　第二、偶像崇拝を行いました。
　イスラエルはカナンびとをすべて追い払うことができなかったため、結果的には彼らの偶像に仕えるようになりました。バアルに仕え（士 2:11）、アシタロテに仕え（士 2:13）、そのほかにも様々な神々に仕えました（士 2:17.19；3:6）。神が最も憎む偶像に仕えていたので、国全体が苦しみの暗黒期に入って行かざるを得なかったのです（出 20:3-5、申 5:7-9；7:4）。

　第三、異邦人と婚姻しました。
　神は異邦民族と絶対に婚姻をしてはいけないと警戒されました（申 7:3-4）。しかし、イスラエルは神のみことばを守らず、カナンびとの娘たちをめとって妻にし、自分の娘を彼らの息子に与えました（士 3:6）。それは一般人だけではなく、リーダーとなった士師も同じでした（士 12:9；14:1；16:1）。

　第四、背倫の罪を犯しました。
　背倫とは、「人として守らなければならない道理に背く」という意味です。士師時代には背倫の罪が多く発生しました。レビびとは宗教指導者であるにもかかわらず、ベツレヘムからひとりの女を迎えて、め

かけとしていました（士 19:1、参照 - レビ 21:13-15）。当時のレビびとは、全国 48 の町に暮らしていましたが、人々は光と塩のような指導者になることができず、むしろ堕落へと先立ったのです。

また、ギブアの悪い者どもはレビのめかけを集団で犯して終夜はずかしめ、日ののぼるころになって放し帰らせましたが、結局そのめかけは死んでしまいました（士 19:25-26）。死んだめかけの夫は、めかけの体を 12 切れに断ち切り、イスラエル全領域にあまねく送りました（士 19:29）。

まことに士師時代は、ソドムとゴモラ時代よりもっと罪と悪が満ち、姦淫と殺人が容易く行われた時代でした。神が選んだ契約の民として、決して行ってはならない極悪の犯罪行為が横行しました（士 19:30）。遂には、預言者ホセアまで自分が生きる時代の堕落の状態をほのめかして、「彼らはギベアの日のように、深くおのれを腐らせた」（ホセ 9:9）と言うほどでした（参照 - ホセ 10:9）。

## (2) 師事時代は悪が絶えず繰り返された時代でした

士師時代の歴史を一言で要約すると、「繰り返し」の歴史、悪循環の歴史だと言えます。犯罪→懲らしめ→悔い改め→救い→忘却→再犯罪が繰り返されます。彼らは神のみことばに逆らう罪を犯し、神の懲らしめを受けました。彼らは懲らしめの苦しみの中で、遅ればせながらも悔い改めることによって神の救いを受け、時間が流れるにつれ受けた救いを忘れて再び罪を犯す、悽惨な悪循環を繰り返しました。このような悪循環の歴史は、全人類史の中で再現され、まさに今日の弱い私たちの人生の個人史でもあります。

**犯罪**は、イスラエルが神を忘れバアルやアセラのような偶像に仕えることによって、神の前に悪を行うことです（士 3:7）。

**懲らしめ**は、イスラエルの悪が神を怒らせた時に、神が異邦の国を用いてイスラエルを虐げ、イスラエルが異邦の国に仕える苦痛の時間を示しています（士3:8）。

**悔い改め**は、イスラエルが苦しみの中で再び神を捜し求め、神に呼ばわることです（士3:9）。

**救い**は、神が悔い改めるイスラエルに、士師を救助者として送り、異邦の懲らしめから引き上げてくださることです（士3:9-10）。

**忘却**は、平和の歳月の中でイスラエルが再び神を忘れることです（士3:11）。

**再犯罪**は、イスラエルが再び偶像に仕えながら、神の前に悪を行うことです（士3:12）。

このような悪循環が繰り返されるほど、堕落の様相は多様化され、ますます深化され、ますます悪の泥沼に陥るようになりました。この悪循環は人間の完全堕落と完全腐敗（total depravity）、完全な霊的無能（total spiritual inability）に起因します。この腐敗性と霊的無能は、人間の本性のあらゆるの面とあらゆる機能にまで広がっています。これはアダムが堕落してから継続的に受け継いだものです。ローマ人への手紙5章12節で「このようなわけで、ひとりの人によって、罪がこの世にはいり、また罪によって死がはいってきたように、こうして、すべての人が罪を犯したので、死が全人類にはいり込んだのである」と言われています（ロマ5:19）。

イスラエルの絶え間ない背反と深化する堕落の中で、神が士師たちを送って彼らを引き上げたことは、将来、人類の絶え間ない罪と悪が渦巻く中でもイエス・キリストを送って、彼らをサタンの圧制から引き上げてくださることを示唆しています。

士師たちがその時代の一人の救助者であったなら（士3:9.15）、イ

エス・キリストは堕落した世界で唯一の永遠の救い主です（イザ 43:11、ホセ 13:4）。イエス・キリスト以外に救いの道はないのです（ヨハ 14:6、行 4:12）。

## II
# 士師時代の年代

　イスラエルびとがカナンに入り、征服のための戦いで勝利した後、エジプトから携えて来たヨセフの骨が（出 13:19）、シケムの地に葬られたのは BC1390 年のことです（ヨシ 24:32）。ソロモンは BC970 年に王になり（王上 6:1）、ダビデは約 40 年間治めたので、ダビデが王になったのは BC1010 年となります（王上 2:11）。サウルも 40 年間治めたので、彼が王になったのは BC1050 年になります（行 13:21）。

　士師時代は広義では、サウル王が治める前のエリとサムエルの時代まで含めて BC1390-1050 年までです。[29] しかし、狭義の士師時代は、最後の士師であるアブドンによる 8 年間が終わる日までです。

　一部の学者たちが士師時代をエリとサムエルの働きを含めて、サウルが王になるまでと広く見る理由は二つあります。

　第一、エリの働きの公式的な結論にあたるサムエル記上 4 章 18 節には、「彼がイスラエルをさばいたのは四十年であった」と言われているからです。ここでエリを「士師」と表現しています。

　第二、サムエルが自らの生涯の初期に行った救いの務め（サム上 1-7 章）は士師たちの働きと似ており、サムエル自身も他の士師たちとともにイスラエルを救う者として働いた事実にふれているからです（サム上 12:11）。[30]

　以上を総合して判断すると、士師時代は長く見積もっても 340 年（BC1390 ～ 1050 年）を越えません。また、聖書に記録された士師た

ちが働いた年代をそのままに合算すれば410年にもなります。このように実際の歴史と多くの差異があるのは、士師時代に年代の重複があることを示しています。

　したがって士師時代のすべての年代は、士師たちが働いた期間を加えるだけでなく、彼らのうちに重複して働いた期間があることを念頭に入れておかなければなりません。士師たちが活動した地域はイスラエル全体だけではなく、時折、局地的に活動したので期間が重なるのはやむを得ないのです。

## 1. 互いに重複するとも言われる士師エホデとシャムガルの活動した期間[31]

　士師エホデとシャムガルの活動した期間が重複することなく、連続する時代であるならば、聖書では士師エホデの次にシャムガルがさばいた後、カナンの王ヤビンの圧制があったと記述するのが合理的でしょう。ところで士師記3章31-4章3節では、エホデの後にシャムガルの働きが記録されていますが、何年間活動したという記録はなく、カナンの王ヤビンの圧制はエホデの後に起きたことであると言われています。すなわちエホデの活動した期間にシャムガルの活動した期間が含まれており、エホデの活動した後を引き継いで、カナンの王ヤビンの圧制が始まったことを示しています。

## 2. 互いに重複していたと見られる士師トラとヤイルの活動した期間 [32]

　士師記 10 章 1-3 節には「トラが起こって…二十三年の間イスラエルをさばいたが、ついに死んでシャミルに葬られた。彼の後にギレアデびとヤイルが起こって二十二年の間イスラエルをさばいた」と言われています。ここで士師トラとヤイルの活動した期間は重複していたと見るのが合理的です。

　その理由は二人の活動した期間のうち、もろもろの国民の圧制がないからであり、二人の活動した地域が全く異なるからです。トラの主な活動地域は、「シャミル」ですが（士 10:1）、そこはシケムから近いエフライムの町で、ヨルダン川と地中海の中間地点です。しかしヤイルの主な活動地域は「ギレアデ」で（士 10:3）、そこはヨルダン川の東側にあたります。つまりヨルダン川の東西で、同時期に遣わされていた可能性が高いのです。

## 3. 互いに重複していたと見られるアンモンの虐待（士 10:7-8）とペリシテの圧制（士 13:1） [33]

　士師記 10 章 7-8 節には「主はイスラエルに対して怒りを発し、彼らをペリシテびとの手およびアンモンびとの手に売りわたされたので、彼らはその年イスラエルの人々を虐げ悩ました。すなわち彼らはヨルダンの向こうのギレアデにあるアモリびとの地にいたすべてのイスラエルびとを十八年のあいだ悩ました」と言われています。

　ここで「主はイスラエルに対して怒りを発し、彼らをペリシテびとの手およびアンモンびとの手に売りわたされたので」と表現すること

で、ペリシテびとの圧制とアンモンびとの虐待は確かに同時に始まったと証明されています。士師記13章1節には「イスラエルの人々がまた主の前に悪を行ったので、主は彼らを40年の間ペリシテびとの手にわたされた」と言われています。ですからヨルダン川の東側で起きたアンモンの虐待18年とヨルダン川の西側で起きたペリシテの圧制40年は、同時期に始まったのです。ペリシテの圧制40年のうち最初の20年は、士師サムソンが活動した時期でした（士15:20）。

　以上の重複していた期間を考慮すると、士師時代全体の実質の期間は、BC1390年からBC1050年までの340年弱ということになります。[34]

**解説3** THE GHRONOLOGY OF THE PERIOD OF THE JUDGES
# 士師時代の年代記

　前で見たとおり、士師時代の総年数を、重複していた時代を考慮せず単純に計算すれば、おおよそ410年になります。これは士師時代の約340年（BC1390～1050年）[35]から70年も超過するので、士師時代のうちに重複していた時代があることは確かです。

　士師エホデと士師シャムガルの期間が重複し、士師トラと士師ヤイルの期間も重複し、アンモンの虐待とペリシテの圧制期間が重複していることについても先述しました。そのほかに士師時代の年代と関連して、幾つか見ていきます。

## 1. エフタが言われた「300年」の問題

> 士11:26「イスラエルはヘシボンとその村里に住み、またアロエルとその村里およびアルノンの岸に沿うすべての町々に住むこと三百年になりますが、あなたがたはどうしてその間にそれを取りもどさなかったのですか。」

　これはイスラエルがアンモンの虐待を18年間受けながら（士10:8）、侵攻までされているとエフタがアンモンの王に論駁した内容です。ここでエフタは、すでにイスラエルが300年間生きてきた地を、アンモンが今になって自分の地であると主張することは不当であると説破しました。

　イスラエルはカナンへ入る直前、ヘシボンとアロエルなどヨルダン川の東側の地をすべて征服した後、遂にBC1406年1月10日ヨルダ

ン川を渡ってギルガルに到着しました（ヨシ 4:19）。だからエフタが言われた 300 年の始まりは BC1406 年、カナンへ入った日と見るべきであり、300 年の終わりは BC1106 年となります。ここで、この 300 年を目安にして計算した場合、BC1105 年や BC1104 年まで延長することもできるでしょう。もし 300 年の終わりを BC1104 年まで延ばすならば、エフタが言われた 300 年が士師たちの年と正確に合致することを見ることができます。[36]

## 2. ペリシテの圧制と士師たちのことに関する問題

　先に見たとおり、アンモンによる 18 年の虐待（士 10:8、BC1121 〜 1104 年）とペリシテによる 40 年の圧制（士 13:1、BC1121 〜 1082 年）は同時期に始まりました（士 10:7 〜 8）。
　そのころ、ペリシテに近い「ソラ」出身のサムソンは、ペリシテに隣接した地域を中心に 20 年の間活動し（士 15:20）、北の他の地域ではアンモンの虐待が 18 年間続きました。サムソンはイスラエルの北側の地域でアンモンの虐待が行われた 18 年を経て、もう 2 年ペリシテの隣接地域で働いたのです。

### (1) アンモンの 18 年間の虐待後の士師たち

　アンモンの 18 年間の虐待が終わった後、イスラエルをさばいた士師を順番に見ると、エフタ（6 年、士 12:7）、イブザン（7 年、士 12:9）、エロン（10 年、士 12:11）、アブドン（8 年、士 12:14）です。ですから士師アブドンのさばいた期間が終わったのは、BC1077 年と推定されます。[37]

## (2) サムソンによる 20 年の活動後の歴史
### ①エリ祭司の死
　サムソンは、ペリシテびとの 40 年の圧制の前半 20 年間活動したように見受けられます。ペリシテに契約の箱を奪われたアペクの戦い（BC1102 年）は、サムソンがダゴンの宮を崩壊したことに対する報復として起きたものと推測されます（士 16:30、サム上 4:1-11）。[38] アペクの戦いでエリ祭司の二人の息子ホフニとピネハスが死に（サム上 4:11.17）、この知らせを聞いたエリ祭司は士師になって 40 年、98 歳で椅子から転がり首が折れて亡くなりました（サム上 4:15.18）。

### ②預言者サムエルの登場
　時は BC1102 年、サムエルが 12 歳の時のことです。サムエル記上 3 章 1 節には「わらべサムエルは、エリの前で、主に仕えていた。そのころ、主の言葉はまれで、黙示も常ではなかった」と言われています。ユダの歴史家ヨセフス（Josephus）は、「主に仕えていた時」ということばに基づいて、当時サムエルが 12 歳だったであろうと推測しました。[39] なぜならばイスラエル社会では、通常 12 歳から成年とみなしており、サムエルも 12 歳から聖所で奉仕の任務を遂行したはずだからです。

### ③契約の箱を奪われた 20 年 7 カ月
　アペクの戦いでペリシテびとに取られた契約の箱は、7 カ月間ペリシテ地方にありましたが（サム上 6:1）、キリヤテ・ヤリムへ移された後、アビナダブの家に 20 年間置かれていました（サム上 7:1-2）。

### ④ミヅパ戦闘
　アペクの戦いで契約の箱を奪われたのがサムエルの 12 歳の時、そ

れから約20年が経ちサムエルが32歳（BC1082年）の時にミヅパの戦いがありました。ミヅパの戦いが起こる前に、預言者サムエルはまずイスラエルの人々に悔改を促しました（サム上7:3）。サムエルの勧めを聞いたイスラエルの人々は、バアルとアシタロテを捨て去り、ただ主にのみ仕えると、預言者サムエルはイスラエルびとをミヅパに集めました（サム7:4-5）。ミヅパでイスラエルびとは水をくんで主の前に注ぎ、その日断食して悔改の祈りをしました。水を注いだことは、自分たちの罪と悪が水のように流れることを望む象徴的な行動でした（サム上7:6）。

その時、イスラエルびとがミヅパに集まったという知らせを聞いたペリシテの兵士は、イスラエルに攻め上がって来ました。サムエルに乳を飲む小羊1頭を取り、燔祭として主にささげ、イスラエルのために主に叫びました（サム上7:9）。この叫んだという単語はヘブライ語「ザーアク」（זָעַק）で、「大声を出す、助けを請ずる」という意味です。神の助けを要請する預言者サムエルの切実な祈りを聞かれた神は、大いなる雷を発してペリシテびとを乱されたので、イスラエルが勝利を収めることができました（サム上7:10）。

後に、サムエルは一つの石を取ってミヅパとエシャナの間にすえ、「主は今に至るまでわれわれを助けられた」と言いながら、その名をエベネゼルと名付けました。エベネゼルはヘブライ語「エヴァン・ハーアーゼル」（אֶבֶן הָעֵזֶר）で、「助けの石」という意味であり、イスラエルの勝利がすべて神の助けによるものであることを告白したのです。その後、エクロンからガテまで取られた町々を取り返し、サムエルの一生の間、神がペリシテの侵略を阻んでくださいました（サム上7:12-14）。

### ⑤サウル王の即位

預言者サムエルは、その後続けてイスラエルをさばいて（サム上

7:15)、毎年ベデルとギルガルとミヅパを巡回しながら、そのすべての地でイスラエルをさばいたのです（サム上 7:16）。その後預言者サムエルは BC1050 年、サウルに油を注ぎサウルを王にしました（サム上 10:1）。

以上の内容を総合して、カナンへ入ってから（BC1406 年）サウル（BC1050 年）まで、士師時代を年代別に整理しましょう。

世界史上初めて体系的にまとめた
# 士師時代の年代表
The Chronology of the Period of the Judges

| 圧制者及び士師 | 期間 | 関連聖句 | 統治及び圧制期間 | |
|---|---|---|---|---|
| カナン征服及び嗣業の分配期間 | 16年 | ヨシ 24:29<br>士 2:8 | BC 1406-1390年 | |
| メソポタミヤの王<br>クシャン・リシャタイムの圧制 | 8年 | 士 3:8 | BC 1390-1383年 | |
| 士師たちの登場 |||||
| 士師 オテニエル | 40年 | 士 3:11 | BC 1383-1344年 | エフタが語った300年（士11:26） |
| モアブの王エグロンの圧制 | 18年 | 士 3:14 | BC 1344-1327年 | |
| 士師 エホデ | 80年 | 士 3:30 | BC 1327-1248年 | |
| 士師 シャムガル | ? | 士 3:31 | （エホデの期間に含まれる） | |
| カナンの王ヤビンの虐待 | 20年 | 士 4:3 | BC 1248-1229年 | |
| 士師 デボラ | 40年 | 士 5:31 | BC 1229-1190年 | |
| ミデアンの圧制 | 7年 | 士 6:1 | BC 1190-1184年 | |
| 士師 ギデオン | 40年 | 士 8:28 | BC 1184-1145年 | |
| アビメレクの圧制 | 3年 | 士 9:22 | BC 1145-1143年 | |
| 士師 トラ | 23年 | 士 10:2 | BC 1143-1121年 | |
| 士師 ヤイル | 22年 | 士 10:3 | （トラの期間に含まれる） | |

| ペリシテの圧制 40年<br>(BC 1121-1082年)<br><br>BC 1082年<br>ミヅパの戦い(サム上 7:1-14) | アンモンの虐待 18年 | BC 1121-1104年 | 士師 サムソン<br>(BC 1121-1102年)<br><br>BC 1102年<br>アペクの戦い<br>(サム上 4:1-11)<br><br>サムエル預言者<br>(BC 1102-1050年) |
|---|---|---|---|
| | 士師 エフタ 6年 | BC 1104-1099年 | |
| | 士師 イブザン 7年 | BC 1099-1093年 | |
| | 士師 エロン 10年 | BC 1093-1084年 | |
| | 士師 アブドン 8年 | BC 1084-1077年 | |

| サウル王 即位 | BC 1050年 |
|---|---|
| 士師時代　約340年 | BC 1390-1050年 |

※士師たちの重複した年代は不確実であり、この年代計算は可能性に基づいた推定である。
※3つの時代の始まりの年と、その時代の終わりの年は重なっているものとして計算した。
※エフタが語った300年(士11:26)と、各士師たちの年代を具体的に比較したことは、初めての試みである。
※サムエル預言者はBC 1102年(30歳)に公式に活動を開始し(サム上 3:19-21)、BC 1025年(107歳)にダビデから油を注がれ(サム上 16:1-13)、BC 1015年(117歳)に生涯を閉じた(サム上 25:1)。

# III
# 士師たちの活動

## 1. オテニエル

Othniel / Γοθονιηλ / עָתְנִיאֵל
神は力である。神は前進する。

**出身背景**
ユダ部族グナスの息子でカレブの甥である（ヨシ 15:17、士 1:13; 3:9）。

**活動期間**
メソポタミアの王クシャン・リシャタイムによる懲戒の期間は 8 年で（士 3:8）、士師オテニエルを立てて平和をもたらした期間は 40 年である（士 3:11）。

　オテニエル（עָתְנִיאֵל、オトニーエール）は「動く、前進する」という意味で、「アータク」（עָתְנִ）は「神」を意味する「エール」（אֵל）の合成語で、「神は力である、神は前進する」という意味です。オテニエルは最初の士師として、クシャン・リシャタイムの圧制からイスラエルを救いました。口語訳、新改訳、新共同訳、韓国の改訳ハングル、改訳改正、共同訳の聖書は、「ケナズの子で、カレブの弟オテニエル」（ヨシ 15:17）と表現することで、まるでオテニエルがカレブの弟であ

ることのように書いています。しかし韓国の新標準訳の聖書では、「カレブの弟ケナズの子であるオテニエル」と表現することで、原文に、より忠実に訳しています。オテニエルはカレブの弟ではなく、カレブの甥としてカレブの婿になった者です。

## 1. 勇気の人オテニエル

　カレブはデビルを打ってそれを取る者に、自分の娘アクサを与えると宣言しました（ヨシ 15:16、士 1:12）。カレブは 85 歳の高齢にもかかわらず（ヨシ 14:10）、険しい山地ヘブロンを与えると言われた約束のみことば、「彼が踏んだ地を、わたしは彼とその子孫に与えよう。彼は主に従い通したからだ」（申 1:36）を信じて、勇敢なる信仰でその地を相続地として受けました（ヨシ 14:13-14）。

　デビルの本来の地名はキリアテ・セペルで（ヨシ 15:15、士 1:11）、ヘブロンの南西側20km地点に位置した戦略的要衝地で、初めてヨシュアが征服する時はアナク人が居住していました（ヨシ 11:21）。アナク人は体が大きくて、戦いに強い勇士だったために（民 13:33）誰も即座に挑むことはできませんでした。

　その時、一番先に自ら志願してデビルを打ち取った者が、オテニエルです（ヨシ 15:17a、士 1:13a）。ユダの部族の出身である彼は、「ユダが上って行かなければならない。見よ。わたしは、その地を彼の手に渡した。」（士 1:2）と言われた神のみことばを堅く信じて勇ましく進み、皆が戦おうとしなかったその地を打ち取りました。

## 2. 父の意に従ったオテニエルの妻アクサ

　カレブは約束どおり、アクサをオテニエルに与えました（ヨシ15:17b;1:13b）。デビルを打ち取った者に、自分の娘アクサを妻に与えるという約束の中には、それほど「アクサ」は父カレブにとっては大切な娘だった、という意味が込められています。「アクサ」(עַכְסָה) とは、「足首の飾り」という意味で、イスラエルの女人たちが足首にかける、目立たないが、ひそかに光を放つ美しい装身具です。アクサはまさにその名前通りに父カレブの信仰を受け継いで、高尚な信仰を持って自分の意思をいたずらに主張することなく、親に従う知恵のある女性でした。

　彼女は、父カレブの一方的な決定に素直に従って「オテニエルの妻」となり、また「ネゲブの地」へ行かされる時も（士 1:15）不満を表さないで聞き従いました。この「ネゲブ」(נֶגֶב) とは、オテニエルが打ち取ったデビルの地域で、訳すと「南側」という意味ですが、ほかにも「荒れ果てた地」という意味を持っています。デビルの地は砂漠のように乾燥して荒れた地域でした。

　アクサは父カレブに従順なだけではなく、賢い娘でした。彼女はまず、夫であるオテニエルに「父の畑を求める」ことを提案しました（士 1:14）、この「畑」はヘブライ語の「サーデ」(שָׂדֶה) で、「農業のできる平地」を意味します。アクサは自分がこれから生きて行く荒れ果てて乾いた南側では、農業のできる土地が必要になることを予知したのです。

　アクサがこのような考えを持ってろばから降りると、カレブは「あなたは何を望むのか」と聞きました。すると賢いアクサは直接的に土地をくださいとは言わないで、「わたしに贈り物をください。あなたはわたしをネゲブの地へやられるのですから、泉をもください」（士 1:15a）。「泉」にあたるヘブライ語、グッロートマーイム (גֻּלֹּת מָיִם)

は複数形で、一つの泉ではなく水量の多い幾つかの泉を示します。泉が多い地域の土地は当然農作に相応しい良い地です。

　賢いアクサは泉を要求することによって、良い地を得ることになりました。カレブはアクサの要求に従って、「上の泉と下の泉」を与えました（士 1:15a）。上の泉と下の泉は高い地域や低い地域全てに水を提供することができるので、水の少ないネゲブでは非常に大切な財産です。

　このようにカレブが、父に従いながら賢く求める娘アクサに上の泉と下の泉を与えたように、いかなる悪条件の中でも不平を言わず、神のみことばに完全に従う聖徒に、神は様々なよい祝福を惜しむことなく豊かに注いでくださるでしょう（申 30:9.16、ヤコ 1:17）。

## 3. クシャン・リシャタイムの圧制からイスラエルを救ったオテニエル

　イスラエルが主の前で悪を行い、バアルとアシラに仕えたために、神はイスラエルをメソポタミア王クシャン・リシャタイムに売り渡され、8年間仕えるようにしました（士 3:7-8）。イスラエルの人々が神に呼ばわったために、神はオテニエルを起こしてクシャン・リシャタイムから救い、40年間泰平を与えられました。（士 3:9-11）。

　士師記 3 章 9 節の「呼ばわった」という単語はヘブライ語「ザーアク」で、「絶望の状態で助けを請ずるために大声で叫ぶこと」を意味します。イスラエルの民が 8 年間の圧制に苦しめられ大声で叫んだ時に、神が彼らのためにひとりの救助者オテニエルを起こしてくださったのです（士 3:9）。

　後の分裂王国時代に、アッスリヤのセナケリブが、18 万 5,000 人の大軍を率いてエルサレムを囲みました。その時ヒゼキヤ王と預言者

イザヤは天に叫び求めました（代下 32:20）。この「叫び求める」という単語も、士師記 3:9 節の単語と同じ「ザーアク」(זָעַק) です。ヒゼキヤ王と預言者イザヤの叫び求める祈りを聞いた神は、ひとりの御使いを遣わし、一夜にして 18 万 5000 人を瞬く間にしかばねにしました（代下 32:21、王下 19:35）。ヘブル人への手紙 11:33 に「彼らは、信仰によって、国々を征服した」というみことばがあるように、ヒゼキヤと預言者イザヤの信仰の祈りが、アッスリヤという大国を退けて勝利をもたらせたのです。

祈りは神の力が働く最大の武器です（マル 9:29、ヤコ 5:16）。難しい状況の中、傷心の状態で痛悔して祈る時、神は私たちの近くにおられ（申 4:7、詩 34:18、ヤコ 4:8）、必ず選ばれた人々を敵対者の訴えから守ってくださるでしょう（ルカ 18:1-8）。

オテニエルがクシャン・リシャタイムに勝ってイスラエルを救ったのは、主の霊が彼に臨んだからです（士 3:10a）。神の御わざを成し遂げるためには、神の霊が臨まなければなりません（ゼカ 4:6）。

聖霊の御わざによって神の力を受ける時のみ、伝道と宣教の地境が拡張されます（行 1:8、参照 - 行 2:4;4:31;8:17;10:44;11:24;13:2-4.52）。使徒行伝 9 章 31 節には「こうして教会は、ユダヤ、ガリラヤ、サマリヤ全地方にわたって平安を保ち、基礎がかたまり、主をおそれ聖霊にはげまされて歩み、次第に信徒の数を増して行った」と言われています。今日においても聖霊の力は、神の救済史を前進させる力強い原動力です。

## 2. エホデ

Ehud / Αωδ / אֵהוּד
固い結合、連合 / tightly joined, united

**出身の背景**

ベニヤミン部族ゲラの子である（士3:15）。エホデの子は、ナアマン、アヒヤ、ゲラである（代上8:6-7）、彼らはゲバ（ベニヤミン部族のある町；ヨシ18:24）の住民の一族のかしらであった。

**活動期間**

モアブの王エグロンを用いて懲らしめた期間は18年で（士3:14）、士師エホデを起こして平和をもたらせた期間は80年である（士3:30）。

イスラエル人が士師オテニエル以後、再び主の目の前に悪を行ったので、神はモアブの王エグロンを強くしてイスラエルに逆らわせました。しかし、その時イスラエル人が主に呼び求めたので、ひとりの救助者エホデを起こされました（士3:15）。「エホデ」はヘブライ語で「エーフード」（אֵהוּד）で、「連合する」という意味の「オーハッド」（אֹהַד）から由来し、「強い結合、連合、一致、統一」という意味を持っています。

# 1. 弱点を持っていたが神に用いられたエホデ

士師記3章15節では、エホデは「左利き」であると言われています。「左利き」はヘブライ語で「イーシュ イッテール ヤド イェミーノー」で（אִישׁ אִטֵּר יַד־יְמִינוֹ）、これは左利きという意味よりも、「右手がまともに使えない人」という意味がより正確です。エホデは、「右手の子」

Ⅲ　士師たちの活動　　225

という意味のベニヤミン部族の出身であるにもかかわらず、右手を使うことができない致命的な弱点を持つ人でした。しかし、神は右手を上手に使う多くの人々ではなく、むしろ右手を上手に使えないエホデを用いたのです。それはエホデが神に連なる者であったからです。

神は自分に連なる弱い者を用いて、神を背いた強い者をはずかしめます（1 コリ 1:27）。この世の取るに足りない者や見下されている者を選ぶ一方で、知恵もあり強くもある有力者を無力な者にします（1 コリ 1:28）。神を完全に頼る時、私たちの弱点はかえって神の力を強く働かせる管になります（2 コリ 12:9-10）。

## 2. モアブを強めて、イスラエルに敵対させられた神

クシャン・リシャタイム圧制の下で、8 年間受けた酷い苦しみと惨めな生活を忘れて、イスラエルが「また」主の目の前に悪を行ったので、神はモアブ王エグロンを強めて、イスラエルに敵対させられました（士 3:12）。「強めて」にあたるヘブライ語「ハーザク」（חזק）は、「助ける、ささえる」という意味です。今までイスラエルをささえてくださった神が、イスラエルの代わりにモアブをささえ、強めて敵対させました。「ハザク」は強い戦力（王上 20:23）だけでなく、精神的な力をも吹き入れて勇気百倍にさせられたという意味を持っています。つまり、神はモアブ王エグロンの軍事力と精神力も強めて、イスラエルに敵対させられました。エグロンは自分の力が強くなるにつれ、アンモンとアマレク人と連合してイスラエルの関門である棕櫚の木の村（エリコの町 ; 申 34:3）を一気に占領しました（士 3:13）。

アンモンとモアブは永遠にイスラエルびとの主の会衆に加わってはならず（申 23:3-6）、アマレクは神から「アマレクの名を天の下から

消し去らなければならない」（申 25:19）という呪いを受けたので、イスラエルが最も見下す民ということになります。そのような人たちにイスラエルは対抗することもできず、一番良い土地と自由を奪われ、18 年間も奴隷として扱われ、貢ぎ物を送る恥と苦痛を味わったのです（士 3:14-15b）。

神は自ら選んだ民が繰り返して反逆の道を歩むたび、敵対者たちを強くし、イスラエルの最も良いものを奪うことで、イスラエルを懲らしめ、再び神を求めるようにさせたのです。

## 3. モアブ王エグロンを殺してイスラエルを救ったエホデ

エホデは貢ぎ物を送る責任者として、モアブの王エグロンに遣わされました（士 3:15b）。彼は王に伝える秘密があると騙して、王が一人きりでいる涼みの高殿に入って、右のももから、隠してあった長さ 1 キュビト（45.6 センチ）のもろ刃のつるぎを取ってモアブの王を殺しました（士 3:16-23）。

そして、エホデはエフライム山地でラッパを吹き鳴らし、自分に従う勇士たちに、「わたしについてきなさい。主はあなたがたの敵モアブびとをあなたがたの手にわたされます」と叫びながら、先頭に立って進みました（士 3:27-28）。

エホデはイスラエルを救う過程において、卓越したリーダーシップを示してくれた人でした。

第一、エホデは後方で指揮ばかりする者ではなく、民の先頭に立って戦地で戦う指導者でした。士師記 3 章 27 節で、「彼はその先頭に立った」と言われています。

**第二、** エホデはエグロンを殺した後も、英雄意識にとらわれることなく、民と力を合わせてモアブの人々を追い出しました。神のために働く者は人々の意見を無視して自分一人で行動するより、多くの人々と力を合わせる姿勢が必要です。

　遂にエホデはモアブの向こう側の渡し場をおさえ、モアブびと1万人を殺して、モアブの圧制からイスラエルを救いました（士3:27-29）。

　それからイスラエルは80年の間は穏やかでありました（士3:30）。エホデのさばいた期間80年は、士師時代の中で最も長い平穏な期間でした。イスラエルはエホデがさばいた中で、自由と平和を存分に享受（きょうじゅ）しながら暮らすことができましたが、全ては神の格別な恵みであったのです。

　たとえ罪を犯した故に懲らしめを受けても、その懲らしめの中から悟りを得て悔い改め、継続的に神と固く連合して生きる時、真の平和の生活を持続させることができます（ヨハ14:27；15:5）。

# 3. シャムガル

Shamgar / Σαμεγαρ / שַׁמְגַּר
つるぎ、神が与えられた
/ sword, God-given

### 出身背景
所属する部族に関する正確な記録がない。アナテの息子（士 3:31）。

### 活動期間
シャムガルが治めた期間に関して正確な記録がない。エホデの後シャムガルに関しては1節だけが記録され、すぐデボラへ繋がれたことを見ると（士 4:1-4）、シャムガルは士師になって間もなく死んだと推定される。

---

エホデの後、3人目の士師として記録されたシャムガル（שַׁמְגַּר）（士 3:31）は、語源が明らかではないのですが、「剣」「神から与えられた」[30]と推測されています。シャムガルの父アナテは息子を生んで、その子が神から与えられた子であるという告白にちなんで、「神から与えられた」という意味のシャムガルと名付けたはずだからです。シャムガルの父親「アナテ」（עֲנָת）は、ヘブライ語の「アーナー（עָנָה 応答する、答える）」から由来し、「応答」という意味を持っています。

# 1. 神の召しを受けた平凡な農夫シャムガル

シャムガルは士師記3章31節によると、「牛の突き棒」でペリシテ人600人を殺しました。牛の突き棒は長さが約2.5メートルの丸くて太い棒です。この棒の一方は尖っていて、畑を耕す時に牛を刺激する

Ⅲ　士師たちの活動　229

ために使われ、もう一方は小さなシャベルが付いていて、畑を手入れするのに使われるものです。こういった普通の突き棒が、神の力を示して異邦人を殺す「剣」のような武器として使われました。

神は紅海を分けて、イスラエルをエジプトから導き出す大いなる御わざを実現させる時も、モーセの手にある「杖」をお使いになりました。見かけには普通の杖でも神の力が加わると、「神の杖」（出 4:20；17:9）となって、驚くべき奇蹟を起こす道具になります。

シャムガルは平凡な農夫でしたが、神の力が注がれると牛の突き棒一つで民族を救いだす偉大な士師となったのです。

## 2. シャムガルはペリシテの圧制から　イスラエルを救いました

シャムガルが生きていた時代に関しては士師記 5 章 6 節に「アナテの子シャムガルのとき、またヤエルのときに、隊商は絶え、旅人はわき道を通った」と言われています。

「大路」はヘブライ語「オーラハ」（אֹרַח）、ただ一つの道ではなくイスラエル全域にわたっている大通りを意味します。これらの通りはおもに旅や商取引のために使われた大路で、これらの大通りが絶えていたということは、ペリシテの圧制により、大通りで暴力と略奪が頻繁に起こり、秩序や制度が乱れていた社会像を反映しています。

「わき道」の「わき」という単語は、ヘブライ語「アカルカル」（עֲקַלְקַל）で、「曲がりくねった、曲がった、迂回する」という意味です。人々は大通りを避けて、他の人々に目立たない曲がりくねった道を通ったのです。これを通してペリシテの圧制がどれほど威圧的だったのかが分かります。このような状況でシャムガルは、「牛の突き棒」によってペリシテ人 600 人を殺してイスラエルを救ったのです。

当時のペリシテは、地中海沿いに居住しながら東に勢力を拡張させようというほど強大な国でした。しかし、神は士師シャムガルに力を注いで、「牛の突き棒」一つで彼らを退けさせました。聖徒の勝利の秘訣は武器の性能や戦士の数によるのではなく、ただ神から与えられる力によるのです（サム上 14:6；17:47）。

　士師シャムガルを通じて得られる大切な教えは、神の救済史においてはすぐれた力や特別な才能をもっているからといって用いられるのではないということです。さらには、生まれながらにして目の見えない人も神の御わざをあらわす者として用いられました（ヨハ 9:1-4）。
　神の前で私たちは無力で役に立つことはできませんが、神の御手に用いられるとその力で大きなわざを実現し、神の光栄を表すことができます。表面的にはとても弱くて、頭の回転が鈍い者であっても、神によってみことばの悟りを受け、力を受けると神の御手に用いられ、「鋭い剣」として使わされるのです（ヘブ 4:12、エペ 6:17）。

Ⅲ　士師たちの活動

# 4. デボラ

Deborah / Δεββωρα / דְּבוֹרָה
蜜蜂、蜂 / honey bee, bee

**出身背景**

エフライムの部族ラピドテ（意味 - たいまつ、稲妻）の妻。ラマとベテルの間にある棕櫚（しゅろ）の木の下に座してイスラエルの人々をさばいた（士 4:5）。

**活動期間**

カナンの王ヤビンとその軍の長シセラから虐げられた期間は 20 年で（士 4:3）、女士師デボラを立てて平和をもたらせた期間は 40 年である（士 5:31）。

デボラ（דְּבוֹרָה）のヘブライ語は、「蜂、蜜蜂」という意味で、「言う、命令を下す」を意味する「ダーバル」（דָּבַר）から由来されました。

デボラは蜜蜂のようにこまめにさまざまな働きを全うし、蜂の針のように強い「信仰の力」でイスラエルの敵を退け（1 ヨハ 5:4-5）、遂にイスラエルの人々に蜂蜜のような甘味なる勝利の喜びをプレゼントしました。

## 1. デボラはイスラエルの農民が絶えた時に立ちあがった女士師です（士 5:7）

エホデの死んだ後、イスラエルの人々が再び主の前に悪を行いました（士 4:1）。それに対して、神はカナンの王ヤビンによって、20 年の間イスラエルを激しく虐げられました（士 4:3）。「虐げられる」は

ヘブライ語で「ラーハツ」(לחץ)で、「ねじ絞る、搾取する、押す、圧迫する」という意味です。ラーハツは力が強い者が弱い者から搾取する時に使われる単語で、イスラエルがシセラのひどい搾取で苦しんだことを表しています。それも「ホズカー」(חזקה：激しく)という言葉が足されているのを見ると、イスラエルは激しい虐待と搾取にあって、日々乏しい生活に苦しんでいたことが分かります。

オテニエルが士師として立てられる前には、クシャン・リシャタイムに8年間仕え（士3:8）、エホデが士師として立てられる前には18年間モアブにみつぎ物をささげながら仕え（士3:14）、デボラが登場するにあたり20年間カナンの王ヤビンから激しく虐げられ、搾取にあったのです（士4:3）。虐待を受ける期間が次第に延びていったのは、イスラエルの偶像崇拝と罪悪がますます深くなったということであり、それによって神の懲らしめも増加したことを示しています。これに対してデボラもイスラエルが侵略を受けるのは、イスラエルの偶像崇拝のためであると指摘しました（士5:8）。

デボラは、ヤビンの長年の虐待と極めて激しい圧制によって町が荒れ果て、危機に陥った時、神のお告げを受けてイスラエルの人々を救うために立ち上がりました。これについて、士師記5章7節には「イスラエルには農民が絶えた。かれらは絶え果てたが、デボラよ、ついにあなたは立ちあがり、立ってイスラエルの母となった」と言われています。ここで「農民」にあたるヘブライ語「ペラーゾーン」(פרזון)は、大きく二つの意味で解釈することができます。一つは「農夫、村の住民たち、城壁のない村里に住む田舎の人々」（KJV、NIV、RSV）という意味で使われ、もう一つは「力のある者、統治者」（70人訳）という意味で使われます。

二つの意味から考えると、デボラが登場する頃「農民が絶え、かれ

らは絶え」と言うのは、城壁がなく、侵略と略奪にさらされた村から人々が去って廃墟になった状態を表し、あるいは、民を守る能力のある指導者がいない状態を表しています。

　人々が20年の間、激しい虐待を受けて空に鳴り響くほどに泣き叫んだが（士4:3b）、真の指導者がなく、男たちでさえかたずをのんで静観していた時、子を守るために毅然と立ち上がった強い母のような指導者がデボラでした（士5:7）。そのため、デボラは「イスラエルの母」と呼ばれました（士5:7）。デボラは自分の魂を奮い立たせながら、国家のために命をささげるという決死の覚悟で立ち上がりました（士5:12）。

　当時の女性は、人口調査で計数されないほど軽んじられていました（民1:2）。しかし、デボラは唯一の女士師として、イスラエルの人々に絶対的な支持を受け（士4:8）、当時の無能な指導者たちの目を覚ますことによって信仰を強めました。また女としてカナンの王ヤビンと彼の軍の長シセラとの戦争で、総指揮官という非常に重い責任を全うして、危機に陥っていた国を救いました。

　デボラはバラクに、軍1万人を率いてカナン王ヤビンと戦うよう言いました（士4:6）。イスラエル軍は1万人で、彼らを支える一般人が4万人でした（士5:8）。

　一方、カナンの王ヤビンの軍の長シセラは、鉄の戦車900両を率いて戦いに臨みました（士4:13）。戦車は馬がひく車で、戦いに使われましたが、特に鉄の戦車は全体が鉄で覆われた、今日の戦車のような武器の一つです。ユダの部族がカナンを征服するために原住民と争った時、彼らが所有した鉄の戦車のために追い出すことができないほど（士1:19）、当時の鉄の戦車は非常に強い力を持つ武器でした。

　シセラは鉄の戦車900両だけではなく、「すべての軍勢」を呼び集

めました（士 4:13；15）。カナンの王ヤビンが 20 年の間、イスラエルの人々を甚しく虐待したことを考えれば、ヤビンの「すべての軍勢」は実におびただしい数だったはずです。イスラエルの軍勢 1 万は、鉄の戦車 900 両を率いるヤビンの「すべての軍勢」に挑むには、あまりにも非力でした。

　デボラは自からの言葉が「主なる神が命じられたみことば」であると言いながら、バラクに「イスラエルの神、主はあなたに、こう命じられるのではありませんか。…彼をあなたの手にわたすであろう」（士 4:6-7）と言いました。バラクはデボラが一緒に行くという条件で同行すると答えたので、デボラも共に上がりました（士 4:8-10）。その時、デボラはバラクに「さあ、立ちあがりなさい。きょうは主がシセラをあなたの手にわたされる日です。主はあなたに先立って出られるではありませんか。」（士 4:14）と堂々と叫んで勝利の確信を与えました。

## 2. 勝利を喜びながら御名をたたえ、功労者をねぎらうデボラ

　イスラエルの戦力では、ヤビン王と彼の軍の長シセラの鉄の戦車に、全く立ち向かうことのできない相手でしたが、神の御手の摂理によって勝利することができました。デボラはこの勝利の喜びを讃美しました（士 5 章）。その内容は大きく二つです。

### (1) 神の全面的な助けによる勝利を讃美しました

　イスラエルの指導者と人々は熱心に戦ましたが、デボラはその戦いに神の助けがあったことを感謝し、御名をほめたたえました（士 5:2-3）。

　神がシセラの強い軍勢を打つために、自ら主の民に下って行きまし

た（士 5:13）。神はバラクの前で、シセラとそのすべての戦車および軍勢を撃ち破られました（士 4:15a）。この「破られる」は「破る、踏み付ける、混乱に陥れる」という意味の「ハーマム」（הָמַם）から由来した言葉です。神がカナン王ヤビンとシセラの軍勢を混乱に陥れて、バラクに勝利をもたらせたという意味です。神は水をしたたらせることで、キション川を激流へと変貌させ（士 5:4、21）、氾濫した川の水によってすべての地が泥沼と化したので、シセラの鉄の戦車は混乱に陥り、バラクの 1 万の軍勢（士 4:14）の攻撃により滅ぼされてしまいました。

　この時、慌てたシセラは戦車から飛びおりて徒歩で逃げ去り（士 4:15b）、シセラのすべての軍勢はことごとくつるぎに倒れ、一人も残りませんでした（士 4:16）。

　士師記 5 章 20 節には「もろもろの星は天より戦い、その軌道をはなれてシセラと戦った」と言われています。この「星」というのは、天の存在として「天の軍勢と御使い」を象徴しています。[41] 神は天の軍勢と御使いを送り、シセラの軍勢を退けました。後にヒゼキヤ王の時代にも、アッスリヤの王セナケリブが大軍を率いて攻めて来た時、「御使い（主の使い）」の助けでアッスリヤ軍 18 万 5000 人が一瞬にして死体と化したのです（王下 19:35）。

### (2) 戦い出て献身した人々をねぎらう歌を歌いました

　デボラは総指揮官として勝利の功労を自分のものにするのではなく、戦いに出て命を捧げ献身した人々の功績をたたえ、彼らの苦しみを深く理解して、彼らに感謝を表しました。

#### ① バラクを労いました

　士師記 5 章 12 節では、「立てよ、バラク、とりこを捕えよ、アビノ

アムの子よ」と言われています。「バラク」(Barak、בָּרָק) は「稲妻」という意味で、ナフタリ部族のアビノアムの子です（士4:6.12；5:1.12）。バラクは国が貧しい時、信仰によって立ち上がりました。彼は野戦司令官として戦争の総指揮官デボラを助けながら命をかけて戦い、ヘブル人への手紙11章32節には、「信仰の人」として記録されました。

### ② つかさたちと民を労いました

士師記5章9節では、「わたしの心は民のうちの喜び勇んで進み出たイスラエルのつかさたちと共にある。主をさんびせよ」と歌われています。デボラは勝利の栄光を自分が横取りするのではなく、つかさたちと民と共に分け合う真の指導者でした（士5:2）。

### ③ シセラを殺したヤエルを労いました

士師記5章24節では、「ケニびとヘベルの妻ヤエルは、女のうちの最も恵まれた者、天幕に住む女のうち最も恵まれた者である」と歌いました。ヘベルの妻ヤエルは異邦のケニびとの女であり、圧制者ヤビンとは友好関係にありました（「むつまじかった」、士4:17）。しかし、ヤビンの軍の長シセラが彼女の天幕に来て熟睡した時、ヤエルは彼のこめかみにくぎを打ち込み、地に刺し通して殺しました（士4:21）。その方法は残酷でしが、神の公義を表した行動であり、デボラはヤエルに向かって「最も恵まれた者」（士5:24）であるとほめたたえました。

### ④ 戦いに参加した部族を労いました

確かに神が共にしてくださった戦いだったのですが、イスラエルのすべての部族が、デボラの命令に従って戦ったわけではありません。デボラはこのことについて、「主を助けなかった」と言いました（士師

記 5:23)。士師記 5 章 15-18 節を見ると、戦いに加わらなかったのはルベン、ギレアデ（ヨルダン東方のガド部族、マナセの半部族）、ダン、アセル部族などです。ルベン部族は川のほとりに集まって、参戦の可否について幾度も会議を行いましたが、実際には牧畜を言い訳にして戦いには加わらなかったのです（士 5:15）。[42] ダン部族は船のかたわらにとどまり、アセル部族は浜辺に座ったと言われていますが、これは海の仕事を言い訳にして戦に加わらなかったことに対する咎めを意味しています（士 5:17）。

一方でエフライム、ベニヤミン、ゼブルン、イッサカル、ナフタリびとらは命をかけて参戦し、力を尽くして戦いました（士 5:14-15.18）。デボラはこれらの部族に対して「主を愛する者」と言い、太陽の勢いよく上るように祝福を受けるだろうと労いました（士 5:31a）。

今の時代は、女預言者デボラのような信仰の人、ヘベルの妻ヤエルのように命を惜しまず、先立って国を危機から救う信仰の勇士を求めています。

男尊女卑の思想が広がっていた時代に、デボラは前例のない女指導者として士師の務めを全うし、20 年の間激しく虐げられていた民の苦しみを解決しました。その為、デボラが士師としてイスラエルをさばいた 40 年は太平であったと記録されています（士 5:31b）。この「太平」とはヘブライ語で「シャーカト」（שׁקט）で、「動揺のない、穏やかに、安らかに」という意味です。これは静かでのんびりする状態を言うのではなく、神の祝福によって戦いが終わり、外国の圧制から解放されて受けることができる真の「安息」を意味します（ヨシ 11:23、エレ 30:10）。

神は、たとえ弱くても信仰によってみことばを聞き、信仰によってみことばを伝え、みことばの通り行動する人を捜し求めています。デ

ボラは「蜜蜂」という意味で、「ダーバル」(דָּבַר)から由来した単語ですが、ダーバルは「語る、言われる」という意味も持っていることを示唆しています。

　一匹の蜂は弱いものです。しかし、蜂が群れをなして飛び回る時は非常にその力は強いのです。イスラエルがカナンの七つの異民族を退けた秘訣の一つは、イスラエルの槍と剣ではなく、神が送ってくれた「熊蜂の御わざ」にありました（出 23:28、申 7:20、ヨシ 24:12）。「熊蜂」はヘブライ語「ツィルアー」(צִרְעָה)で、大きく群れをなして飛び回る蜂を示します。

　神は熊蜂を用いてイスラエルの敵を追い払ったように、デボラ一人を通じてイスラエルをヤビンの虐待から救い、真の安息を回復させてくださいました。実にデボラのように、信仰のゆえにみことばを受け、受けたみことばを伝え、先頭に立って模範を示しながら行動する真の指導者が、蜂の群れのように立ち上がるべきです。

## 5. ギデオン

Gideon / Γεδεων / גִּדְעוֹן
木を切る者、樹木を切り倒す者、勇士
woodcutter, lumber jack, warrior

**出身背景**

マナセ部族の中でアビエゼルびとに属するヨアシの末っ子（士 6:11、15、ヨシ 17:2）。ギデオンにはアビメレクを含む息子 71 人がおり（士 8:30-31）、死んだ後に故郷オフラにある父ヨアシの墓に葬られた（士 8:32）。

**活動期間**

ミデアンによって、主がイスラエルを懲らしめた期間は 7 年で（士 6:1）、ギデオンが士師としてさばいた 40 年間は平和であった（士 8:28）。

　神の恵みによって、デボラが士師としてさばいた 40 年間は、平穏な時代でありました。（士 5:31b）。しかし、イスラエルの人々はまた主の前に悪を行ったので、主は 7 年の間、ミデアンびとの手に渡されました（士 6:1）。

　その間、すべての人々は安定した生活を送ることができませんでした（士 6:2-6）。彼らは幕屋で安らかに過ごすことができず、岩屋とほら穴と要害とを造り、その場所で暮らしました（士 6:2）。また種を蒔いた時には、常にミデアンびと、アマレクびと、および東方の民が侵入してきて農産物を荒らし、家畜まで残さず奪って行きました（士 6:3-5）。このような状態が 7 年の間続いたので、イスラエルは非常に衰え（士 6:6）、その叫びが主に届いたのです（士 6:7）。このようなミデアンの圧制からイスラエルを救った士師がギデオンです。

「ギデオン」(גִּדְעוֹן) は、「木を切る者、勇士」という意味で、「木を切る、木を切り倒す」という意味の「ガダ」(גָּדַע) から由来しました。

# 1. 大勇士として呼ばれたギデオン

　ギデオンはミデアンびとの目を避けて、酒ぶねで麦を打っているときに呼ばれました（士 6:11）。元々小麦打ちは風通しのよい広い「打ち場」で行いますが、家にある酒ぶねで行ったのはミデアンびとによって穀物を奪われないためです。自らの民族の希望が見えない現実の中で、不安な心で麦を打っている時、主の使いがギデオンの前に現れて「大勇士よ、主はあなたと共におられます」と言われました（士 6:12）。
　ギデオンはミデアンびとを恐れ、麦を酒ぶねで打っていた小心者でした。しかし、神はギデオンに向かって「大勇士よ」と呼んでくださいました。これはいくら弱い存在であっても、神が共にする者は「大勇士」となって、神の御わざに大きく用いられることを示しています。
　神のみことばを聞いたギデオンは「ああ、君よ、主がわたしたちと共におられるならば、どうしてこれらの事をわたしたちに望んだのでしょう。わたしたちの先祖が『主はわれわれをエジプトから導き上られたではないか』といって、わたしたちに告げたそのすべての不思議な御わざはどこにありますか。今、主はわたしたちを捨てて、ミデアンびとの手にわたされました」（士 6:13）と答えました。ギデオンはイスラエルに迫っている民族的困難が彼らの不順従と不信仰のためだったにもかかわらず、これらすべての原因は、神がイスラエルと共にするという約束を守らなかったからであると呟いたのです。
　しかし主の使いは、神のみことばを諫めるギデオンを励まして「ミデアンびとの手からイスラエルを救い出しなさい」（士 6:14）という使命を与えられました。

その時、ギデオンは「ああ主よ、わたしはどうしてイスラエルを救うことができましょうか。わたしの氏族はマナセのうちで最も弱いものです。わたしはまたわたしの父の家族のうちで最も小さいものです」と答えました（士 6:16）。

ギデオンは、自分と話している方が主であるというしるしを見せてくれるように求めながら、供え物をささげると言いました（士 6:17-18）。ギデオンが主の使いの言われるとおりに、供え物の上にあつものを注ぎ、主の使いが杖の先を出して肉と種入れぬパンに触れると、岩から火が燃え上がって、肉と種入れぬパンを焼きつくしました。それにギデオンは自分に現われた方が主の使いであったことを信じ、その場所に祭壇を築き、それを「主は平安」と名付けました（士 6:19-24）。ギデオンが神に呟き、そのみことばを完全に信じられず、しるしを求めたにもかかわらず、神は彼を最後まで支え、大勇士として立てられました。

## 2. 宗教改革を断行したギデオン

ギデオンは士師として呼ばれたその晩、神の命令に従ってしもべ10人を連れて行き、バアルの祭壇を打ち壊し、アシラ像を切り倒しました（士 6:25-27）。この事実を知った町の人々はギデオンを殺そうとしましたが（士 6:28-30）、ギデオンの父ヨアスはバアルの無能を辛辣に批判しながら「バアルのために言い争う者は、あすの朝までに殺されるでしょう」と堂々と言いました（士 6:31）。そして彼は、息子ギデオンを「エルバアル」（意味は、「バアルと争う」）と呼びました（士 6:32）。人々は後に「バアル」の代わりに「ベセテ」を入れて、ギデオンを「エルベセテ」（意味は、「恥との争いで勝つ」）と呼びました（サム下 11:21）。

数日後、ミデアンがイスラエルに対する攻撃の態勢を整えると、主の霊がギデオンに臨み、彼はミデアンとの戦いのためにラッパを吹いて人々を集めました（士 6:33-34）。そして、主なる神にしるしを求めました。神はギデオンの求めたとおり「露がその羊の毛の上にだけあって、地がすべてかわくしるし」と、「羊の毛だけかわいて、地のすべてには露があるしるし」を見せ、応えてくださいました。神は、イスラエルを救えることを疑うギデオンを最後まで受け入れ、堪えながら神の大いなる愛を示されました（士 6:36-40）。

## 3. 300 人の勇士を選んだギデオン

　ギデオンがミデアンと戦いを始めようとすると、3 万 2000 人の戦士が集まりました。13 万 5000 人のミデアンの軍勢（士 8:10）に比べれば非常に劣勢です。ところが神は「あなたと共におる民はあまりに多い…」（士 7:2a）と言われ、民の数を減らすよう強く命じられ、「ゆえにわたしは彼らの手にミデアンびとをわたさない」と宣言されました（士 7:2）。その理由は「おそらくイスラエルはわたしに向かってみずから誇り、『わたしは自身の手で自分を救ったのだ』」と（士 7:2b）誤解すると思われたからです。

　ハロデの泉のほとりに陣を取ったギデオンと共にいる 3 万 2000 人は、すべてミデアンとの戦いのために自発的に集まったにもかかわらず（士 7:1）、神は 3 万 1700 人を天幕に帰らせ、300 人だけを残しました（士 7:8）。神が 300 人だけを残す過程は 2 段階に分けて進められました。

　まず、「**恐れおののく者は帰れ**」と言われました。
　神は「だれでも恐れおののく者は帰れ」（士 7:3）と命じられました。その理由は恐れて気おくれする者があるならば、兄弟たちの心も彼の

Ⅲ　士師たちの活動　　243

心のようにくじけることが分かっていたからです（申 20:8b）。神はモーセを通じて「主の軍勢」と選ばれたイスラエルが心得るべき幾つかの掟を語られ、「恐れて気おくれする者があるならば、その人を家に帰らせなければならない」（申 20:8）と定められました。

その時、3 万 2000 人のうち 2 万 2000 人が帰り、1 万人だけ残りました（士 7:2-3）。

**次に、「ひざを折り、かがんで水を飲む者は帰れ」と言われました。**

残された 1 万人を水ぎわに連れて行き水を飲ませると、9700 人がひざを折り、かがんで水をあたふたと飲みました（士 7:5）。この「ひざ折り」という単語はヘブライ語「カーラ」（כרע）で、これは単純にひざだけ折ったのではなく、ひざまずいて地にひれ伏すことを示す表現です。

9700 人はひざを折り、腰をかがめ、頭まで下げ、両手は地につけたまま顔を水に突っ込んで、気が狂ったように水を飲みました。いつ戦いが起こるか分からない一触即発の状況の中、目を覚まして敵を警戒する姿勢が全くできていません。しかし、300 人は水を手ですくって周りを警戒しながら、なめて飲みました。神は 9700 人を帰らせ、戦闘の態勢を整えて四方を察しながら、犬のように水をなめて飲んだ 300 人だけ残らせたのです（士 7:4-8）。

こうして確定された 300 人は、神の思し召しに全身全霊を注ぎ、ただ使命を全うするために常に目を覚ましている者でした（ルカ 21:36）。目を覚ましていない者、使命を全うする事に忠実でない者は、決して神の戦人として用いられることはありません（2 テモ 2:26、1 ペテ 5:8、黙 16:15）。

# 4. ギデオンはラッパとたいまつで勝利しました

　300人を選んだその夜、神はギデオンに「立って、下って行って敵陣に攻め入れ」と言われました（士7:9）。神はギデオンの心に恐れがあるのを見逃しませんでした。それは300人という少ない数で、イナゴのように数多く、海辺の砂のように多い敵と戦わなければならなかったからです（士7:12）。そして、決定的な確信を与えるため、しもべプラを連れて敵陣に下って行って、彼らの言うことを聞くようにと言われました（士7:10）。そうすれば「あなたの手が強くなって、敵陣に攻め下ることができるであろう」と言われました（士7:11）。

　ギデオンは神が命じられたとおり、しもべプラと共に敵陣のある兵士たちの前哨地点に行きました。その時、ある者が仲間に自分が見た夢について、「大麦のパン一つがミデアンの陣中にころがってきて、天幕に達し、それを打ち倒し、くつがえしたので、天幕は倒れ伏した」と言いました（士7:13）。その夢を聞いた仲間はその夢に対して「それはイスラエルの人、ヨアシの子ギデオンのつるぎにちがいない。神はミデアンとすべての軍勢を彼の手に渡されるのだ」と解釈して言いました（士7:14）。ギデオンはミデアンびとの夢の物語と仲間の解釈を聞いて、勝利を確信しました（士7:15）。

　夢の物語に登場した「大麦のパン一つ」は貧しい人々が食べるもので、弱くて卑しいギデオンを示し、「天幕」はミデアンのすべての天幕を示すものです。神は弱いギデオンを神のつるぎとして用いて、ミデアンのすべての軍勢を完全に撃退させることを予見させてくださったのです。

　中更の初めに（夜10-11時の間）、ギデオンと100人の者が敵陣のはずれに行ってみると、ちょうど番兵が交代した時であったので（士7:19）、直ちにラッパを吹き、つぼを打ち砕きました。すぐに残りの

者も一斉にギデオンの行動に従って、ラッパを吹き、つぼを打ち砕きながら、「主のためのつるぎ、ギデオンのためのつるぎ」（士7:20）と叫びました。

100人ずつ3組に分かれた300人の勇士は、おのおのその持ち場に立ち、敵陣を取り囲んだまま続けてラッパを吹き、たいまつを持って叫びました（士7:21a）。

300人が吹くラッパの音が、モレの山沿いの谷に朗々と響きわたり、つぼが砕かれる音と共に赤いたいまつが陣営の周囲を真昼のように照らしながら燃えました。元々戦いでのラッパは、一方向に1人または2人が吹くようになっています。ところが300人が同時に周囲でラッパを吹いたので、ミデアンの軍勢は自分たちがおびただしいイスラエル軍に囲まれたと思い、恐れと混乱に陥りました。

これを士師記7章21節では「敵軍はみな走り、大声をあげて逃げ去った」と言われています。そして、敵軍はみな驚きのあまり、同志打ちを起こして自滅してしまいました（士7:22）。実に神が言われた通りに順従した結果、神はみずから敵陣の中にさばきのつるぎを送り、彼らをみな滅ぼしたのです。

ギデオンは使者を送ってイスラエルの人々を集め（士7:24a）、逃げるミデアンの軍を追撃し、彼らを追い越してヨルダンを取りました（士7:24b）。イスラエルの人々はミデアンの首長オレブをオレブの岩のほとりで殺し、ゼエブをゼエブの酒ぶねのほとりで殺し、オレブとゼエブ2人の首を持って行きました（士7:25、参考 - 士8:3、詩83:11、イザ10:26）。

ギデオンと300人の戦士はミデアンの2人の王ゼバとザルムンナを打ち取るために、最後まで執拗に追撃しながらヨルダンを渡りました（士8:4）。ミデアン軍13万5000人は混乱に陥り、同志打ちをしながらギデオンの300勇士に追われて逃げるうちに（士7:22）12万人が

殺され、やっと生き残った兵1万5000人は、カルコルでゼバ王とザルムンナ王の指揮の下につきました（士8:10-12）。士師記8章11節に、生き残った1万5000人は「油断しているところ」と記録されています。「油断して」はヘブライ語「ベタハ」（בֶּטַח）で、「安全に」という意味です。ですから、この1万5000人は、ギデオンと300人の勇士がまさか、こんなに遠く離れた所まで追って来るとはないと考え、油断して防備をまともにしていなかったのです。

ギデオンは生き残った1万5000人を奇襲攻撃して、ゼバ王とザルムンナ王を捕らえ、300人の50倍である1万5000人の軍勢を撃ち破りました（士8:12）。これは実に「わたしがあなたと共にいるから、あなたはミデアン人をあたかも一人の人を倒すように打ち倒すことができる」と言われたみことばが成就したのです（士6:16）。

客観的に見れば、300人の軍勢でミデアンの12万人を殺し、残りの敗残兵1万5000人まで打ち破って勝利するということは不可能なことでしょう。

それでは、ギデオンと300人の勇士の勝利の秘訣は何でしょうか。

### 第一、神に完全に頼ったからです。

300人が13万5000人と戦って勝利するということは、どうしても不可能です。その上に最新型の武器で重装備したのでもなく、ただラッパとたいまつだけで勝利するということは絶対に不可能です。それでもギデオンと300人の勇士が勝利したのは、完全に神を頼りにしたからです。

神に頼るということは、具体的に神に立てられ用いられる人に従うことを意味します。神はミデアンとの戦いで、ギデオンを用いてくださったので、ギデオンが命じるとおり順従したことが勝利の秘訣でした。「主のためだ、ギデオンのためだ」（士7:18）、「主のためのつるぎ、

ギデオンのためのつるぎ」（士 7:20）という表現は、神が神の人ギデオンを用いて働くことを意味します。

南ユダのヨシャパテ王も、モアブとアンモン、セイル山の民が連合して攻撃して来た時、「あなたがたの神、主を信じなさい。そうすればあなたがたは堅く立つことができる。主の預言者を信じなさい。そうすればあなたがたは成功するでしょう」と告げ、神の御わざによって大きな勝利をおさめました（代下 20:20）。

**第二、300 人の勇士の一致団結した従順があったからです。**
ギデオンは 300 人の勇士を 3 組に分けてから、左手にはつぼの中にたいまつをともさせ、右手にはラッパを持たせました（士 7:16.20）。引き続きギデオンは、特に「わたしを見て、わたしのするようにしなさい。」と二度も強調しました（士 7:17）。300 人のうち、一人でも順従せず自分勝手に行動すると失敗してしまうからです。

300 人全員がギデオンに従って、ひと塊のように動く一致団結。それが勝利の秘訣でした。ついに 3 組が同時にラッパを吹きながら、つぼを壊して左の手にたいまつを、右の手にはラッパを持ってそれを吹きながら叫びました。そのとき神のみわざによって、ミデアン軍がつるぎで同志打ちしながら逃げ去ったことで、奇蹟的な勝利を実現されたのです（士 7:19-23）。

彼らが打ち砕いたつぼとその中に隠されてあるたいまつには、砕かれやすいつぼのような弱い人間を通して、神の甚だしく大きい栄光が現われることを暗示しています（2 コリ 4:7、コロ 2:3）。つぼが打ち砕かれるように私たちの自我が砕かれ、神の方法によって進行する時、すべてのことにイエス・キリストの強い力が現われ、勝利を得ることになるでしょう。

## 5. ギデオンの勇士 300 人は疲れながらも
## 　なお、最後まで従い使命を果たしました

　ミデアンとの戦いは、中更の初めに始まり（士 7:19a）、ギデオンと 300 人の勇士はモレの丘に沿って谷の中（士 7:1b）から逃げる敵軍を追い、ゼレラの方、ベテシッタおよびタバテに近いアベルメホラの境まで行きました（士 7:22）。

　非常に激しい戦いでしたが、士師記 8 章 4 節には「ギデオンは自分に従っていた 300 人と共にヨルダンに行ってこれを渡り、疲れながらもなお追撃したが」と言われています。この「疲れながら」は、ヘブライ語「アーイェフ」（עָיֵף）で、「疲れ果てる、元気がない、疲労困憊、喉の渇き」という意味です。この単語は、自分が持つ限界以上に力を尽して、肉体が極度に疲れた状態を表す時に使われました（創 25:29-30、サム下 16:14；17:29）。ギデオンの 300 人の少ない勇士が、13 万 5000 人の多くの軍勢と対抗して戦わなければならなかったので、非常に疲れたことでしょう（士 8:10）。

　また、士師記 8 章 4 節の「従って」は、ヘブライ語「ラダーフ」（רָדַף）で、「追いかける、追跡する、狩る」と言う意味で、ある目標物を絶対に逃さないようにぴったり追いかけて行くことを指します。300 人の勇士は、ギデオンの一挙手一投足を逃さないようにぴったり付いて行きながら、ただ神の命令に従いました。特に「従って」という動詞の分詞型は、300 人の勇士が一度も途切れることなく、継続してギデオンに従って行ったことを意味します。

　ギデオンの 300 人の勇士はミデアンと戦いながら、疲れのあまりにやめたくなることも多かったはずです。少ない人数では、大勢にかなわないので、「この位でいい」という思いで、途中であきらめたいときもあったでしょう。また時には、ギデオンが自分たちにとても多く

のことを求めていると思ったこともあるはずです。しかし、300人の勇士は最後までギデオンに従って行きました。彼らは倒れそうなところでも力を尽してふたたび立ち上がり、敵に向かって突き進みました。疲れ倒れる仲間を助け、「がんばれ！」と声をかけて勇気を振り絞りながら一緒に進んだはずです。遂に、彼らはミデアンのすべての軍勢13万5000人を完全に消滅させて、国を救う使命を果しました（士8:12）。

　何より彼らの疲労を増加させたのは、自分の功績と地位上昇を見たエフライムの人々の妬みと争いでした（士8:1）。エフライムの人々は、ミデアンとの戦いに初めから自分たちを参加させなかったことに強い不満を表していました。そのとき、ギデオンは「エフライムの拾い集めた取り残しのぶどうはアビエゼルの収穫したぶどうにもまさるではありませんか」（士8:2）と言いました。この「取り残しのぶどう」というのは、ぶどうの収穫がすべて終わった後に残っているのを拾い集めた下等品のぶどうであり、「収穫したぶどう」というのは、7月頃の初ぶどうの収穫期にとる上等品のぶどうのことです。「アビエゼル」はギデオンが属する氏族で、マナセ部族の中でも小さな一氏族の名前です。元々は収穫したぶどうは取り残しのぶどうより良い物ですが、エフライムのぶどうはあまりに良くて、その取り残しのぶどうさえ、ギデオンが属するアビエゼルの収穫したぶどうより上等品であると言われたのです。

　これは戦いの初期からギデオン家があげた戦果より、戦いの終わり頃にエフライム部族があげた戦果がより大きいという意味で、エフライム部族をより高めているのです。このようにギデオンは謙遜し、成熟した信仰の姿勢でエフライム部族の功を高く評価してあげることによって、彼らの憤りをおさえ、部族間の紛争を解消しました。

　このことよりギデオンと300人の勇士を疲れさせたのは、自分の同族の冷やかさと非難でした。ゼバとザルムンナを追撃するギデオンの

300人の勇士がヨルダンを渡りながら、あまりの疲労のゆえにパンを要求した時、スコテびととペヌエルびとはパンを与えるどころか、彼らをからかいました（士 8:5-9）。しかし、ギデオンの300人の勇士は、彼らの冷やかさとからかいにものともせず、ミデアンの力の根を完全に絶やす目的のために、最後まで追撃してミデアンのふたりの王を殺し、討伐を終えてイスラエルを救いました。

　神の使命を果たす者は、疲れきっても最後まで付いていく人です（ヘブ 10:37-39、黙 14:4）。志を果たしていく途中であきらめてはいけないのです。言葉で表わせない誤解、患難、迫害、嘲笑があり、疲労に疲労が重なるとしても、最後まで落胆することなく従っていく者に奇蹟的な勝利と救いがあります（マタ 10:22；24:13、ルカ 21:19、ガラ 6:9）。

　実にギデオンは巨木のようなミデアンを倒し、素晴らしい勝利を実現しました。主の救いは相手が多かれ少なかれ、何の関係もありません（サム上 14:6）。神は麦のパンの固まりのようにしがなく、土の器のようにか弱いギデオンを通じて、神の偉大さを表しました。

　神がギデオンのか弱い手を強くしてくださった結果（士 7:11）、彼の300人の勇士は450倍にもなる敵対するミデアンを、1人を討つのようにことごとく滅ぼして勝利しました。神が御わざを示された結果、このように小さな者が1000人となり、その最も弱い者が強い国となったのです（イザ 60:22）。私たちは信仰生活の中で、自分が置かれた環境のゆえに心が萎縮し、限りなく弱くなる時があります。しかし、弱い者により強い力を与えられる神を見あげ、決して気落ちしてはいけません（詩 63:2、イザ 40:31、2 コリ 12:9-10）。

　今日も主の右の手が、使命を果たすために信仰によって立ち上がる者を強め、支え、助けて下さいます（イザ 41:10-13、詩 63:8、

III　士師たちの活動

73:23;139:10)。ただ神を完全に頼ることで、すべての疑いと恐ろしさを振り落とし、疲労があろうとも、最後まで進んでください。いくら巨木のような敵に出会うとも「主のつるぎ」で切り倒すことによって、私たちの生活に勝利の喜びが満ちあふれますよう祈ります。

## 6. トラ

Tola / θωλα / תּוֹלָע

虫、うじ / worm, maggot

**出身背景**
イッサカルの人で、ドドの孫であり、プワの子として「アビメレクの後」士師となった（士10:1）。

**活動期間**
士師となってイスラエルを救い、23年の間さばいた（士10:2）。

　ギデオンは人々がぶんどった金の耳輪1700金シケル（19.38kg）で、黄金のエポデを作りましたが、それがギデオンとその家を滅ぼす罠となりました（士8:24-27）。またギデオンは多くの妻を持っていましたが、シケムにいためかけがアビメレクを産んだこともイスラエルの罠となりました（士8:29-31）。

　ギデオンが死んだ後、イスラエルはまた神を裏切ってバアルを拝み始めました（士8:33-35）。ギデオンの息子アビメレクは自分が王になるために兄弟を70人殺す時、身を隠した末の子ヨタムを除いた69人全員を殺しました。しかし、アビメレクはひとりの女が投げた臼の上石に頭骸骨を砕かれて重傷を受け、自分の部下に殺してほしいと頼み、刺されるという惨めな最期を迎えました（士9:18、53-56）。この時、神が立てた士師がトラです。トラはヘブライ語「トーラー」（תּוֹלָע）で、その意味は「虫、うじ」であり、「考えずに語る、軽率に語る、呑み込んでしまう」という意味の「ラーア」（לָעַע）から由来します。

Ⅲ　士師たちの活動　253

# 1. トラはイスラエルを救いました

　士師トラに対する聖書の記録は、士師記 10 章 1-2 節の記録がすべてです。士師記 10 章 1 節には、「アビメレクの後、イッサカルの人でドドの子であるプワの子トラが起ってイスラエルを救った。彼はエフライムの山地のシャミルに住み」と言われています。ここで、「起こって」というヘブライ語「クーム」（קום）のワウ継続法が使われています。「クーム」は重大な決心をして、あることを遂行するために奮然と起きることを示します。トラはアビメレクの暴政の中で義憤を感じ、彼の死をきっかけに、イスラエルに神の公義を実現させるために使命感を持って力強く立ち上がりました。「救った」はヘブライ語「ヤーシャ」（ישע）のヒフイル態で、「救うようにさせる」という意味です。これは神が主権的な御わざによって、トラを用いて圧政の中で苦しむイスラエルの民を救うようにさせたという意味です。

# 2. トラはエフライムの山地「シャミル」に葬られました

　本来トラは、イスラエルの北側にあるイッサカルの人です（士 10:1）。しかしトラはカナンの中央にあるエフライム部族の地シャミルの士師として活動しました。驚くべき事実は、彼が死んだ時、故郷ではないエフライムの山地シャミルに葬られたということです（士 10:2）。士師たちの業績をよく見ると、ギデオン（士 8:32）、エフタ（士 12:7）、イブザン（士 12:10）、エロン（士 12:12）、アブドン（士 12:15）、そしてサムソンも自分の故郷に葬られました（士 16:31）。しかしトラは、自分の故郷から離れ、神から示されたシャミルで、23 年の間ずっと士師としての務めを遂行し、生涯を終える瞬間まで自分

の任地から離れなかったのです。士師記10章1節の「住み」という単語はヘブライ語「ヤーシャヴ」(יָשַׁב)の能動態分詞型で、一時的に住んだのではなく、継続的に住んだことを指します。トラが葬られた「シャーマル」(שָׁמִיר 鋭い終わり、宝石)も「守る、責任を負う」という意味の「シャマル」(שָׁמַר)から由来しました。

　神を愛する者は任地を最後まで守りますが、世を愛する者は任地を離れるものです。デマスは使徒パウロの同労者でしたが(コロ 4:14、ピレ 1:24)、「デマスはこの世を愛し、わたしを捨ててテサロニケに行ってしまい、クレスケンスはガラテヤに、テトスはダルマテヤに行った」(2テモ 4:10)と言われています。ここで「愛し」と言うギリシャ語「アガパオー」(ἀγαπάω)は不定過去分詞形で、これはデマスが命を捨てるほど世を愛したという意味です。

　神から定められた任地に自分の骨を葬ったトラの姿は、今日の自分の安慰と利益と富のために、安易に自分の任地と委ねられた羊の群れを捨てて離れる、多くの牧者たちに対する、大切な教訓であることに間違いありません。

　トラの意味は「虫、うじ」です。彼は神の前で、自分をまるで虫やうじのように卑しく力無い存在であるということを認め、謙虚に神の助けを絶対的に頼りながら暮らしたはずです(ヨブ 25:6、イザ 41:14)。自分が卑しい存在であることを悟って、小さくてみすぼらしい姿そのままを神にゆだねること。そして、どんな時も常に唯一の神に助けを求める者こそが、自分の使命を最後まで果たすことができるのです(詩 121:1-2;146:3-5)。

　使命を果たすに至って対価を求めず、それが自分のとこしえの嗣業であることを知り、命をかけて初志一貫、忠誠を尽くす人には、必ず命の冠が与えられます(黙 2:10)。

Ⅲ　士師たちの活動

## 7. ヤイル

Jair / Ιαιρ / יָאִיר
啓蒙者、光を照らす者
enlightener, the one who shines light

**出身背景**
ギレアデびとであり、マナセ部族と推定される（士 10:3）。

**活動期間**
トラの次に記録されたイスラエルの士師で 22 年の間活動した（士 10:3）。

トラの次に記録されたイスラエルの士師は、ギレアデびとヤイルです（士 10:2-3a）。ヤイルがさばいた時期は、先に記録された士師トラの期間と重複すると推定されます。トラのさばいた地域はエフライムのシャミルにあり、ヤイルのさばいた地域はヨルダン川の東方のギレアデでした。二人のさばいた地域が異なり、途中で異国からの虐げがなかったことを見ると、二人の士師が同じ時期に異なる場所でさばいていたことは確かです。

トラが士師として起こったように（士 10:1）、ヤイルも同じ時期に起こりました（士 10:3）。ここで使われている「起こって」はヘブライ語「クーム」（קוּם）で、ある事を遂行するために奮然と起こったという意味です。ヤイルはヘブライ語「ヤーイール」（יָאִיר）で、「啓蒙者、悟らせる者、光を与える者」という意味です。その語源は「照らす、明かす、光る」という意味の「オール」（אוֹר）です。「啓蒙者」は人々に正しい知識を与え、教え導く人を意味します。ヤイルは使命感によって起こり、22 年の間、士師として民に悟りを与え、教え導いたのです。

## 1. ヤイルは 22 年の間平和の時代を築きました

　一般的に神が士師を立てる時は、イスラエルの人々が主の前に悪を行ったことに対する報いとして、異国の虐げを受けて苦しむ中で神に叫び求めた時でした。しかし、ヤイルの時代には神の前で悪を行ったり、他の国から虐げられたという内容が記録されていません。ですから、ヤイルがさばいた 22 年は、特定の国から虐げられることなく、平和が持続された時期だったことが分かります。

　このように長年、平和が維持された秘訣はヤイルの名前から推則することができます。ヤイルという名前の「啓蒙者、光を与える者」という意味の通り、おそらく士師ヤイルは罪によって鈍くなった民に、光のみことばで悟らせ、啓蒙して神の前で罪を犯さないよう力を尽くしたと思われます（詩 119:11）。

　神のみことばは無学な民に知恵を与え、暗いところから光へと進ませます（詩 119:130）。神のみことばで、私たちの魂の灯火をともしてくださる時、私たちの中にあった暗闇は退くのです（詩 18:28）。

## 2. ヤイルは富と誉れを受け、 子孫にまで祝福を受けました

　ヤイルには息子が 30 人いました。彼らは当時の貴族の交通手段であった子ろば 30 頭に乗り、若い頃からギレアデにある 30 の町を所有していました（士 10:4）。これらの町は「ハボテヤイル」（ヤイルの町）と呼ばれましたが、この地名は昔、カナンに入る直前、マナセの子ヤイルがギレアデにある町々を占領して付けた地名です（民 32:41、申 3:14）。ところが「マナセの子ヤイル」の子孫である「士師ヤイル」が、260 余年後に異邦の勢力を完全に追い出し、再びその地を取り戻し、

同じくその地名を「ハボテヤイル」と名付けたのです。

　神に敵対する異邦の勢力を追い出し、神のみことばを教え、過去の信仰を受け継いで悪から離れ、義の道に導く者は後の代まで祝福を受けるのです（ダニ 12:3、詩 37:25-28）。

## 3. ヤイルはカモンに葬られました

　ヤイルが死んだ後、カモンに葬られました（士師記 10:5）。カモンは「起きる」という意味の「クーム」（קום）から由来する「高い所」という意味です。

　後に、大々的な宗教改革で、すべてのイスラエルを啓蒙した南ユダのヒゼキヤ王が死にました。その時、ユダとエルサレムに住むすべての人々は、ダビデの子孫の墓のうち「高い所」を選んで葬ることで、ヒゼキヤ王に対する敬意を表しました（代下 32:33）。ヤイルが、「高い所」カモンに葬られたことも、ヒゼキヤ王のように人々が彼の普段の行いに敬意を表して代々に記念しようとした跡だと思われます。

　みことばの光が力強く働く時、私たちのすべての生活から不正と不法と悪と不信は消え、正義と公法と善と信仰がより広がり、明るくなります。私たちは罪によって暗闇に覆われたこの世に、イエス・キリストの十字架の福音を高く掲げ、その光を照らすことによって、暗闇の力を追い出す信仰の啓蒙者になるべきではないでしょうか（イザ 60:1-3、詩 119:105、マタ 5:16）。

# 8. エフタ

Jephthah / Ιεφθαε / יִפְתָּח
彼が開くであろう、神が開くであろう
he will open it up, God will open it up

**出身背景**
遊女とギレアデの間に生まれた子で、母の身分が遊女であったために父の家を継ぐことができないまま本妻の子らによって追い出された（士 11:1-2）。

**活動期間**
イスラエルはアンモンとペリシテから 18 年間悩まされ（士 10:7-8）、エフタは 6 年間、イスラエルの士師として活動した（士 12:7）

　エフタは士師ヤイルが死んでから 18 年間、アンモンとペリシテびとから悩まされていたイスラエルを救うために神が召された士師です。

　エフタはヘブライ語「イフターハ」（יִפְתָּח）で、その意味は「彼が開くであろう」です。この単語は「開く、解放させる、自由である、抜ける」の「パータハ」（פָּתַח）から由来しています。

## 1. エフタはアンモンから悩まされていた民族を救いました

　イスラエルは主なる神を捨てて、バアル、アシタロテ、スリヤの神々、シドンの神々、モアブの神々、アンモンびとの神々、ペリシテびとの神々に仕えました（士 10:6）。ここで神はイスラエルを、ペリシテとアンモンびとに渡されたために（士 10:7）、イスラエルびとを 18 年間悩まされたのです（士 10:7-8）。

Ⅲ　士師たちの活動　　259

ここで「悩ました」(וַיְרֹעֲצוּ、ヴァイェローツツー）は「つぶす、押し壊す、破る」と言う意味の「ラーツァツ」(רָצַץ) の能動態強調型です。これはまるで、獅子が獲物を襲い倒した後、それを引きちぎるように、ペリシテとアンモンがイスラエルを非常に残酷で無惨に圧制することを、生々しく表した単語です。

## (1) エフタの登場はイスラエルの切なる悔い改めの結果、彼らを救おうとする神の摂理でした

　イスラエルはアンモンから酷く悩まされたために、主なる神に叫びました（士 10:10）。そして自分たちの中から異邦の神々を取り除き、再び主なる神に仕え始めました。すると神は、イスラエルの悩みを見るに忍びなくなりました（士 10:16）。イスラエルの悔い改めが、神の心を動かしたのです。ここで「忍びなくなった」はヘブライ語「カーツァル」(קָצַר) で、「はらはらして見ていられない、心が焦る、悲しむ」という意味です。まるで死にそうな子供のために、たとえ火の中であっても入ろうとする親心のように、イスラエルを救わずにはいられない神の燃えるような憐れみを示しています（ホセ 11:8）。

　私たちはここで、エフタがイスラエルの民をアンモンの悩みから救い出したのは、神が自分の民に向けた、燃えるような愛と熱心のためであったということを覚えておかなければなりません。

　ギレアデの民と君たちは、アンモンの攻撃を受けて切迫した状況になると、会議を召集しました。その後トブの地へ追い出されていたエフタをリーダーに立てることを決め、エフタが戦争で勝利した場合、ギレアデに住んでいるすべての人のかしらにすると約束しました（士 10:17-18；11:4-10）。エフタが登場するまでのすべての過程は、人為的に見えますが、実際はイスラエルの悔い改めを聞かれた神が、彼ら

を救うために主権的になさったのです。

## (2) エフタには信仰に則った透徹した国家観がありました

　エフタが遊女の息子であるという理由で、本妻の子から追い出されてトブの地に住んでいると、やくざ者がエフタのもとに集まり、共に出入りしていました（士 11:3）。やくざ者（רֵיקִים、レーキーム）は「放蕩な人々、定まった居場所がなく歩き回る詐欺師、浅薄な人々」を意味します。

　しかし、エフタはやくざ者たちと集まって悪い事をしたのではなく、彼らを信仰によって善へと導き、イスラエルを救う事に先立っていたと推定できます。ギレアデの長老たちが、アンモンとの戦いのために、エフタにかしらになってくれるよう要求したことから、エフタがたとえ遊女の息子でやくざ者たちと集まっていたとしても、普段は信仰に沿った彼の、徹底した国家観と勇猛さが広く知られていたと思われます（士 11:4-6）。

　長老たちが「アンモンとの戦いで勝利した時には、ギレアデに住んでいるすべての人のかしらになってください」と願うと、エフタは、神が彼らを渡されるならば勝利することができる、という透徹した信仰の返事をしました（士 11:8-9）。

　また、エフタはギレアデのかしらとなったとき、ミヅパで自分の言葉を「主の前に」ことごとく告げました（士 11:11）。この「前に」はヘブライ語の「リフネー」（לִפְנֵי）で、「顔のほうへ」という意味です。ですからエフタは全身全霊を尽くして、神の顔のほうに向かって、自分の言葉を全て告げたのです。エフタはアンモンとの大きな戦いを前に控え、自らの心境をすべて神に述べながら勝利のために祈りました。

## (3) エフタには信仰に則った透徹した歴史観がありました

　エフタはアンモンの人々の王に使者を遣わして、アンモンのイスラエルに対する侵略の不当性を指摘しました（士 11:12-13）。エフタは初めから戦争をしようとしたのではなく、できればアンモンとの平和を模索しようとしました。

　二度目に使者を送った時にはアンモンの人々の王がヨルダンの東側の地を要求することが不当な理由を歴史的な事実に基づいて、一つ一つ論駁しました（士 11:14-17）。

　エフタは、イスラエルがエジプトを出る時から荒野を通ってカナンに入城するまで、アンモンと関わっている全ての歴史を見通しており、それがまさに神が主観する救済史であることを、明確に認識していました。

　　士 11:23「このようにイスラエルの神、主はその民イスラエルの前からアモリびとを追い払われたのに、あなたはそれを取ろうとするのですか。」

　アンモンの人々との平和的解決のために最善をつくしたエフタは、最後に「審判者であられる主よ、どうぞ、きょう、イスラエルの人々とアンモンの人々との間をおさばきください」（士 11:27）と祈ることで、すべての紛争の解決を神に委ねる偉大な信仰を示してくれました。

　引き続いてエフタに主の霊が臨み（士 11:29）、彼は命をかけてアンモンの人々のところへ攻めて行きました（士 12:3）。主がアンモンの人々をエフタの手にわたされたので、アロエルからミンニテの付近まで 20 の町を撃ち敗り、アベル・ケラミムに至るまで、非常に多くの人を殺し、結局アンモンはイスラエルの人々の前に攻め伏せられました（士 11:32-33）。

## 2. エフタは軽率な誓いを立てました

　エフタはアンモンとの戦いに勝利して帰還する時、自分の家の戸口から自分を迎えるものはだれでも主のものとし、燔祭として捧げると誓いました（士 11:31）。ところが彼が勝利してミヅパに帰り、自分の家に来ると、彼の一人娘が太鼓を持って、踊りながらエフタを迎えました（士 11:34）。エフタは一人娘を燔祭として捧げなければならないという事実の前に、気力を失うほどに苦悩しました（士 11:35）。エフタは後悔と悲痛の中、娘が要求した 2 カ月間の慰めの後、誓願の通りに行いました（士 11:39）。

　エフタの軽率な誓願が、一人しかいない娘を死に追いやり、犠牲としてしまったのです。神に誓ったことは、自分に損や害を与えるとしても変えることはできない、と聖書は言っています（申 23:21-23、民 30:2、詩 15:4、箴 20:25）。ですから誓願を立てる時は、盲目的に軽々しく立てるのではなく、慎重ではなければなりません。

　一方、エフタの一人娘が 2 カ月ぶりに父の元に帰って来て父が請願した通り、自分の身を燔祭としてささげたのは、まさに記念碑的な貴い従順でした（士 11:36-40）。罪のない彼女は、死ななければならないという状況であっても、アンモンとの戦いで父エフタが勝利したのは、主が働かれた結果であり、主の前に父が誓ったことを主が報いてくださった結果であることを明らかにし、それゆえ父が立てた誓願の通りにするのは当然であると言いました（士 11:36）。

　エフタの娘は、人生の花を咲かせることもなく、若くして死ななければならないということが、悔しくて、悲しかったはずなのに、むしろ純粋な信仰をもって父の苦しみ悩む心をなだめました。彼女は人間

的な痛みを確固たる信仰で昇華させたのです。私たちは、ここでエフタがいかに子供を信仰の人に育てたのかを見ることができます。ヘブル人への手紙11章32節で信仰の暗黒期だった士師時代に、エフタの名前が信仰の人として記録されていることが、大きな裏付けとなっています。エフタの信仰と彼の一人娘の信仰は、後代のイスラエルびとが、年に四日ほどギレアデびとエフダの娘のために嘆くことがイスラエルのならわしになるほど鑑となりました（士11:39b-40）。

## 3. エフタはエフライムとの戦いで勝利しました

　エフタがアンモンの人々との戦で勝つと、それを嫉んだエフライムの人々は自分たちを戦いに招いてくれなかったとけちをつけ、エフタとその家に火をつけて焼いてしまうと脅しました（士12:1）。実は、エフタがアンモンの人々と戦う時に、エフライムびとに助けを求めましたが、エフライムの人々は助けてくれなかったのです（士12:2）。エフライムの人々は何の努力もしないで、事が成功すればその栄光にあずかろうという卑劣なご都合主義者で、極めて利己主義的な人たちでした。

　その上エフライムは、エフタが属したギレアデの人々を「エフライムから逃げた者」と呼び、彼らの正統性を傷つけ、侮辱しました（士12:4b）。このような誹謗は、同族が互いに争い殺し合う直接的な口火になりました。エフタはエフライムを撃ち破り、ヨルダンの渡し場を押さえ逃げ出そうとするエフライムの人々を4万2000人も殺してしまいました（士12:5-6）。

　エフタはヨルダンの渡し場でエフライムの人々の発音の違いを利用して、エフライムびとを探し出して殺しました。エフライムびとは口音を正確に発音できず、「シボレテ」（意味は、小川あるいは穀食）を「セ

ボレテ」（意味は、重い荷物）と発音したのです。彼らは同じ言語を使っていたのにもかかわらずヘブライ語の文字「シン」（ש）を「サメフ」（ס）と発音する特有のなまりがあったのです。

結局、4万2000人という物々しい数の人々が殺される惨事が起こりました。エフライムの人々の理不尽な嫉妬が、部族を絶滅危機に陥らせるほど、甚大な損失をもたらしたのです（士12:6）。

エフタは遊女の息子で、見下される庶子の悲しみを受けましたが、神は彼を訓練し、最もふさわしい時にイスラエルの士師という素晴らしい指導者の座に上らせたのです。

また、イスラエルがアンモンの人々の虐待の中で苦しんでいた時、エフタを通してイスラエルを解放し、救いの扉を開いてくださいました。実に、「神が開くであろう」というエフタの名前の通りになったのです。エフタは士師となった6年間イスラエルをさばいて、ギレアデの自分の町に葬られました（士12:7）。

すべての教会が心を合わせて切に祈った時、ペテロが獄から出て第一、第二の衛所を通り過ぎて町に抜ける鉄門がひとりでに開かれたように（使徒12:5-12）、私たちが将来の見えない暗闇の危境の中でも、祈りを休まなければ、神は天の扉を開いて、その祈りに応えてくださることでしょう（ルカ3:21-22）。

Ⅲ　士師たちの活動

## 9. イブザン

Ibzan / Εσεβων / אִבְצָן
りっぱ、華麗、きらめき
/ splendid、brilliant

**出身背景**

ベツレヘムの出身である（士 12:8）。後にイエス・キリストが生まれたベツレヘムは「ユダのベツレヘム」（士 17:7.9、ルツ 1:2）、また「ベツレヘムのエフラタ」（創 35:19、サム上 17:12、ミカ 5:2）という修飾語が付けられたことを見ると、イブザンの故郷ベツレヘムは「ユダのベツレヘム」ではなく「ゼブルンの地のベツレヘム」であると推定される。イブザンの次に士師となったエロンがゼブルンびとであることを見ると、イブザンの出身地ベツレヘムも「ゼブルンの地にあるベツレヘム」である可能性が大きい（士 12:12）。

**活動期間**

エフタの後を引き継いでイスラエルの士師となり、イスラエルを 7 年間さばいた（士 12:8-9）。

イスラエルは大士師エフタのすばらしい信仰に導かれて、彼によってさばかれた 6 年の間信仰を回復し、秩序を取り戻しました。このような安定を土台にしてエフタの後を引き継ぎ、3 人の小士師がイスラエルをさばきました。イブザンが 7 年、エロンが 10 年、アブドンが 8 年と、さばきが行われました（士 12:9b.11b.14b）。この 3 人の士師が登場する冒頭に「彼の後には」（וְאַחֲרָיו、アハラーヴ）（士 12:8b.11b.13b）という言葉が書かれているところを見ると、3 人の士師によってさばかれた 25 年は重なる期間がなかったことが分かります。3 人とも名前、

出身、葬られた場所、さばいた期間が書かれています。しかし、イブザンの場合、息子30人と娘30人の婚礼に関する記録が全て、アブドンの場合は子ども40人と孫30人がいたという記録が全てで、エロンの場合も活動内容は全く記録されていません。

イブザンは、エフタの後を引き継いでイスラエルの士師となり、7年の間イスラエルをさばきました。イブザンはヘブライ語で「イヴツァーン」(אִבְצָן) で、その意味は「きらめき、華麗な、りっぱ」です。イブザンは「ふくれ上がる」という意味を持つカルデア語「ブーア」(בָּצֵעַ) が由来です。

絶え間なく戦いに明け暮れたダビデ王の後、ソロモンの時代に富と栄華が極まったように、大士師エフタがイスラエルをさばいてから安定を取り戻し、その後を引き継いだイブザンは、その名前の通り、神の祝福のもとに、華麗できらめく人生を享受しました。

## 1. イブザンには息子30人と娘30人がいました

> 士12:9「彼に三十人のむすこがあった。また三十人の娘があったが、それを自分の氏族以外の者にとつがせ、むすこたちのためには三十人の娘をほかからめとった。彼は七年の間イスラエルをさばいた。」

彼は一生涯に、60人の子どもたちを得たのです。それならば、彼には妻も多くいたはずです。彼は民の最高の指導者である士師でありながら、国のために働いたことは全くなく、ただ多くの妻を得て多くの子をもうけ、その子たちを結婚させたという記録だけが残されていま

す。「また三十人の娘があったが、それを自分の氏族以外の者にとつがせ、むすこたちのためには三十人の娘をほかからめとった」（士 12:9）という記録から、イブザンはイスラエルを治めるべき 7 年の間、主に子どもたちを結婚させることだけに力を注いだと思われます。

聖書では、彼がイスラエルの士師となってさばいたとされていますが、彼が士師としてイスラエルを救い、民のために働いた行績は何もありません。イブザンは士師としての職務に専念するより、その職務に付いてくる利益にその心を傾けていたのです。[43]

## 2. イブザンは豪華な生涯を享受しました

イブザンには 60 人もの息子と娘がいたので、その子たちと多くの妻の誕生日を祝う会だけでも、1 年中続いたことでしょう。また、イブザンは士師として務めている間に、子たちの婚礼をすべて行ったとみられます。仮に、彼が士師として務めていた 7 年の間に 60 回の結婚式を行ったとするなら、1 年に約 8 〜 9 回の結婚式が行われたことになります。一人の子を結婚させることだけでも大変なのに、7 年間毎年 8 〜 9 回の結婚式を行うのはどんなに大変だったことでしょう。さらに驚くべきことは、イブザンはすべての子たちを外国人と結婚させたということです。

また 30 人の娘があったが、申命記 12 章 9 節に、30 人の娘を自分の氏族以外の者にとつがせ、むすこたちのためには、30 人の娘をほかからめとったと書かれています。ここで「氏族以外」とは、ヘブライ語「ブーツ」（חוץ）で、内部と分離された「（陳営、宿営）外側、外部」という意味です。旧約で「ブーツ」という言葉が使われている場合「聖なる宿営の住まい」に住む資格を剥奪され、追い出された人々が住む汚れた場所として「宿営の外」を意味しています（出 29:14 ; 33:7、

レビ 4:12 等)。ですから士師イブザンが、自分の子たちを結婚させた相手を「氏族以外に」、「ほかから」と2回も繰り返したことは、契約と関係のない、汚れた「異邦人」との婚礼だったことを強調する意味として理解することができます。

　子たちの婚礼が普通の場合と異なり、他国人との婚因であったなら非常に盛大なものであったことでしょう。しかし、それが年に8〜9回、7年間続いたとするなら、それは人々にとって、大きな経済的くびきになったことは確かです。

　イブザンが自分の子たちをすべて他国人と結婚させることに力を注いだことは、イスラエルが長い間異邦の圧制に苦しんで来たため、その圧制から逃れようと婚礼政策を積極的に利用し、異邦民族と和親することで国の安定を図ろうという考えがあったと思われます。

　小士師イブザン、エロン、アブドンがさばいた期間は士師記10章7〜8節を見ると、イスラエルがペリシテびとの圧制の下にあった期間と重なっていることが分かります。[44] イスラエルがペリシテの圧制を受けながらも、イブザンは神を信頼して異邦を退け、その力から脱しようとすることもなく、むしろ頻繁な婚礼政策で和親を図ることで、罪の中であっても民たちが安逸に暮らせるようにさせたのです。

　他国人との婚因は、いつもイスラエルの歴史に非常に致命的な結果をもたらしました。南ユダの敬虔なヨシャパテ王は、北イスラエルのアハブ王と縁を結ぶことによって（代下 18:1）平和関係を維持しましたが（王上 22:44）、後にアハブ王の娘アタリヤの故にダビデ王朝の種が絶たれる危機に陥りました（王下 11:1）。また、ソロモンの時代には異邦の女との結婚によって、多くの偶像が入って来ることを止めることができなかったのです（王上 11:1-8）。

Ⅲ　士師たちの活動

そうであるならば、イブザンが他国から連れて来た30人の嫁たちが、異邦の憎むべき偶像を持ちこんだことは、火を見るより明らかです。ですから士師イブザンの無謀な婚礼政策により平和が維持されたかのように見えたとしても、それは一時的に過ぎず、すべてのイスラエルびとは異邦と混じり、もろもろの偶像を崇拝し、その罪が急速に拡散したはずです。

　士師イブザンの生涯の履歴書は外から見ると、華やかで華麗だったことでしょう。しかし、自分のための利己主義的なさばきと無分別な他国との婚姻によって、民を罪の中へ安逸に放置し、偶像を持ち込むことで、イスラエルをより大きな罪に陥らせたのです。

　イエス・キリストの生涯の履歴書は自分のための利己主義的な生き方や、自分の華やかさのための記録は一つもありません（マタ20:28）。ピリピ人への手紙2章7節では「かえって、おのれをむなしうして」僕のかたちをとって人間の姿になられたと言われています。今の私たちの生涯はどうでしょうか。イブザンのように世も認める派手な履歴書ですか。それとも主のように自らを無にする履歴書なのでしょうか。

Elon / Αιλων / אֵילוֹן

カシの木 / oak

#### 出身背景
ゼブルンの部族であり、死んでゼブルンの地のアヤロンに葬られた（士 12:11-12）。エロンの事績はほとんど記録されていない。

#### 活動期間
イブザンの後を引き継ぎ、イスラエルの士師になって 10 年間さばいた（士 12:11）。

　エロンはイブザンの後を引き継ぎ、イスラエルの士師となって 10 年の間イスラエルをさばきました。「エロン」（אֵילוֹן）は「カシの木」という意味です。語源は「アイル」（אַיִל）で、この単語は聖書では大きく 4 つの意味で使われています。

　第一、雄羊を意味します（創 22:13、イザ 1:11）。

　第二、かもいと廊の脇柱を意味します（王上 6:31、エゼ 40:36.48）。

　第三、力ある者、指導者やかしら、強い者を意味します（王下 24:15、エゼ 17:13；31:11、出 15:15）。

　第四、カシの木を意味します（イザ 1:29、ホセ 4:13）。

　以上の意味が持つ共通点は相当強いイメージを持っているということですが、「アイル」の語源も「強い、力強い」という意味の「ウール」（אוּל）です。これらの語源の意味を見ると、エロンが民の士師となったのに、彼が強くて力のある人だったからだと推定されます。

Ⅲ　士師たちの活動　　271

# 1. エロンの生涯は最も短く記録されました

　エロンに対する記録には、肯定的であれ否定的であれ、彼の功績は全く記されていません。ただ「エロンはついに死んで、ゼブルンの地のアヤロンに葬られた」と記録されている程度です（士 12:12）。これはエロンが大して目立った出来事なしに、平凡に暮らしたことを表しています。その生涯において惜しい点があるならば、エロンは力のある強い者であったのにもかかわらず、それほど信仰的で進取的な功績を残すことができなかったということです。

　エロンの 10 年間は、近隣諸国からの侵略のない平和な時代を過ごしました。ですから国民と力を合わせて信仰的で進取的な行いをしていたならば、間違いなく聖書に記録されたはずです。

　私たちの一生を評価する時、エロンのように記録されることもなく、言い残す言葉もない人になるよりも、各自に与えられた力をもって忠誠を尽くすことによって、神に喜ばれる多くの御わざを実現する人にならなければなりません（マタ 25:21.23、1 コリ 4:1-2）。

# 2. エロンが生きていた時代は「太平」でありませんでした

　ギデオンまでの士師たちの時代は「太平」という言葉で表されています。士師オテニエル、エフデ、デボラ、ギデオンの時代は「太平」でありました（士 3:11.30; 5:31; 8:28）。「太平」はヘブライ語で「シャーカト」（שָׁקַט）で、「動揺のない、安楽な、平和だ」という意味です。これは単純にもろもろの民からの圧制がない状態を意味するのではなく、イスラエルの民が悔い改め、再び神に戻ることによって、敵からの攻撃と圧制と苦難から解放される祝福を意味します。ヨシュア記 11

章23節には、神の祝福による戦争からの安息を意味しています。エレミヤ書30章10節では、永遠の天国での安息を暗示する言葉として使われました。

　イブザンとエロンとアブドンの小士師たちの時代には、「太平であった」という記録がありません。その理由は3人の小士師がさばいた25年の間、神のみことばに従い、神に頼る正しい信仰が確立されなかったからでしょう。その結果、士師記13章1節には、イスラエルの人々がまた主の前に悪を行ったと記録されています。

　特にエロンは、前後の小士師たちと比べ、最も長い10年の間人々をさばいていました。この10年の間神の御心に従って偶像を砕いたり、もろもろの国民の侵略を退けたという内容が全くありません。この10年はただ静かで単調な時間であっただけで、神から与えられる真の「太平」の期間ではなかったのです。


　新約聖書には「エパフロデト」の短い履歴が記録されています。ピリピ人への手紙2章25節には「しかし、さしあたり、わたしの同労者で戦友である兄弟、また、あなたがたの使者としてわたしの窮乏を補ってくれたエパフロデトをあなたがたのもとに送り返すことが必要だと思っている」と紹介されています。ピリピ人への手紙2章30節には「彼は、わたしに対してあなたがたが奉仕のできなかった分を補おうとして、キリストのわざのために命をかけ、死ぬばかりになったのである」と言われています。とても短いですが、涙ぐましい美しい履歴書です。私たちの生涯が、主の体なる教会のために苦労した足跡もなく、エロンのように空っぽの恥ずかしい履歴書になってはいけません。たとえ短い一言二言でも、神に仕えることに苦労したエパフロデトと同じく、意味深い履歴書を残すような、貴い生涯にならなければなりません。

Ⅲ　士師たちの活動

# 11. アブドン

Abdon / αβδων / עַבְדּוֹן
奴隷、しもべ / slave, servant

**出身背景**
エフライム部族と推定される。ピラトンびとヒレルの子である（士 12:13、15）。

**活動期間**
エロンの後を引き継いでイスラエルの士師となり、8年間さばいた（士 12:14）。

　アブドンは小士師の中の最後の士師で、エロンの後を引き継いでイスラエルの士師となり、8年間さばきました（士 12:14）。アブドンの父ヒレルは「ピラトンびと」であったため、アブドンは死んだ後、ピラトンに葬られました（士 12:15）。ピラトンは「エフライムの地アマレクびとの山地」（士 12:15）と特別に記録されていますが、これは「アマレクの山地」に、イスラエルが自分たちの土地を持っていたということを意味します。

　アマレクびとは士師ギデオンの時代に、ミデアンを助けてイスラエルを攻撃したことがあります（士 6:3.33;7:12）。しかし、その地がエフライムの所有になったということは、イスラエルにおけるアマレクを含めた異邦の侵略が終結し、士師時代が歴史の幕を下ろし、国が平定したことを示しています。実際に「士師時代の年代表」（216ページ）を見ても、士師アブドンの後半部の統治期には外からの圧制や虐待がありませんでした。

　アブドンは、ヘブライ語で、「アヴドーン」（עַבְדּוֹן）で、「仕える、

奉仕する、奴隷になる」という意味の「アヴァード」(עָבַד)から由来し、「奴隷、僕」という意味を持っています。アブドンの父「ヒレル」(הִלֵּל)は、「ほめたたえる」という意味です。ヒレルが自分の息子の名前を卑しい身分の「奴隷、僕」という意味の「アブドン」と名付けたのは、自分の子が人の僕ではなく、神の僕として忠実に生きることを願っていたことが伺えます。

# 1. アブドンは卓越した力を持っていましたが、多くの妻と子どもを従えていただけです

　エフライム部族はエフタとの戦いで、ヨルダンの渡船場で4万2000人が殺され（士12:4-6）、部族全体が存続の危機に直面するほど大きな打撃を受けました。この出来事が起きてから約20年余りしか経っていなかったのですが、アブドンがエフライムの部族として士師となったということは、彼に卓越な能力があったからでしょう。しかし、士師アブドンには卓越な能力があったにもかかわらず、国のために働いた記録は全くなく、ただ多くの子と孫を従えたという記録しか残っていません。

　士 12:14「彼に四十人のむすこ及び三十人の孫があり、七十頭のろばに乗った。彼は八年の間イスラエルをさばいた」

　アブドンには息子40人がいました。息子40人をもうけたとすれば、多くの妻がいたはずです。彼は民族のリーダーである士師であったのにもかかわらず、多くの女を従えて息子をもうけることに多くの時間を費やしました。彼は神の召しを受けて士師となりましたが、当時の異邦人の風習だった「一夫多妻制」を受け入れたのです。

　これはアブドンの時代が表向きでは平穏に見えましたが、信仰的には

Ⅲ　士師たちの活動

堕落して、罪によって腐敗した時代であったことを表しています。

## 2. アブドンは士師でしたが個人的な事だけに没頭しました

　アブドンが士師としてさばいた期間のうち何年かは、ペリシテびとからの圧制期間であった40年に含まれています。[45]

　アブドンの関心は、国の中でペリシテの圧制を受けてうめく民たちを救うことではなく、自分の息子たちを結婚させることでした。士師記12章14節では、孫が30人いたと言われています。ですから、アブドンはイブザンがそうであったように（士師12:9）、士師として活動しながら息子たちを結婚させることに相当没頭していたと言えるでしょう。

　アブドンのもう一つの関心事は裕福に暮すことでした。息子40人と孫30人がおり、70匹のろばを所有していました。当時、ろばは高い身分の貴族たちが乗るもので、すべての息子と孫たちがろばに乗ったということは、アブドンの家がよほど富裕であったことを表しています。

　アブドンの意味は「奴隷、僕」です。アブドンは神の僕として、これから迫ってくる苦難の未来を眺めながら、神のみことばによって民の信仰を覚まさなければならなかったのです（マタイ24:45-46）。

　しかし、アブドンはため息をつく民を救い治めるために「神の僕」としての使命には力を注がず、むしろ「人の僕」として私的なことにのみ生涯力を注ぎました。まことに私たちは尊い使命のために召されたにもかかわらず、イエス・キリストのために働くことを第一とせず、自分のことだけを求め（ピリピ2:21）、己の欲だけを満たそうと虚しいことに奮闘していないか、自分自身を点検してみるべきではないでしょうか（詩篇39:6）。

## 12. サムソン

Samson / Σαμψων / שִׁמְשׁוֹן
太陽の人、太陽のような、太陽の光 /
man of sun, like the sun, sunshine

**出身背景**
ダンびとの氏族で、名をマノアというゾラ出身の人の子である（士13:2）。ゾラはエルサレムから西に24キロ離れた所にある町で、太陽の神の祭壇があるベテシメシの向かい側にある。

**活動期間**
サムソンは士師となって20年間イスラエルをさばいた（士15:20;16:31）。

　イスラエルの人々がまた主の前に悪を行ったので、主は彼らを40年の間、ペリシテびとの手に渡されました（士13:1）。ペリシテの圧制の下で、民族の救助者として選び出されたサムソンは（士13:5）、ゾラとエシタオルの間のマハネダンにおいて、初めて神からの感動を受けました（士13:25）。

　サムソンはヘブライ語「シムショーン」（שִׁמְשׁוֹן）で、「太陽の光、太陽のような、太陽の人」という意味で、その語源は「太陽」という意味をもつ「シェメシュ」（שֶׁמֶשׁ）です。実にサムソンは太陽のように、力と勇気と情熱の人としてペリシテと戦ったイスラエルの大勇士でした。

Ⅲ　士師たちの活動　　277

# 1. サムソンは主の御使いから受胎告知を受けて生まれました

　サムソンは、ゾラの地に住むダンびとの氏族のうち、「マノア」(מָנוֹחַ 休息、安息) の子です（士 13:2）。うまずめであったマノアの妻に神の使いが現われて、「あなたは身ごもって男の子を産むでしょう…彼はペリシテびとの手からイスラエルを救い始めるでしょう」という受胎告知をしました（士 13:2-5）。その言葉通りにマノアの妻は身ごもり男の子を産み、その名をサムソンと呼びました。これは主の使いのガブリエルがマリアに受胎告知をする時、「見よ、あなたはみごもって男の子を産むでしょう。その子をイエスと名づけなさい」（ルカ 1:31）と言われたことを思い起こさせます。

　子は成長し、主は彼を恵まれ、マハネダンにおいて初めてサムソンを感動させました（士 13:24-25）。神はサムソンを用いてイスラエルを救うために、彼が生まれる以前からすべてを主権的に摂理されました。

# 2. サムソンはすきを狙ってペリシテびとを撃とうとしました

　サムソンが故郷ゾラから西に約 7km 離れたテムナに下って行き、ペリシテびとの娘でテムナに住むひとりの女を見て、彼女をめとり自分の妻にしようとしました。テムナはヨシュアがガナアンを占領した後、ダンの子孫の部族に与えた地で（ヨシ 19:40-43）、後にアモリびとが取り、その後はまたペリシテびとが奪取して住んだ地です（代下 28:18）。

　割礼を受けてないペリシテびとのうちから妻をめとることを親は反

対しましたが、サムソンは最後まで固執しました（士14:1-3）。サムソンは結婚を口実に、ペリシテを攻めようと考えたのです。ペリシテの女と結婚することによってペリシテびととの接触が頻繁になれば、おりをうかがってペリシテびとを攻めることができると判断したのです。

ですから、士師記14章4節で「父母はこの事が主から出たものであることを知らなかった。サムソンはペリシテびとを攻めようと、折をうかがっていたからである。そのころペリシテびとはイスラエルを治めていた」と言われています。これはサムソンを通してペリシテを攻めることが、神の御心であることを暗示しています。

## 3. サムソンはペリシテびとに謎をかけました

サムソンがペリシテびとの女に会うために、父母と共にテムナに下って行って、ぶどう畑に着いた時、若い獅子から突然、攻撃を受けることになります。サムソンは手に何の武器も持っていませんでしたが、主の霊が激しく臨み、素手で百獣の王である獅子を一気に裂いて殺しました（士14:5-6）。この時、主の霊が激しく臨んだということは、神が主権的に介入し、働いてくださったからこそ成し得たということを示します。これは将来サムソンが獅子のように勇ましくペリシテびとに行う驚くべき救いの働きを暗示する前兆でした。

数日後、サムソンがその女をめとろうと再び下って行った時、自分が裂き殺した獅子の死骸にはちの群れと蜜があったので、それを食べて父母にも与えましたが、それをどこで取ったかは言いませんでした（士14:8-9）。ナジルびとでなくても死んだものに触れてはならないというのが、律法なのに、サムソンは獣の死骸に触れることで律法を破りました（民19:11）。

サムソンは獅子の死骸から取った蜜を食べた経験をもとに、テムナで設けられた7日間のふるまいのうちに、ペリシテびと30人を相手に亜麻の着物30着と晴れ着30着を賭けました（士14:10-14）。賭けは、サムソンが出す謎を解くことでしたが、その謎の内容は「食らう者から食い物が出、強い者から甘い物が出た」（士14:14）ということです。この謎は、裂き殺した若獅子から蜜を取ったサムソンの個人的な体験に基づいていたのでペリシテの人々の知恵では到底解くことができませんでした。サムソンはこの謎を通して、ペリシテの人々の愚昧さをあらわにし、ペリシテとの戦いで主導権を取ろうとする狙いがあったと思われます。

　3日目になっても解くことができなかったペリシテの人々は、第4日目にサムソンの妻に、もし謎の答えを知らせなければ、「わたしたちは火をつけてあなたとあなたの父の家を焼いてしまいます」（士14:15）と言い、それだけではなく、「あなたはわたしたちの物を取るために、わたしたちを招いたのですか」（士14:15b）と脅したのです。この「物を取るために」はヘブライ語で「ヤーラシュ」（שׁרי）で、軍事的用語として「ある特定の地域を占領して、そこに住む人々を追い出すことでその地域に対する支配権を得る」という意味があります。したがって、「現在ユダの地がペリシテの管轄の下にありますが（士14:4、15:11）、ペリシテびとであるあなたがサムソンと一味になってこの地を占領しようとするつもりなのか」と脅したのです。

　ペリシテびとの度が過ぎた脅迫を見ながら、彼らに出されたサムソンからの謎が、ふるまいを楽しむほどの単純な問題ではなかったことが分かります。サムソンはこの謎を通じてペリシテの支配権を剥奪し、その圧制から脱しようと考えていました。そして、ペリシテの人々も、

サムソンのこのような意図をある程度は分かっていたことでしょう。そのため、彼らはどうしてもその謎を解こうと、サムソンの妻とその父の家を燃やすと脅迫までしたのです。

これにサムソンの妻は、答えを知らせてくれるようにと泣きながらひどく迫ったため、彼は妻の強迫に勝つことができず謎を解き明かしてしまいました（士14:17 上）。サムソンの妻がその答えを自分の国の人々に明かしたために（士14:17 下）彼らが容易に答えたので、それに気づいたサムソンは直ちに彼らに「わたしの若い雌牛で耕さなかったなら、わたしのなぞは解けなかった」（士14:18 下）と言いました。

この時、主の霊が激しくサムソンに臨んだので、サムソンはペリシテのアシケロンまで下って行って、その町の者30人を殺して彼らからはぎ取った晴れ着を、謎を解いた人々に与え、激しく怒って父の家に帰りました（士14:19）。あまりの怒りに妻をも放り出してしまったため、彼女の父はサムソンの友人と結婚させてしまいました（士14:20）。

サムソンが出した謎と関連して、私たちは幾つかの教訓を得ることができます。

第一、サムソンが謎賭けで負けたのは秘密を守ることができなかったからです。サムソンは自分の父母にも言っていない秘密を、妻がひどく泣き迫ったからといって教えてしまったために自らに敗北を招きました（士14:17）。

第二、サムソンが異邦の女をめとり、死骸に触れ、酒を飲むなど、ナジルびとのおきてを破ったにもかかわらず、神はペリシテを退けるために、サムソンに主の霊が激しく臨むようにしました（士14:19）。これは神が人間の弱さと足りなさ、多くの欠陥があるにもかかわらず

Ⅲ　士師たちの活動

救いの歴史を最後まで進行させるということを示しています。イスラエルの救いはサムソンの力ではなく、全てが主なる神の恩寵によるものでした。

　第三、初めペリシテびとは、サムソンが賭けた謎を、30人もの人々が知恵を絞り出せば、当然解くことができると自信満々でした。しかし、実際サムソンの出した謎の答えを全く知ることができませんでした。世の知恵では、天の知恵を決して知ることも理解することもできないのです（１コリ 1:20-21;2:6-11）。御霊でなければ神の御わざを知ることができません（１コリ 2:10）。神を畏れ敬い、神と親しむ者だけがその秘密を知るようになるのです（ヨブ 28:28、箴 1:7;9:10、詩 25:14、ヨハ 15:14-15）。

## 4. サムソンは主の霊の力によって勝利しました

　数日後、麦刈りの時にサムソンは自分を裏切って謎の答えを漏らした妻を赦して仲直りするために、子やぎを携えて妻をおとずれましたが、妻はすでに父によって、サムソンの友人であったペリシテびと30人のうちの１人の妻になっていました（士 14:11.20）。

　そのことにサムソンは怒り、きつね300匹を捕まえ、たいまつをとり、尾と尾をあわせて、その二つの尾の間に一つのたいまつを結びつけ、そのたいまつに火をつけてペリシテびとがまだ刈りとっていない麦の中に放し入れました。きつねは火の熱さに驚き、走り回るごとに火をつけ、結局その畑とオリブ畑は完全に焼かれてしまいました（士 15:1 〜 5）。非常に憤慨したペリシテびとはサムソンの妻とその父の家を火でを焼き払ったので（士 15:6）、サムソンは、その復讐とし

て妻と義理の父を殺したペリシテびとを大勢殺害しました（士 15:7-8a）。

その後サムソンは、獣が棲息するエダムの岩の裂け目に住みました（士 15:8b）。ペリシテびとはサムソンに仇を討つためにユダに陣を取りました。ペリシテびとが攻めて来た時、ユダの人々はサムソンを先陣に連合して戦争に出れば十分に勝つことができたにもかかわらず、むしろサムソンを縛りペリシテびとの手に渡すため 3,000 人が結集しました（士 15:9-13）。

サムソンはユダの人々の行動を阻むことができる十分な力がありましたが、自分のためにユダの人々が困難に遭うことがないようにと、抵抗することなく、その難を受け入れました（士 15:13）。ところが、縛られたサムソンを受け取るためにペリシテびとが近づいたその時、主の霊が激しく彼に臨んで、彼にかかっていた綱（two new ropes）は火に焼けた亜麻のようになって、彼の手から解けて落ちました（士 15:14）。

3000 人も集まり、サムソンをペリシテびとに渡そうとしたユダの人々の愚かで利己主義的な行動は、イスカリオテのユダが銀 30 枚でイエスを売り渡すために、ゲツセマネの丘で口づけを合図にイエスを祭司長たちの手下とローマ軍兵たちに渡し、縛り上げて連れて行かせたことを連想させます（マル 14:43-46、ヨハ 18:3-5）。当時のイエスは、父なる神に願って天の使いたちを十二軍団以上も遣わしてもらうことができたにもかかわらず（マタ 26:53）、十字架の杯を決して避けようとは思わず、贖いの供えものとして自ら命を捨てられました（ヨハ 10:17-18）。しかし、イエスは 3 日目に復活することで、死の力を打ち破り、悪魔を滅ぼしました（ヘブ 2:14、1 ヨハ 3:8）。

主の霊が臨んだサムソンは、弱いろばのあご骨一つでペリシテびと

III　士師たちの活動

1000人を打ち殺し、その死骸が二つの山を築きました。正確に言えば、一つの山の上にまた一つを積み上げたことで（Heaps upon heaps: KJV,RSV）、大きい山を成したことを意味します。サムソンはその場所を記念して、「ラマテ・レヒ」（あご骨の山）と呼びました（士15:15-17）。

　激しい戦いの後、サムソンがひどい渇きを覚えながら力尽きた時、「あなたはしもべの手をもって、この大きな救を施されたのに、わたしは今、かわいて死に、割礼をうけないものの手に陥ろうとしています」（士15:18）と叫び求めると、「レヒにあるくぼんだ所を裂かれたので、」そこから水が流れ出ました（士15:19）。それを飲むと彼の霊がもとに戻り、元気づいたので、その名を「呼ばわった者の泉」と呼びました（士15:18-19）。

　サムソンが、ひどい渇きによって気力が尽きた時、神がエン・ハコレで奇蹟を行わなかったら、サムソンは、告白した通りペリシテびとの手に捕らわれたはずです。私たちがどんなに死に直面したとしても、神に頼り切に祈れば、直ちに応えて新しい力を与え回復させ、絶望からよみがえらせてくれます。

　度重なる復讐の戦いで、サムソンが勝つことができた秘訣に対して、聖書は「主の霊が激しくサムソンに臨み」と言われています（士15:14）。ここで「臨み」はヘブライ語「ツァーラハ」（צָלַח）ですが、その意味は「突進する、進む、上から下に落ちる」です。ですから神は、まるで滝の水が上から下に落ちるように、力強い聖霊をサムソンに注いでくださったのです。私たちにも主の霊の御わざが満ち溢れる時（エペ5:18）、何をするにも不可能なことなく使命を十分に果たすことができ、敵であるサタンとの戦いで勝利することができます。

# 5. サムソンの決定的な過ちは
## 　力の秘密を漏らしたことです

　サムソンはペリシテびと1000人を打ち殺した後、またガザへ行き、そこでひとりの遊女を見て、その女のところに入りました。ガザの人々はこのことを知り、夜明けにサムソンを殺そうと計画を立てましたが、サムソンは夜中に起きてガザの町の門の扉と二つの門柱に手をかけて貫の木もろもろともに引き抜き、肩に載せてヘブロンの向かいにある山の頂に運んで行きました（士16:1-3）。その後、サムソンはソレクの谷にいるデリラという女を愛するようになりました（士16:4）。ペリシテびとの君たちがその女のところに行き、サムソンの力の源はどこにあるのかを見つければ「おのおの銀1100枚ずつを与える」と約束しました（士16:5）。ペリシテには5人の君がいたので（ヨシ13:3、士3:3）、合計すると銀5500枚になります。これは、実にデリラの心を動かすに十分な金額でした。[46]

　そこで、デリラは力の源がどこにあるのかを尋ねると、サムソンはいつも嘘をつきました。初めは「かわいたことのない7本の新しい弓弦をもってわたしを縛り上げなさい」と言い、次には「人々がまだ用いたことのない新しい綱をもって、わたしを縛り上げなさい」と言い、その次には「わたしの髪の毛7ふさをとって、機の縦糸と一緒に織って、くぎでそれを留めておきなさい」と言いました（士16:6-14）。
　しかし、デリラが毎日誘惑し、迫り促したので、サムソンの魂は死ぬほどに苦しみました（士16:16）。ついにサムソンは「心をことごとく打ち明けて、デリラに髪をそり落とせば力は去って弱くなる」と秘密を教えました（士16:17）。デリラはサムソンが心をことごとく打ち明けたのを見て、人をつかわしてサムソンが眠っている間に髪の毛7

ふさをそり落とさせました（士 16:18-19）。サムソンは「かみそりを頭に当ててはならない」というナジルびとのおきてにそむきました（民 6:5）。

　サムソンは髪をそり落されることによって、主が自分から去られたことを知らず、目を覚まして体をゆすってみましたが、何の力も発揮することができませんでした。使命に満たされた時は大力をふるっていた彼が今は何の感覚もなく、力も出せなくなりました。結局、彼は捕らわれて、両眼をえぐり取られ、ガザに引いて行かれ、青銅の足かせにかけられ、獄屋の中で獣のように石臼を引くという、あまりにも惨めな奴隷に転落してしまいました（士 16:21）。

## 6. サムソンは使命を果たす最後のチャンスをつかみ最も多くのペリシテびとを殺しました

　サムソンが回した石臼は、女人たちが回す小さな石臼ではなく、家畜や奴隷たちが回す大きな石臼（マタ 18:6）でした。ペリシテの人々は「われわれの神は、われわれの国を荒し、われわれを多く殺した敵をわれわれの手に渡された」と、彼らの神ダゴンを賛美しながら心から喜んで、サムソンを呼び出して戯れ事をさせました（士 16:23-25）。サムソンがする戯れ事を 3000 人ばかりの男女が見ていました（士 16:27）。辱められるうちにサムソンは、寄りかかっていた、家を支える二つの柱を両手でかかえて、「ああ、主なる、神よ、どうぞ、わたしを覚えてください。ああ、神よ、どうぞもう一度、わたしを強くして、わたしの二つの目の一つのためにでもペリシテびとにあだを報いさせてください」（士 16:28）と主に叫びました。

　サムソンが力をこめて 2 本の柱を引き寄せると、家は、その中にいたペリシテびとと君たちの上に倒れました。ペリシテびとが死んだ数

は、サムソンが今まで殺した数よりも多く、この時サムソンも一緒に死にました（士16:30）。サムソンの身内の人たちや父の家族はサムソンを引き取り、ゾラとエシタオルの間にある父マノアの墓に葬りました（士16:31）。

　巨大な力で太陽のように光り輝いたサムソンが、惨めな最期を迎えるようになった原因は、ガザへ行ってひとりの遊女の所へ入り、（士16:1-3）、ソレクの谷にいるデリラを愛するなど（士16:4）、性的な罪を犯してナジルびととして守るべき清さを保つことができなかったからです。その結果、サムソンはデリラの度重なる要求に苦しみ、ついに心をことごとく打ち明けて秘密を漏らしてしまいました。

　サムソンに対するデリラのしつこい誘惑のように、聖徒に向けたサタンの誘惑もまるで「ほえたける獅子のように、食いつくすべきものを求めて歩き回って」います（1ペテ5:8）。女の誘惑は蜜のように甘いものですが、もろ刃の剣のように鋭く死へと導くのです（箴5:3-5）。それだからこそ、ミカ7章5節には「あなたがたは隣り人を信じてはならない。友人をたのんではならない。あなたのふところに寝る者にも、あなたの口の戸を守れ」と言われています。

　ペリシテの40年の圧制の中で、サムソンはイスラエルびとにとっては太陽のような人でした。彼は塗炭の苦しみに陥って呻く民に大きな希望の光を照らすべき指導者でした。しかし、肉の快楽に勝つことができずにナジルびととしての敬虔と清さを失い、両目を取られることで完全に闇の中に閉じこめられてしまいました。神のみことばを守らず、与えられた使命をおろそかにする者の結果は、光を失った暗闇になってしまいます（詩119:105）。

　ヘブル人への手紙の著者は、サムソンを信仰の人として記録しています（ヘブ11:32）。サムソンは力の秘密を漏らした結果、両目を取ら

れ石臼を回す惨めな身になりましたが、神に対する心をこめた悔い改めの叫びによって、最後のチャンスを生かすことができたので、神は彼を信仰の人と認めたのです。

今日、私たちは悪しき世に誘惑され、神から受けた尊い使命を忘れて投げ出してはいないでしょうか。犯した過ちを数えると、神の前に顔を上げることができず、身勝手で、恥知らずな者であったとしても、サムソンのように悔い改めのチャンスが与えられた時、そのチャンスを絶対に逃してはいけません（ヘブ 12:17、創 27:34.36.38、詩 103:8-9）。

自分の罪と悪を後悔し、神の前に心から悔い改めるならば（詩 34:18;51:17、イザ 57:15;66:2）、私たちもサムソンのように、今までしたことよりもはるかに大いなる神の御わざを実現させることができます。捨てられて死ぬしかない罪人に、再び使命を果たす機会が与えられるならば、それより大きい恵みはないでしょう。

神は耐えに耐えながら以前に犯した罪を看過してくださり、悔い改めた罪を忘れてくださり（エゼ 33:14-16）、また問われないのです。神は太陽のようなお方です(詩 84:11)。私たちが心から悔い改める時、罪と悪の暗雲は消えて神の愛の光が再び照らされるようになります。

# 第5章
# サウルからダビデまでの歴史

The History from Saul to David

# サウルからダビデまでの歴史

　イエス・キリストの系図のうち、最も核心的で重要な人物はダビデです。ダビデが重要な位置を占める理由は何でしょうか。

　マタイによる福音書 1 章 1-17 節を見ると、「ダビデ」という名前に 5 回も記録され（マタ 1:1.6.17）、イエス・キリストの系図の 3 期のうちに第 1 期 14 代の最後の人物と第 2 期 14 代の初めの人物がダビデで、系図に 2 度記録されている唯一の人です。また系図にのせられた多くの王たちの中で、「王」という呼称の付いているはダビデだけです（マタ 1:6）。これにユダの部族から王が来るという旧約の預言（創 49:10、ミカ 5:2）が、一度はダビデ王によって成就され、究極的に王の王であるメシヤが来ることによって成就されることを示しています（マタ 1:1.3.6.16）。

　このように重要なダビデの生涯を照らし出すためには、先にサウルの生涯をよく見なければなりません。サウルはイスラエルの初代王になり、神による神政国家を成す道筋をつくったのにもかかわらず、神のみことばに服従しなかったために捨てられ、結局王位をダビデに渡されてしまいました（サム上 15:23.26-28）。サウルは、ダビデ王家からイエス・キリストが来る道を開く救済史の元肥として使われました。これからサウルとダビデの生涯を中心に、イスラエルの統一王国時代を通して、イエス・キリストの系図に現れた神の救済史的経綸に触れていきたいと思います。

# I
# サウル王の歴史

　士師時代が終わる頃、サウルが王になる以前までの期間は、預言者サムエルがイスラエルを治めていました。しかし、サムエルが年老いて自分の子たち（ヨエル、アビヤ）をさばきづかさとしましたが、彼らは父の道を歩まず、利を求め、まいないを取って、さばきを曲げました（サム上 8:1-3）。イスラエルの長老たちがみな集まり、サムエルのもとに来て、「われわれをさばく王を、われわれのために立ててください」と要求しました（サム上 8:4-5）。

　「サウル」（שָׁאוּל）はヘブライ語で「要求された」（desired）、「求められた」（asked for）という意味です。その語源は「シャーアル」（שָׁאַל）で、「しいて願う」という意味です。サウルはイスラエルの人々の切なる願いによる最初の王で、40歳で即位して 40 年間（BC1050 ～ 1010 年）イスラエルを治めました（サム上 13:1、行 13:21）。

　イスラエルの人々が王を要求したのは、もろもろの国の王たちの力強い指導に心を奪われ、神を真の王と認めず、捨てる行動でした（サム上 8:19-20;10:19;12:12-13.17.19）。
　神がイスラエルを、鉄のかまどのようなエジプトから導き出した究極的な理由は、彼らの先祖アブラハムとイサクとヤコブに誓ったとおり、イスラエルの人々と契約を立ててご自身の民とし、自ら彼らの神になるためでした（申 4:20;29:13、王上 8:51、エレ 11:4）。そのため

聖書には「わたしはあなたがたを取ってわたしの民とし、わたしはあなたがたの神となる」（出 6:7）、「わたしはあなたがたのうちに歩み、あなたがたの神となり、あなたがたはわたしの民となるであろう。」（レビ 26:12）という約束のみことばが何回も繰り返し出てきています（出 19:4-6、王下 11:17、代下 23:16、エゼ 37:27、2 コリ 6:16）。

イスラエルはこうして神の支配を受ける契約の民だったのにもかかわらず、目に見える王を要求することで結果的に契約に逆らってしまったのです。それは今まで守ってくださった神からのすべての恵みを忘れ、自らの力で自分を救い、見守るという極めて高慢な罪でした。このようなイスラエルの裏切りの行為に対して神は、「民が…わたしを捨てて、彼らの上にわたしが王であることを認めないのである」（サム上 8:7）と嘆きました。

神は、王を立ててその王のさばきを受ける場合には、多くの苦しみと困難を受け入れなければならないことを、預言者サムエルを通して詳細に伝えました（サム上 8:10-18）。

第一、若い男女（あなたがたの息子たちと娘たち）の徴集（11-13 節）、第二、最も良い穀物と家畜の取り立て（14-15.17 節）、第三、奴隷および最も美しい少年とろばを取って自分のために働かせる（16 節）、第四、羊の十分の一を取る（17 節）ことでした。このように王がすべての民を奴隷として彼らを圧迫し、民は王の暴政に苦しめられ、いくら泣き叫んでも、神は答えてくださらないと言われました（18 節）。

しかし、イスラエルの民は神の警告とサムエルの忠告を拒否して最後まで王を要求したので（サム上 8:19-20）、神はそれを許しました（サム上 8:21-22）。

後にイスラエルの人々は、悪しき王たちによって幾多の苦しみを受けなければなりませんでした。実際にサウルは自らの私的な目的で民

Ⅰ サウル王の歴史

を徴集しました（サム上 14:52）。皆が、真の王である神の統治から逃れようとした結果でした。

## 1. サウルの選択

### （1）個別的な油注ぎ

　サウルは父のいなくなった雌ろばを捜しに出て、預言者サムエルに会います。神はサウルが来る 1 日前に、預言者サムエルに「サウルに油を注いでイスラエルの王にしなさい」と言われました（サム上 9:15-16）。サムエルは高き所に上がるために町に向かう途中でちょうどサウルに出会い、その時、神が「見よ、わたしの言ったのはこの人である。この人がわたしの民を治めるであろう」と教えてくれたのです（サム上 9:17）。預言者サムエルがサウルに、「イスラエルのすべての望ましきものはだれのものですか。それはあなたのもの、あなたの父の家のすべての人のものではありませんか」（サム上 9:20）と言いながら、王になることを間接的に教えると、サウルは驚きながら「わたしはイスラエルのうちの最も小さい部族のベニヤミンびとであって、わたしの一族はベニヤミンのどの一族よりも卑しいものではありませんか。どうしてあなたは、そのようなことをわたしに言われるのですか」（サム上 9:21）と謙遜に言いました。サムエルは、宴に参加した 30 人のうちにサウルを上座に座らせた後、料理人を通して特別に準備した最も珍しい食べ物でもてなすことによって、彼が王になるはずだという力強い暗示を与えました（サム上 9:22-24）。

　そして、預言者サムエルは町に入ってサウルとともに屋上で談話をし、その明くる日の夜明けになって町はずれに下って行き、サムエルはサウル一人をしばらく立ち止まらせ、彼に油を注いでイスラエルの

王としました（サム上 9:25;10:1）。[47] 神はサウルが油注ぎを受けた後、彼に主の霊を激しく下らせ、預言をさせ、新しい心も与えられ、サウルを王としたことのしるしとしました（サム上 10:6-7.9-10）。

## (2) 王に選ばれたサウル

サムエルは王を選ぶために、民をミツパに集めました。預言者サムエルは主が言われた通り、イスラエル各部族を主の前に出させ、くじを引くよう言われました。先にベニヤミン部族が当たり、次にベニヤミン部族のうちのマテリの氏族が当たり、そのうちのキシの子サウルが当たりました（サム上 10:17-21）。荷物の間に隠れているサウルを連れて来ましたが、彼は肩から上だけ、民のどの人よりも高かったのです（サム上 10:22-23）。すべての民はみな喜んで「王様万歳」と叫びました（サム上 10:24）。

しかし、よこしまな人々は「この男がどうしてわれわれを救うことができよう」（サム上 10:27）と言って、サウルを軽んじたりしました。しかし、アンモンびとナハシとの戦いでサウルに神の霊が激しく臨んだので、勝利をおさめて危機に直面していたヤベシ・ギレアデの人々を救うと（サム上 11:1-11）、すべての民がギルガルへ行ってサウルを王とし、主の前で酬恩祭をささげました（サム上 11:15）。

# 2. サウルの治世

## (1) ペリシテとの戦い

サウルは40歳で王になり、その治世2年目に（サム上 13:1）ペリシテとの間で大きな戦いがありました。ペリシテの戦車は3万で、騎兵は6000でした。民は浜べの砂のように多かったのです（サム上 13:5）。彼らを前にしてイスラエルびとは戦意を失い、隠れてふるえ

ました（サム上 13:6-7）。

　さらに、来ると言われていた預言者サムエルが定めた七日が過ぎても来なかったので、民はみなサウルから離れ去って行きました。そこでサウルは祭司でもないのに神のみことばに逆らい、燔祭をささげましたが、燔祭が終わるや否やサムエルがやって来ました（サム上 13:8-10）。預言者サムエルは、このことによって、神がサウル王を捨ててご自分の心にかなう人を求め、その人を新しい王に立てられたことを、サウルに告げました（サム上 13:13-14）。

　サウルは、祭司以外は儀式を行ってはいけないという律法を侵し、7日目の日が暮れるまで待つことのできなかった軽挙妄動によって、「彼が王座を失った」という裁きを受けることになったのです。

　一方、サウルの息子ヨナタンは、神に対する強い信仰で（サム上 14:6）ペリシテとの戦いに勝利しました。ヨナタンと彼の武器を持った者たちがペリシテの陣営に入って、20人を殺した時、神による「非常に大きな恐怖」が陣営にいる者をはじめ、すべての者に走りました。それにペリシテびとはつるぎをもって同士打ちしたので、非常に大きな混乱となり、イスラエルは勝利をおさめました（サム上 14:15-22）。この日の勝利は、全面的に神おひとりでイスラエルのために与えられた救いでした（サム上 14:23）。

　神はこの勝利の後にも、サウル王を通して「周囲のもろもろの敵、すなわちモアブ、アンモンの人々、エドム、ゾバの王たちおよびペリシテびと」を打ち、すべて向かう所で勝利を得させ、アマレクびとを打って、イスラエルびとを略奪者の手から救い出しました（サム上 14:47-48）。サウルの一生の間、ペリシテびととの激しい戦いがありました（サム上 14:52）。

## (2) アマレクとの戦い

　アマレクびとは元々エサウの孫アマレクの子たちで（創 36:12.16、代上 1:36）、エジプトを出たイスラエルを絶えず苦しめた部族です。神は彼らを完全に消滅することに決めました（出 17:8-16、民 24:20、申 25:17-19、士 3:13;10:12）。それで神はイスラエルがエジプトから上って来た時、その途中でアマレクが敵対した事を思い出し、サウル王に彼らを完全に滅ぼすよう命じられました（サム上 15:2-3）。一方、イスラエルがエジプトから上って来た時親切にしたケニびとは守られました（サム上 15:6、民 10:29-32）。

　神はサウルに「アマレクを撃ち、そのすべての持ち物を滅ぼしつくせ。彼らをゆるすな。男も女も、幼な子も乳飲み子も、牛も羊も、らくだも、ろばも皆、殺せ」と言われました（サム上 15:3）。しかし、サウルは神のみことばに逆らってアマレクびとの王アガグを生かし、「羊と牛の最も良いもの、肥えたものならびに小羊と、すべての良いもの」を残し、値打ちのないつまらない物を滅ぼし尽くしたのです。神の命令に完全に従わなかったのです（サム上 15:9）。

　サウルが罪を犯したことに対し、神の啓示を受けた預言者サムエルはサウルを厳しく咎めました。しかしサウルは全く悔い改めず、ひたすら言い訳をするだけでした。

　まず、サウルは偽りました。

　彼は確かに神のみことばに背いたにもかかわらず、「わたしは主の言葉を実行しました」（サム上 15:13）と述べました。

　次に、罪を民になすり付けました。

　彼は、「民は、あなたの神、主にささげるために、羊と牛の最も良いものを残したのです」と言いました（サム上 15:15.21）。彼は自分の罪を隠蔽するために、その責任を民に被せるという卑劣な姿を見せました。

これに対し預言者サムエルは、「…あなたが主のことばを捨てたので、主もまたあなたを捨てて、王の位から退けられた」（サム上15:23b.26b）と退位を告げました。サムエルがサウルに廃位を宣言して去ろうとして身を返した時、サウルがサムエルの上着の裾を掴んだので裂けてしまいました（サム上 15:27）。上着が裂けたことは、サウルの王座が他人に移ったことを示す一つのしるしでした（サム上15:28）。サウル王が捨てられたのは、結果的にサムエルを通して伝えられた神のみことばに従わなかったからです。

>**サム上 15:22**「サムエルは言った。『主はそのみことばに聞き従う事を喜ばれるように、燔祭や犠牲を喜ばれるであろうか。見よ、従うことは犠牲にまさり、聞くことは雄羊の脂肪にまさる』。」

まことに神のみことばに従うことは、犠牲にまさるものです。神のみことばに背くそのものが占いの罪です。占い（呪い、魔法）は律法で禁じられていただけでなく、これを行う者（巫子）は必ず石で打ち殺すように定められています（出 22:18、レビ 19:26;20:27、申 18:10-12）。

また、神のみことばに強情であることは、偶像礼拝の罪に等しいと言われています（サム上 15:23）。ここで言う「強情」とは意地を張り、なかなか自分の考えを変えないことを意味します。ヘブライ語では「押しのける、傲慢だ」と言う意味のパーツァル（פָּצַר）で、「驕慢とずうずうしさ」を意味します。私たちは小さなことから大きなことまで神のみことばをないがしろにして、自分の思いのままに意地を張り、高慢にふるまう時が多くあります。さらに、厚かましく、ずうずうしいサウル王のように自分の罪は隠し、偽りをもって弁明するばかりで、自分の義を表すため自らの間違いを密かに他人になすりつけることも多々あります。

与えられた神のみことばの通り従えば、そのみことばの力が示され、神の栄光が現われますが、神のみことばに背いて従わなければサウル王が隠した雄羊の声がサムエルの耳に聞こえたように（サム上15:14）、結果的にはその罪がどこかで叫ばれて暴かれるものです（エゼ21:24）。ですから神の前で自分の行いを誇ったり、犯した罪を隠そうとすることは、虚しいことであり、薄っぺらな策術にすぎません。

　この事件の後、預言者サムエルはエッサイの子ダビデに密かに会って、油を注いで彼を王とされました（サム上16:13）。神はサウルが重ねてみことばに背いたために退けることに決めたのです。
　神はみことばに従う人を力強く用いてくださいます。しかし、みことばに背く者、犯した罪を最後まで悔い改めない者は捨てられ、神に用いられることはできません。

## 3. サウルとダビデの関係

　人が見るにはまた新しい王が登場する余地が、全く見られなかった時に、神はサウルの代わりにダビデ新しい王に選んで油を注ぎました。

### (1) ダビデの登場

　サウル王が背いた罪のゆえに、神が「彼を王に任じたことを悔いる」というみことばを聞いたその日、預言者サムエルは怒って（新共同訳；深く心を痛めて）夜通し、主に向かって叫びました（サム上15:11）。預言者サムエルは、神が大いに期待して油を注ぎ、サウルを王にされましたが（サム上10:1）、今は「神がサウルを王に立てたことを悔やむ」というみことばを伝えなければならなかったので、胸が張り裂けるような苦しみと悲しみによって、心が締め付けられたはずです。サムエ

Ⅰ　サウル王の歴史　　299

ルは自分が死ぬ日まで二度とサウルに会うことはなかったのですが、これはサムエルがサウルのために悲しんだからです（サム上 15:35）。

神は悲しみに沈む預言者サムエルに「あなたはいつまで彼のために悲しむのか」と言って、さらに「角に油を満たし、それをもって行きなさい。あなたをベツレヘムびとエッサイのもとにつかわします」と言われました（サム上 16:1）。年老いて髪が白くなったサムエルは（サム上 12:2）、サウルに殺されるかも知れない状況の中、「一頭の子牛を引いていって、『主に犠牲をささげるためにきました』と言いなさい。そしてエッサイを犠牲の場所に呼びなさい」と、神の命じられた通りに、ベツレヘムの町へ行きました（サム上 16:2-4）。

初めに預言者サムエルは、エッサイの長子「エリアブ」の外見を見て、直ちに彼に油を注ぎ王にしようと思いました。しかし神は「エリアブ」が王になる者ではなく、すでに彼を捨てた（退けた）と言われたあと、「人は外の顔かたちを見、主は心を見る」（サム上 16:7）と続けられました。エッサイは二番目の子アビナダブ、三番目の子シャンマ…このように7人の子を順番にサムエルの前を通らせましたが、その中には王として選ばれた者はいなかったのです。サムエルが「末の子が来るまで食卓につかない」と言いました。そこで人をやって末の子ダビデを連れて来ましたが（サム上 16:11）、彼は血色のよい、目のきれいな、姿の美しい人でした。神はダビデを示して「立ってこれに油を注げ、これがその人である」と言われました（サム上 16:12）。王として油注ぎが行われた時のダビデは、ひとりで羊を飼っていたので15歳位だったと推定されます。[48]

ダビデは犠牲をささげる場所に呼ばれることもなく、羊飼いにすぎませんでしたが、神はダビデに油を注いでイスラエルの君としました（代上 17:7、詩 78:70-71）。外見を見た時、どんなに世の中から疎外された卑しい者であっても、その心が御心にかなうなら、神に選ばれ

御心を実現する者になれます（行 13:22）。

　サムエルがダビデに油を注いだ日から、ダビデに主の霊が激しく臨みました（サム上 16:13）。一方、サウルは、悪い霊におびえました（サム上 16:14）。主の霊はサウルを離れ、主から来る悪霊が彼を悩ましたのです（サム上 16:14）。あまりにも対照的です。サウルは自分の悩みを癒すためにダビデを来させ、神が共にある（サム上 16:18b）ダビデのひく琴を聞く時、サウルは気が静まり、良くなって、悪霊は彼を離れました（サム上 16:23）。

　数日後、ペリシテびとが攻めてきました。ペリシテびとにはゴリアテという軍のかしらがいましたが、だれひとり彼に勝つことができなかったのです。ゴリアテは身のたけは 6 キュビト半（2.9m）の巨人でした。頭には青銅のかぶとを頂き、身に着けたうろことじのよろいの重さは 5,000 シケル（57kg）もありました。足には青銅のすね当てを付け、肩には青銅の投げやりを背負っていましたが、そのやりの柄は機の巻棒のようで、やりの先の鉄は 600 シケル（約 6.8kg）でした（サム上 17:5-7）。ゴリアテの武装は完璧で、誰も倒すことができませんでした。ゴリアテの前には、盾持ちが進みました（サム上 17:7.41）。

　このようにゴリアテは戦いを挑むために 40 日間、朝夕出てきて、イスラエル軍の前に姿をあらわしました（サムエル上 17:16.23）、その威容にサウル王とイスラエルびとは驚き、非常に恐れました（サム上 17:11）。

　その時、エッサイは子どもたちの安否を窺うために、末の子ダビデを陣営にいる兄たちの元に行かせました（サム上 17:18）。それはダビデを通して危機に置かれたイスラエルを救おうとする神の摂理でし

I　サウル王の歴史　　301

た。ダビデは戦列の方へ走って兄たちに会い、神をあざけるゴリアテの言葉を聞きました（サム上 17:22-23）。すべての民が非常に恐れながらゴリアテの前から逃げる中で（サム上 17:24）、ダビデはゴリアテの巨大な体格をものともせず、「この割礼なきペリシテびとは何者なので、いける神の軍を挑むのか」と大胆に言いました（サム上 17:26）。ダビデは、怒って制止する兄エリアブの言葉に応じることなく、かえってサウル王に「ゴリアテのゆえに気を落としてはいけない」と言い、自ら戦うことを志願したのです（サム上 17:28-32）。

　ダビデは父の羊を守っている時、神の助けを受けて、獅子や熊が来て群れの小羊を取った時、獅子と熊のあとを追って小羊をその口から救い出し、その獅子と熊を打ち殺した経験を活かして、神の軍を侮辱したこの割礼ないペリシテ人も、あの獣の一頭のようになり、自分は神が救い出してくださると確信しました（サム上 17:33-37）。

　この言葉を聞いたサウルは、自分のいくさ衣をダビデに着せ、青銅のかぶとをその頭にかぶらせ、うろことじのよろいを身にまとわせました。しかしダビデは、サウルのいくさ衣に馴染めなかったので、普段の羊飼いの身なりで、武器も持たないまま（サム上 17:39-50）、手につえをとり、谷間からなめらかな石5個を選びとって羊飼いの袋に入れ、手に石投げを取り、ゴリアテに近づきました（サム上 17:40）。それを見てゴリアテは「つえを持って、向かってくるが、わたしは犬なのか」と言い、神々の名によってダビデを呪い、ダビデの肉を空の鳥と野の獣のえじきにすると叫びました（サム上 17:43-44）。

　しかし、ダビデはもっと大胆にゴリアテに向かって「おまえはつるぎと、槍と、投げ槍を持って、わたしに向かってくるが、わたしは万軍の主の名、すなわち、おまえがいどんだ、イスラエルの軍の神の名によって、おまえに立ち向かう」（サム上 17:45.47）と言いました。その直後、ダビデは袋にあるなめらかな5つの石の中から1つをとり、

石投げで放ちました。その石はあっという間に飛んでいき、ゴリアテの額に正確に突き当たり、ゴリアテはうつぶせに地に倒れました。このようにダビデは石投げと石でペリシテびとに挑み、彼を殺しました。そして、ダビデはゴリアテのさやからつるぎを抜きとどめを刺し、その首をはねました（サム上 17:49-51）。それを見たペリシテの人々は逃げ出し、イスラエルは大きな勝利をおさめました（サム上 17:51b-54）。

### （2）ダビデのゆえに気を悪くしたサウル

　ダビデがペリシテとの戦いで勝利して帰って来る時に、「サウルは千を撃ち殺し、ダビデは万を撃ち殺した」と女たちが踊りながら互いに歌いかわしました（サム上 18:7）。ダビデの人気が高くなるとサウルは堪えられず、「ダビデに王座を奪われるのではないか」という思いに駆られ非常に怒り、その言葉に気を悪くしてしまいました。

> **サム上 18:8**「サウルは、ひじょうに怒り、この言葉に気を悪くして言った、『ダビデには万と言い、わたしには千と言う。この上、彼に与えるものは、国のほかないではないか』。」

　この「気を悪くして」という単語はヘブライ語「ラーア」（רָעַע）で、「破る、粉々に壊れる、割れる、傷つける」という意味です。これはサウルが自分の心に傷を受け、その心が回復することができないくらいに完全に壊れたことを意味します。「怒り」は、ヘブライ語「ハーラー」（חָרָה）で、「燃えあがる、熱くなる、激怒する」という意味で、サウルの怒りがこの上ないほど燃えあがった状態を表します。

　サウルは気を悪くすることで自ら大きな傷を受け、それは遂に怒りとして爆発してしまいました。その結果、サウルに悪の霊が激しく臨んで、サウルは家で狂いわめいた（ヘブライ語では「ナーヴァ」（נָבָא）で、

「偽った預言」という意味があります）のです（サム上 18:10）。まるで狂った人が大声を出すようにサウルが騒ぎ出したことを意味します。このように悪霊に捕らわれたサウルは、ダビデを殺そうと槍を2回も投げました（サム上 18:10-11）。

不快な感情が極限に至ると怒りがこみ上げ、その怒りによって悪霊が激しく臨み、それはとうとうダビデを殺そうとする行動につながりました。これは気を悪くすることが、私たちに、いかに恐ろしい結果を生みだすことになるのかを見せてくれます。だからエペソ4章26-27節では「怒ることがあっても、罪を犯してはならない。憤ったままで、日が暮れるようであってはならない」と言われています。心に怒りを抱くことは、悪霊に良い機会を提供することになります（参照 - 創 4:4-7）。

その後、サウルは娘ミカルをダビデに与えて彼を婿にしましたが、また槍を投げてダビデを殺そうとしました（サム上 19:9-10）。サウルは使者たちをダビデの家に向かわせて彼を殺そうと思いましたが、ミカルはダビデを密かに窓からつりおろして逃がしました（サム上 19:11-12）。

それから約10年間（BC1020～1010年）、サウルはダビデを殺そうとしたので、ダビデは逃避生活を余儀なくされました。[49]

ダビデに対する妬みで、彼を殺そうと血眼になっているサウルの姿は、まるでイエス・キリストを妬んで殺そうと血眼になった宗教指導者たちの姿を見ているようです（マタ 26:2-5、マル 14:1、ルカ 6:11;22:2、ヨハ 5:18;7:1.25.30;8:57-59;10:31-33.39;11:53）。しかし、ダビデが善をもって悪に勝ち、遂に王になったように、イエス・キリストも十字架にかけられ、3日目によみがえられることで死の力に勝ち、世の終わりには再臨し、王の王、主の主として光栄を受けるでしょ

う（1 コリ 15:25-26、黙 17:14）。

## 4. サウル王家の惨めな没落

　サウル王の不信仰は極みに達し、サウルは自分にへつらう家来の「エドムびとドエグ」に命じて、85 人の祭司たちを惨殺する罪を犯すことになります（サム上 22:6-22、特に 18 節）。

　そしてサウル王は、ペリシテとのギルボア山での戦いで 3 人の子と一緒に殺されます。彼はひどい傷を負い、自分の刀を取って、その上に伏して惨めな終わりを迎えました（サム上 31:1-13）。

　ペリシテの人々はサウルの頭を枕にして、頭がない死骸をベテサン城壁に釘で打ちこみました（サム上 31:1-10、代上 10:1-6）。ギリアデの人々はこの知らせを聞き、頭のない死骸をベテサン城壁から取りおろして火で燃やし、その骨を取って柳の木の下に葬り、7 日の間、断食しました（サム上 31:11-13、代上 10:11-12）。

　サウル王の残された子イシボセテは、40 歳の時王となってダビデに 2 年間対抗しましたが、結局失敗に終わり（サム下 2:8-10）、彼もバアナとレカブのふたりの家来に腹を突かれて惨めな死を迎えました（サム下 4:1-8）。

　サウル王の娘ミカルはダビデの妻でしたが、後に主の箱が町に入った時、ダビデが裸になって踊ったことを責めたために、死ぬ日まで子供がありませんでした（サム下 6:23）。

　また、王家の没落と関連して一つ忘れてはいけないことは、サウル王がギブオンびとを殺した事件です。ギブオンびとはヨシュアがカナンを攻める時、主にあって和を講じ、契約を結びました。神はギブオ

ンびとを殺さないように命じられたので、ヨシュアは彼らを主の祭壇のためにたきぎを切り、水をくむ者としました（ヨシ 9:21-27）。

ところがサウル王がこの契約を破ってギブオンびとを殺すことによって、神に大きな罪を犯し、それが原因となり、ダビデ王の時代に3年間の飢饉が起こりました（サム下 21:1-2）。人々はキブオンびとと結んだ契約を長い間忘れていたために、3年間続いたききんの原因が、ギブオンびとと関連しているとは思いもしなかったのです。しかし、神は神の名によって結んだ契約を破棄した罪を見逃さないで、キブオンびとを殺したサウル王家をその罪のゆえに徹底的に戒めました。

キブオンびとの要求どおり、サウル王家の残りの7人を木にかけて殺したとき、神はその地のために祈りを聞かれました（サム下 21:3-14）。その7人は、サウルのそばめリヅパから生まれた2人の子アルモニとメピボセテ、サウルの娘メラブから生まれた5人の息子でした（サム下 21:8）。サウルのそばめリヅパは、自らの子たちの死骸を公衆の鳥やドルジムスングがかじることができないように日夜守る母性愛を見せ、ダビデはこの可憐な女性の真心に感動し、彼らの骨をサウルとヨナタンの骨とともに葬ったのでした（サム下 21:10-14）。まことに憐れなサウル王家の最後でした。

サウル王家の悽惨な没落の根本的な原因は、サウル王が犯した罪でした。サウル王が犯した第一の罪は、神のみことばを守らず軽んじたことです（サム上 13:8-14;15:9.22-23）。第二の罪は、主に問うことをせず、口寄せの女に問うたことです（代上 10:13-14）。サウル王はペリシテびとが攻めて来た時、変装してエンドルの口寄せの女のもとを訪ねたことがあります（サム上 28:3-19）。第三の罪は、神の名によって結んだ契約を破棄したことです（サム下 21:1-14）。真にサウル王家の没落は神の徹底的な懲戒の結果でした（出 20:5;34:7、民 14:18）。

サウルの死は神のみことばに何度も逆らい、悔い改めることをしない者の結末がどうなるかを明らかに示しています。

　初代の王サウルが神のみことばに逆らうことによって、イスラエルは危機に直面しましたが、後に神はダビデを新しい王として選ばれました。神はダビデを通して新たな神政体制を構築し、イエス・キリストの道を備えて救済史的経綸を成し遂げていきました。

# II
# ダビデ王の歴史

　ダビデはエッサイの八番目の子で、15歳頃に預言者サムエルを通じて王として油注ぎを受けます（サム上 16:13）。王の宮に入って琴を演奏し、悪霊によって悩まされているサウルをいやしました（サム上 16:21-23）。そしてペリシテとの戦いで、ダビデがゴリアテを石で殺した後、女人たちがサウル王を歓迎する際、「サウルは千を撃ち殺し、ダビデは万を殺した」と踊りながら互いに歌いかわしたことによって、サウルの怒りを買い、追い回されるようになります（サム上 18:7）。

　しかしダビデには神が共におられたので、彼はイスラエルとユダのすべての人々から愛され、非常に尊敬されるようになりました（サム上 18:16.30）。サウル王までも、主がダビデと共におられることを認めるほどでした（サム上 18:28）。このダビデを妬んだサウルはダビデを殺そうと思い、琴をひいているダビデを狙って槍を投げ（サム上 18:11.19:9-10）、ダビデの家に使者たちをつかわしてダビデを殺させようとしました（サム上 19:11）。

　ダビデは進退両難の危機から自分を助けてくれるのは、ただ神だけであることを悟り、生かしてくれるよう切に求めました。この時ダビデが作った詩が詩篇 59 篇です。詩篇 59 篇の見出しには、「サウルはダビデの家に使者たちをつかわして見張りをさせた」と記録されています。サウルが遣わした使者たちはダビデの家を見張り、朝になったらダビデを殺すよう命令を受けていました（サム上 19:11）。ダビデは

サウルから遣わされた使者たちを指して、「ひそみかくれて、命をうかがう者」、「力ある者」、「共に集まってわたしを攻める者」（詩 59:3）、「犬のように吠えて町をあさりまわる者」（詩 59:6.14）、「血を流す人」（詩 59:2)、「口をもって吠え叫び、そのくちびるをもってうなる者」（詩 59:7）と呼びました。

このようにダビデは、一国を支配する王の強い力が、自分を踏みつけようと取り囲み、夕暮れまでつけ狙われるという、非常に危機的な状況にありました。そこでダビデは自分を敵から救ってくださるように、自分に逆らって起こり立つ者から守ってくださるようにと訴えています（詩 59:1-2）。ダビデは自分には罪も咎もないことを堂々と告白しながら、神が自らの危機的な状況を、目を覚ましてご覧になり（詩 59:3-4）、高ぶる悪人たちを公義の神が滅ぼしてくださるようにと切に求めました（詩 59:11-13）。

ダビデは遂に、悩みの日には神が自分の避け所であり、「主の力」こそ「わが力」であり、「わが高きやぐら」であると確信しながら、朝に主の力をうたい、主のいつくしみを声高らかにほめうたうと告白しました（詩 59:9-10.16-17）。ダビデは敵が何の理由もなく、偽りと欺きをもって自分の命を狙おうとする苦しい状況から、また恐ろしい敵が力を合わせて自分を探し回る死の危機から、神への信仰に立って、救いの朝が来ることを確信しながらほめうたいました。最後まで神の憐れみだけをひたすら待望しました。

神はダビデの祈りを聞き入れ、ミカルを用いてダビデを窓からつりおろして、逃げ出す道を開いてくださいました（サム上 19:11-17）。この詩篇からダビデの長い逃避生活が始まったのです。

＊史上初、救済史的観点におけるダビデの逃避経路まとめ

# 1. ダビデの逃避生活

　聖書はダビデの逃避生活に関して、とても詳細に記録しています（サム上 19-31 章）。ダビデの逃避生活が始まったのは、ペリシテのゴリアテを殺して間もない BC1020 年頃でした。この頃から、ダビデがヘブロンで王になった BC1010 年まで、ダビデの避難生活は約 10 年も続きました。ダビデは逃避する過程で紆余曲折と様々な苦難を通して、他人の困難を理解する心を持ち、どんな逆境にも乗り越えることができるよう、真のリーダーとして成長するために試みられました。

　ダビデの 10 年間の逃避生活は、大きく三つの時期に分けられます。

第 1 期　　ラマからハレテの森までの行路
　　　　　（約 BC1020-1018 年、サム上 19:18-22:23）

第 2 期　　ケイラからジフの荒野までの行路
　　　　　（約 BC1017-1015 年、サム上 23:1-26:5）

第 3 期　　ペリシテの地ガテからチクラグまでの行路
　　　　　（約 BC1014-1010 年、サム上 27:1- サム下 1:27）

　ダビデが逃避した場所は 16 箇所に上ります。ダビデの逃避した場所は、聖徒の避け所となる神の影を私たちに見せてくれています。私たちの真の避け所は神のみです（サム上 22:3、詩 14:6;46:7.11;91:2.9;142:5;144:2、エレ 16:19、ヨエ 3:16）。

## 第 1 期 - ラマからハレテの森までの行路
### The first course - Journey from Ramah to the Forest of Hareth

BC 1020 〜 1018 年、約 3 年間、サムエル記上 19:18-22:23
〈ダビデの逃避行路の地図で青色に表示された区間〉

1 ラマ→　2 ギベア（ヨナタンへ）→　3 ノブ→　4 ガデ→
5 アドラムのほら穴→　6 モアブのミヅパ→　7 ハレテの森

　ラマのナヨテからハレテの森までの第 1 期逃避行路は、サウルの追跡があまりにも猛烈であったため、ダビデが戦々恐々と逃避していた時期です。「ダビデの逃避行路」の地図を見ると、外国のペリシテの地やモアブの地へ逃避するなど、その行路が第 2 期、第 3 期に比べて長いことが分かります。この時期にはノブの祭司 85 人の虐殺事件があり、またダビデの周辺に人々が集まり始めた時期でした。アドラムのほら穴には約 400 人（サム上 22:2）が集まり大きな共同体を成していました。この逃避生活において、ダビデは一人ではなく多くの群れが彼と共にあったのです（サム上 22:6;23:5.8.24.26;24:2-4.22;25:13.20;27:2-3.8;29:2.11;30:1.3.9.30）。この群れは逃避生活を終えてヘブロンに上がる時にも、行動を共にしました（サム下 2:1-3）。

　サムエル記下 23 章 8-39 節、歴代志上 11 章 10-47 節には、ダビデの 30 人の勇士、そしてそのかしらである 3 人の勇士が登場しますが、これらの大半はダビデが逃避生活をしていた際に集まった人々で、ダビデが危機に直面し、多くの人がダビデから離れる時にも、最後まで残って忠誠を尽くしました。これらのことから判断するに、ダビデの逃避生活は、神の特別な摂理の中で、最後の勝利のために備えられた祝福の期間であったと思われます。

## 1 ラマ / רָמָה / Ramah / サム上 19:18-24

　ラマはエルサレムから北へ 8km の所に位置し、後にイスラエル王国とユダ王国の間の国境地域になりました。ラマは「高い所」という意味を持っています。最も高い所におられる神は、真の避け所です（ヨブ 25:2）。

　ミカルの助けによりサウルの殺害計画から辛うじて抜け出したダビデは、真っ先にラマへ逃避しました。そこには預言者サムエルがいたからです。ダビデは預言者サムエルのもとに行き、サウルが自分に行ったことをすべて告げ、サムエルとともに「ナヨテ」（Naioth、サムエル時代の「預言者学校」）に行って居住しました（サム上 19:18）。

　そこでサウルは、ダビデがラマのナヨテにいるとの知らせを聞き、ダビデを殺すために使者たちを遣わしました（サム上 19:19）。

　ところが、三度にもわたってつかわした使者たちはダビデを捕らえるどころか、神の霊が臨み預言して帰って行きました（サム上 19:20-21）。そこでサウルが直接出て行きましたが、彼もラマのナヨテに着くまで預言し、さらに預言者サムエルの前でも着物を脱いで預言して、一日一夜、裸で倒れ伏していました（サム上 19:23-24）。その間に、ダビデは逃げることができました。

　ここでサウルが服を脱いだことは、将来彼が王座から退けられることを暗示しているかのようです。サウルは自分もどうにもならない神の御わざを目の当たりにした時、ダビデを殺すことが神の御心ではないことを悟るべきだったのです。しかし、サウルはダビデを殺すという計画を諦めませんでした。

## ② ギベアのヨナタンへ / אֶל־יוֹנָתָן גִּבְעָה /
To Jonathan in Gibeah / サム上 20:1-42

　ギベアはベニヤミン部族の町で（士 19:14;20:10）、サウルの故郷でもあり（サム上 10:26、11:4）、サウルが王になった後ペリシテを打ち破って「サウルのギベア」と呼んで、都にした所です（サム上 15:34;23:19;26:1）。ギベアは「丘、小さな山」という意味で、「ヨナタン」（יְהוֹנָתָן）は「主が与えられた」という意味です。

　ラマのナヨテでサムエルとともに住んでいたダビデは、再び逃亡しギベアにいるヨナタンを訪ねました（サム上 20:1）。ヨナタンはダビデを自分の命のように愛し、彼と共に契約を結んだことがありますが、その際に、自分が着ていた上着を脱いでダビデに与え、また軍服と刀と弓、そして帯をも与えました（サム上 18:3-4）。

　ダビデはサウル王によって、何度も死の境を乗り越えながら（サム上 18:11.17.21.25;19:1）、その命がまるで死の入り口に立っているかのように、非常に危険な立場にありました。ヨナタンを尋ねて来たダビデは「わたしと死との間は、ただ一歩です」（サム上 20:3）と言いました。不当な苦しみを受けて窮地に追い込まれたことで、非常に弱くなり、不安に思うダビデの心境がうかがえます。

　ダビデはサウルを避けて逃げる前、最後にサウルの意中を確かめようとしました。もしサウルが殺そうとするつもりもないのにダビデが逃げ続けるならば、彼は永遠に不忠の逆臣として罵倒される恐れがあるからです。このような緊迫した状況において大きな助けとなった人が、サウルの息子ヨナタンでした。

　ダビデがラマのナヨテから逃げてヨナタンのもとに来た時、二人は互いに守りあう約束を交わしました。ヨナタンはダビデが頼んだとお

Ⅱ　ダビデ王の歴史　　313

り彼を守ると約束し（サム上 20:12-13）、反対に、自分と自分の子孫を守ってくれるようダビデに頼みました（サム上 20:14-16）。

　サウルは、新月の王の食卓にダビデが２日間来なかったので、彼を連れてこさせて殺すよう命じました（サム上 20:31）。ヨナタンはその席でダビデを守ろうとして、父サウルが投げたやりで撃たれるところでした（サム上 20:33）。ヨナタンはサウルがダビデを殺そうとしていることを理解し、約束どおり矢の信号を放ち、隠れているダビデと会いました。

　その際、ダビデはヨナタンを命の恩人として感謝の意を表し、地にひれ伏して三度敬礼し、二人は互いに口づけし、抱き合って泣き、ダビデはいっそう激しく泣きました。実にヨナタンは、ダビデを自分の命のように惜しんで自分ができる限りをつくしました。ヨナタンはその悲しみを抑えながら逃避生活へと発つダビデを慰めて、「無事に行きなさい。われわれふたりは、『主が常にわたしとあなたの間におられ、また、わたしの子孫とあなたの子孫の間におられる』と言って、主の名をさして誓ったのです」（サム上 20:42）と励ましたのです。その後ダビデとヨナタンは、ジフの荒野で最後の出会いの時を持つことになります（サム下 23:15-18）。

　命が脅かされる切迫した状況で、ヨナタンはダビデにとって言葉で言い表せない大きな力と慰めになったはずです。ヨナタンは「主が与えられた」という意味です。ダビデにとってヨナタンは、神から与えられた大きく、特別な恵みの贈物であり、自分の命のように大事な存在でした。

　ヨナタンはサウルの息子であり、ダビデが死んだ時には自分が王になれるという状況なのにもかかわらず、ダビデを死の危機から救い、自分よりもダビデが王になることのほうが神の御心であると信じまし

た。父サウル王は神の主権に逆らって、ダビデを殺そうと血眼になっていましたが、ヨナタンは神の主権を絶対的に信頼し、ダビデの身の安全をのみ求めていました。

ダビデに対するヨナタンの愛は、女の愛にまさっており（サム下 1:26）、すべての条件と境遇を超えて終始一貫して、少しも偽りがなかったのです。それは信仰によらなければ不可能なことであり、ヨナタンは実に大きな信仰の持ち主だったと言えます（参照 - サム上 14:6）。ダビデは、後日ヨナタンが父サウルとともにギルボアの戦いで死んだ時、「弓の歌」をもって彼の死を哀悼し（サム下 1:18-27）、ヨナタンの息子であるメピボセテを惜しむことでヨナタンとの約束を守り、その恩に報いることができました（サム下 9;21:7）。

## ③ ノブ / נֹב / Nob / サム上 21:1-9

ノブはエルサレム北東約 1km の所に位置する町で、エルサレムを臨む場所にあって、「祭司たちの町」と呼ばれました（サム上 22:19）。ノブには「高い所」という意味があります。

イエス・キリストは十字架で死んで、3 日目によみがえられ、栄光のうちに天に上げられました（1 テモ 3:16、ヘブ 1:3;7:26）。天に上げられたイエス・キリストは私たちの真の避け所です。

サウルの殺害の思いを確認してヨナタンと別れたダビデは、サウルの追跡を避けて、実質的な逃避生活を始めました。窮地に追い込まれたダビデが初めて訪ねた所がノブでしたが、そこは祭司が神に生贄をささげる聖所があったので、ダビデは将来のことについて神に問おうとしたのでしょう（サム上 22:10.15）。

II ダビデ王の歴史 | 315

ダビデに会った祭司アヒメレクは、おののきながらダビデを迎えました（サム上21:1）。王の婿であるアヒメレクは、イスラエルの英雄であるダビデが供もなく、一人で来たことに対して驚き、何か起こったのではないかと思い、不安感に捕らわれておののいたのです。それでアヒメレクは「どうしてあなたはひとりなのですか。だれも供がいないのですか」と言いました（サム上21:1）。

　ダビデは自分が追われていることを隠し、王の命令を遂行するために一人で来たと偽って答えました（サム上21:2）。もし自分がサウルから追われていることをアヒメレクが知れば、サウルの処罰が恐ろしくて助けてくれないと判断し、ダビデは利己心で偽りました。結局、アヒメレクはダビデが追われているとは知らずに、ダビデの要求したパンと、ゴリアテの剣を与えました（サム上21:8.9）。

　ところがサウルの牧者の長であるドエグ（サム上21:7）は、後にダビデがハレテの森に隠れている時、この件をサウルに告げ口しました（サム上22:9.22）。その結果、アヒメレクとその父の全家の祭司たちは反逆をはかったという濡れ衣を着せられて、ノブの男、女、幼児、乳飲み子、牛、ロバ、羊まですべて殺されました（サム上22:18-19）。サウルの家来たちは祭司たちを殺したがらなかったので、サウルはドエグに祭司85人を殺させました（サム上22:17-18）。このように、ダビデの偽りは、罪のない多くの人々の血を流す原因になってしまったのです。

## ④ ガテ / נב / Gath / サム上 21:10-15

　ガテはノブから南側に約37km、ガザ（Gaza）から北東に約42キロの場所にある、ペリシテの五つの町の中のひとつでした。この町はエグロンの南側の内陸に位置し、ほかの町よりも東側に位置していて、

ユダの近くにありました。ペリシテの将軍ゴリアテは「ガテ人」でした（サム上 17:4）。ガテは、「酒を絞る樽」という意味を持っています。

「酒を絞る樽」とは、ぶどう酒を作るためにぶどうを入れて足で踏んで絞る大きな酒ぶねのことで（哀 1:15、イザ 16:10）、ぶどうを足で踏むように、神がさばかれることを表す時に使われる表現です（黙 14:19）。

ダビデはサウルを恐れてノブから逃げ出し、ペリシテのガテの王アキシのもとへ行きました（サム上 21:10）。ダビデがガテに逃げた理由は、ガテは距離的に近く、サウルが自分の敵であるペリシテの町まで捕まえに来ることはないだろうと思ったからです。しかしアキシの家来たちは、ダビデがペリシテの将軍ゴリアテを殺した者であることを知り、それをアキシ王に知らせました（サム上 21:11）。それを知ったダビデは、アキシ王を非常に恐れ、彼らの前でわざと変に振るまい、門の扉を打ちたたき、よだれを流したりして、気が変になったふりをしたことで、辛うじて命だけは助かりました（サム上 21:13-15）。

こうして「ダビデがガテでペリシテ人に捕えられた時」に書いた詩が、詩篇 56 篇です。詩篇 56 篇の表題は「はるかな沈黙の鳩」に合わせたダビデの詩として知られています。国を離れ、異邦のペリシテの地、そこで自分の物悲しい身の上を歌ったものです。

ダビデはサウルの執拗かつ絶えることのない追撃と、隠れ場所をみな見つけ出してはその情報をサウルに知らせる敵対者のゆえに（サム上 23:22-23、詩 56:6b、参考 - サム上 19:19;23:7、13.19;24:1;26:1）、心を休めて落ち着ける場所がありませんでした。危険な状況に陥ると、日夜を問わず安全な場所を探してあちこちをさまよう、実に命をかけた逃避生活でした。だからダビデは、サウル王の剣を避けるため、異

邦のペリシテの地へ入ったのです。そんな亡命者の身の上であり、生きている心地のしない、度を過ぎた危険にさらされていたダビデの心は、乱れ惑い、極度の悲しみにあふれていたはずです。

この時ダビデは、いつ終わるのかも分からない危険で不安な避難生活をさして、「あなたはわたしのさすらいを数えられました」（詩56:8a）と表現しました。これはダビデが敵に追われてさすらう悲惨な身の上を、神はすべて数えておられるという確信であり、各所をさまよう苦労と痛みをすべて覚えてくださいという、切なる訴えです。

ペリシテに逃れた時、ダビデはどれだけ悲痛な気持ちであったことでしょう。彼の目から流れる涙を「わたしの涙をあなたの皮袋に蓄えてください」と祈りました（イザ56:9）。どれだけ涙を流したら皮袋に蓄えるほどになるでしょうか。

ダビデは生死の境で自分を殺そうとする悪の力に囲まれ、表すことのできない恐怖に包まれましたが、この苦しみは神の経綸の中で与えられた恵みであることを悟り、最後まで神により頼もうという確信に満ちた告白をしたのです（詩56:3-4）。さらに、「そのみ言葉をほめたたえます」（詩56:4.10）とも言っています。たとえ今は言葉にできないほどのつらい窮地に陥っていても、自分に与えられた変わることのないみことばをつかみ、その約束をなされる神を最後まで望みながら賛美しようという偉大な信仰告白です。

ダビデは神により頼んで祈る時、神の助けによって敵が退いていくのを体験し（詩56:9）、自分を殺そうと追いかけていた人々が、何もなし得ることができなかったと告白しました（詩56:4下.11b）。聖徒が神のみことばを覚え、その約束を守られる神により頼むとき、悪しき者が手を触れるようなことがないように守ってくださいます（Ⅰヨハ5:18）。抜け出すことのできない悩みのうちにあっても、神の前に自分の事情を涙ながら呼び求めれば、神はその涙を皮袋にたくわえて、

わたしたちを慰め、わたしたちの苦労をすべて数えられ、必ず報いてくださいます。

　ダビデはガテの王アキシから命からがら脱出した出来事を背景として、後に詩篇34篇を書きました。[49] 詩篇34篇の表題は、「ダビデがアビメレクの前で狂気の人を装い、追放された時に書いた詩」であると記録されています。ダビデが過去にゴリアテを殺した張本人であることが明らかになり、死ぬかもしれないという一触即発の危機の中、気が変になったふりをして助けられたのは、すべて自分の祈りに対する神の答えであったと告白しています。詩篇34篇5節で、「わたしが主に求めたとき、主はわたしに答え、すべての恐れからわたしを助け出された」、詩篇34篇7節で、「この苦しむ者が呼ばわった時、主は聞いて、すべての悩みから救い出された」と告白しています（詩34:17-18）。

　ダビデは命の危機を目の前にして、具体的かつ迅速な答えを受けたことにより、詩篇34篇5節で「主を仰ぎ見て、光を得よ、そうすれば、あなたがたは、恥じて顔を赤くすることはない」と宣言しました。

　ダビデが、死の直前にも希望に満ちた賛美の告白をささげたように、たとえ私たちが敵に四方を囲まれたとしても、落胆することなく主により頼めば、決して辱めを受けることはありません（詩22:5;25:3）。

## 5 アドラムのほら穴 / מְעָרָה עֲדֻלָּם /
The Cave of Adullam / サム上 22:1-2

　アドラムは、ガテから南東に約16km、ヘブロンから北に約17kmの位置にあります。アドラムは「避け所、隠れ場、隔離された場所」という意味を持っています。詩篇119篇115節で、「あなたはわが隠れ家、わが盾です」と語っています。主だけがわたしたちの真の避け

Ⅱ　ダビデ王の歴史　　319

所であり隠れ場です（詩 32:7）。

　ダビデはペリシテの地ガテで切迫した危機に陥ったあと、かろうじて命拾いしてアドラムのほら穴に逃げました。アドラムはカナンを征服した後、ユダ部族に与えられた町でした（ヨシ 12:15;15:35）。

　ダビデが「アドラムのほら穴に行った」という知らせを受けたダビデの兄弟と父のすべての家族が、彼のもとに行きました（サム上 22:1）。当時、ひとりの人物のために、そのすべての家族を殺すことがよくあったので（参考 - サム上 22:18-19）、ダビデの家族はサウル王を避けてアドラムのほら穴に来たのです。

　この時、すべての虐げられている人々、負債のある人々、心に不満のある人々おおよそ 400 人がダビデのもとに集まりました（サム上 22:2）。若いダビデは彼らを治めながら、理解と忍耐、そして謙遜と寛大さを学び、徐々にイスラエルの王としての資質を備え始めました。

　ダビデがアドラムのほら穴にいる頃、ペリシテの軍隊はその近くのレパイムの谷に陣を張っていました。その時ダビデは突然、故郷の井戸の水を懐かしみながら「ダビデは、切に望んで、『だれかベツレヘムの門のかたわらにある井戸の水をわたしに飲ませてくれるとよいのだが』」（サム下 23:15、代上 11:17）と言いました。これを聞いて、30 人の長の中の 3 人が命をかけてペリシテびとの陣を突き通って、その井戸の水を汲み取ってきました。ダビデは命の危険をいくつも乗り越えて汲まれた水を受け取ると、「命をかけて行った人々の血」であると言って、飲まずに神の前にその水を注ぎました（サム下 23:16-17、代上 11:18-19）。

　ダビデがほら穴にとどまりながら、自分の寂しさや苦しい境遇を歌ったのが詩篇 142 篇です。表題には「ダビデがほら穴にいたときに

書いた詩、祈り」と記録されています。ここでダビデは自分の苦しい境遇を、「わが嘆き」（詩 142:3）、「わが悩み」（詩 142:3）、「わが霊のわがうちに消えうせようとする時」（詩 142:4）、「わたしは、はなはだしく低くされています」（詩 142:7）と表現しています。しかしダビデはこのような涙の状況のうちにも、「あなたはわが避け所、生ける者の地でわたしの受くべき分です」（詩 142:6）と希望に満ちた信仰の告白をしました。

## ⑥ モアブのミヅパ / מִצְפֵּה מוֹאָב /
Mizpeh（Mizpah）of Moab / サム上 22:3-4

　モアブはロトの長女が産んだ子で、モアブびとの先祖です（創 19:37）。ミヅパは「やぐら」という意味を持っています。モアブのミヅパは死海の東側に位置した地域ですので、ダビデは非常に遠くまで逃げたということです。主の名は堅固なやぐらであり（箴 18:10）、三なる神こそ敵から逃れる堅固なやぐらです（詩 61:4）。

　ダビデはアドラムのほら穴から、モアブのミヅパに避け所を移しました。ダビデの祖先であるルツ（祖父の母）がモアブ出身であり、当時サウルはモアブと戦争中だったこともあって（サム上 14:47）、自分の両親をしばらくの間モアブの王の所に預けることができました（サム上 22:3）。

　この時ダビデはモアブの王に両親を預けながら、「神がわたしのためにどんなことをされるかわかるまで」（サム上 22:3 上）と言いました。ダビデはサウルの危険を避けて逃げまわる不安定な状況であったにもかかわらず、神が自分の一挙手一投足を主権的に摂理され導いておられるという強い確信を持っていたのです。それで異邦の王の前に両親を預けながらも人間的な恐れを持つことなく、神の絶対的な主権によ

り頼んだのです。

　一国の王から命を狙われて日々追われる中、ダビデは親を置き去りにすることなく、身の安全のために特別にもてなしました。ダビデは天におられる神を畏れ敬い、地にいる親を敬う真の信仰による人格者でした。

　ダビデがモアブの王に両親を預けるとき、ダビデは彼の「要塞」(מְצוּדָה、マーチュード) にいたと記録されています (サム上 22:4)。この「要塞」とはモアブにある不特定な要塞とも、「マサダ」(Masada) とも言われています。マサダは「山の要塞」という意味で、エンゲデの南側に約16kmの場所に位置した、死海の西側の海岸にある、難攻不落の岩でできた要塞です。

## ⑦ ハレテの森 / יַעַר חֶרֶת /
the forest of hereth (hareth) / サム上 22:5-23

　ハレテの森はケイラとアドラムの間にある森で、ケイラの近くにあると知られていましたが、正確な位置はいまだに明らかにされていません。ハレテは「木がうっそうとした森」という意味を持っています。イエス・キリストは、「生木」(ルカ 23:31)、「大きな木」(マタ 13:31-32) とたとえられたりもしています。イエス・キリストは、すべての神の民をふところに置くに十分な、大きくてうっそうとした命の森ということです。

　ダビデは預言者ガドから、「ユダの地に入りなさい」というみことばを聞いて、ユダの地にあるハレテの森に移りました (サム上 22:5)。
　一方、サウルは彼の家来ドエグから、祭司アヒメレクが「ダビデの

ために主に問い、また彼に食物を与え、ペリシテびとゴリアテのつるぎを与えました」という知らせを聞きました（サム上 22:9-10）。サウルはドエグに命じ、アヒメレクと一緒にノブにいる祭司 85 人を殺し、ノブの男女や、子供たちと乳飲み子供、そして獣までも殺す、血なまぐさい悪事を行いました（サム上 22:18-19）。

その時アヒメレクの子のうち、アビヤタルだけがサウルの剣から逃れ、九死に一生を得て、ダビデのもとを訪れ、この事実を伝えました。ダビデは祭司たちが死んだ原因が自分にあると思い、アビヤタルを自分の元にとどまらせました（サム上 22:20-23）。

ダビデは自分のせいで無残に殺されたアヒメレクと祭司たちを思い、胸が裂けそうになるほど苦しんだことでしょう。ダビデの心には残酷な血の報復を起こしたドエグに対して、抑えることのできない義憤が押し寄せてきました。

ダビデは非常に悩まされ、やり場のない心をもって詩篇 52 篇を書きました。彼はドエグをさして「力ある者」（詩 52:2）と言いながらも、ノブの地で行われた大虐殺がもたらした惨状は「鋭いかみそりのように虚偽を行う」ドエグの欺きの舌のためであると指摘しました（詩 52:3-4）。舌をうまく使えば人を生かす良薬になり（箴 12:18;16:24）、聞く人の心を楽しく愉快にしますが（箴 15:23;23:16;27:9）、ドエグのように人を中傷し、欺く舌は罪のない者を、ゆえなく刺し殺す鋭い剣のようなものです（詩 57:5）。

ドエグのように、神に頼らず、自分の力と富に頼る者はしばらく栄えるように思われますが、永遠に天幕から引き離され、生ける者の地からも根絶され、完全に滅ぼされるでしょう（詩 52:2.7）。しかし絶望するしかない悲惨な状況でも神に頼れば、永遠に枯れることのない

オリブの木のように堅く立つことができるのです（詩 52:8）。

## 第 2 期 - ケイラからジフの森までの行路
The first course - Journey from Ramah to the Forest of Hareth

BC 1020 〜 1018 年、約 3 年間、サム上 19:18-22:23
〈ダビデの逃避行路の地図で青色に表示された区間〉

⑧ケイラ→　⑨ジフの荒野→　⑩マオンの荒野→　⑪エンゲデの荒野
⑫パランの荒野→　⑬カルメル→　⑭ジフの荒野

　ダビデの逃避行の中で、第 1 期に当たる 5 番目の避難場所であるアドラムのほら穴では、おおよそ 400 人が集まりましたが（サム上 22:2）、第 2 期の避難場所であるケイラで 600 人に増えていました（サム上 23:13;27:2）。

　ダビデの逃避行路第 2 期に当たる場所は、最初のケイラを除けばすべて荒野でした。ダビデは、ケイラの人々が自分をサウルの手に渡すというつらい答えを神から受け（サム上 23:12）、サウル王の目を避けるため、結局人気がなく獣の多く潜む荒野で、約 3 年間さまよわなければなりませんでした。ジフの荒野（サム上 23:15）、マオンの荒野（サム上 23:24）、エンゲデの荒野（サム上 24:1）、ジフの荒野にあるハギラ山をさまよいました。預言者サムエルが死んだとの知らせを聞いたときは、非常に遠くのパランの荒野まで逃げなければいけませんでした（サム上 25:1）。

　ダビデはイスラエルの王として油を注がれた後、最高権力者に与えられる繁栄と権勢を得る前に、荒野の恐怖と索漠たる思いの中で厳しい苦難と数多くの挫折に耐えなければいけませんでした。さらに自分

の同胞の密告と裏切り、そして痛切な孤独の中で鍛錬を受けました。

## 8 ケイラ / קְעִילָה / Keilah / サム上 23:1-13

　ケイラはヘブロンの北西約14kmの場所にある、ユダとの境界にある重要な町です。ケイラは「要塞、要地」という意味を持っています。要塞は堅固な砦や防衛施設のことです。神はわたしたちの真の要塞です（サム下 22:2.33、詩 18:2;91:2;144:2）。

　祭司アヒメレクと多くの人々が殺されたという悲しい知らせを受けたとき、ダビデは予想だにしなかった問題に直面します。

　ダビデがハレテの森にとどまっている間、ペリシテの人々がユダの地ケイラを攻めて、打ち場の穀物をかすめているという知らせを受けたのです（サム上 23:1）。ペリシテは食糧を略奪するために、イスラエルの中核要塞であるケイラまで侵入してきました。

　この時ダビデは自分の思いのままに行動せず、神に「わたしが行って、ペリシテびとを打ちましょうか」と尋ねました。繰り返される避難生活を通して、ダビデは何かをする前に、必ず神に尋ねる信仰を持つようになりました。神は「行ってペリシテびとを打ち、ケイラを救いなさい」と答えられました（サム上 23:2）。その時従者たちはダビデを引きとめ、今は情勢が非常に悪いので、ペリシテの軍と戦うのはよくないと言いました。しかしダビデは、再び神に尋ね、神から「立って、ケイラへ下りなさい。わたしはペリシテびとをあなたの手に渡します」と語られ、確信を与えられました（サム上 23:4）。

　ダビデは非常に苦境な立場にあるにもかかわらず、神のみことばだけを信じて従い、出て行った結果、ペリシテびとと戦って勝利を収め、戦利品として家畜を得、ケイラの人々を救いました（サム上 23:5）。おそらくこのケイラでの勝利をきっかけに、ダビデは逃避者ではなく、

イスラエルを救う指導者として認識され始めたはずです。

　神のみことばに従いペリシテを討ち、ケイラを救いましたが、誰かがダビデがケイラにいることをサウルに知らせたために（サム上23:7)、居場所をサウルに知られてしまいました。その時サウルは「神はわたしの手に彼をわたされた。彼は門と貫の木のある町にはいって、自分で身を閉じ込めたからである」と喜び、急いですべての民を兵士として召集しました（サム上23:7-8)。

　その時ケイラの住民は、自分たちをペリシテびとの手から救ってくれた命の恩人ダビデを助けるべきでしたが、サウルの脅威を受けると一瞬のうちにダビデを裏切りました。ダビデの心は言葉で言い表せないほど、寂しく虚しかったはずです。

　ダビデはウリムとトンミムを通して指示された神のみことばに従い、急いでケイラから逃げなければなりませんでした（サム上23:9-12)。

　ケイラからサウルを避けて逃げるダビデの姿をさして聖書は、「いずこともなくさまよった」（サム上23:13)と語っています。文字どおり「行ける所ならどこにでも行った」という意味ですが、ダビデはサウルに追われ、一定した路程がなく、その時その時の状況と成りゆきに任せて、危険を避けることができるなら、場所にこだわらず、あてのない生活を送っていたことを示しています。これをさして「ダビデは荒野にある要害におり、またジフの荒野の山地におった。サウルは日々に彼を尋ね求めたが…」（サム上23:14 上）と語っています。

　ダビデは数多くの死の山場を乗り越え、反逆と裏切りと恩義にそむく苦い杯を味わいながら、行くあてのない逃亡の日々を送りました。しかしダビデは人に望みを置かなかったために、人を恨むことをせず、

ただ神に近づき、神の慰めだけをしきりに望むという偉大な信仰を身につけました。

## ⑨ ジフの荒野 / מִדְבַּר זִיף / The Wilderness of Ziph / サム上 23:14-23

　ジフの荒野はヘブロンから南南東約6キロの場所に位置し、マオン地方の山間の地域にあったユダヤの堅固な町で（ヨシ 15:24.55）、ユダヤ中央山地の南側にありました（ヨシ 15:24）。ジフはヘブル語「ズィーフ」(זִיף)で、「溶解」という意味です。ジフの語源は「溶かす」という意味から由来したヘブライ語で「ジフェット」(צֶפֶת)です。神は鍛錬を通して私たちのすべての生活の不純物を溶かし、純粋で無垢な信仰の所有者として造ってくださるお方です（ヨブ 23:10、詩 12:6;26:2;66:10;105:19）。

　ダビデはケイラを離れて荒野の要塞に入り、ケイラから南東20キロのところに位置したユダヤ中央山地のジフの荒野にとどまりました（サム上 23:14a）。サウルはダビデを殺そうと毎日捜しましたが、神はダビデをサウルの手に決して渡されませんでした（サム上 23:14b）。人間がどれだけ努力しても、神が許してくださらないことは決して実現されることはないのです（マタ 10:29）。

　ダビデはジフの荒野の森で、最後にヨナタンと会いました。ダビデが最も弱って絶望している時、ヨナタンはダビデに、神を信頼させ、必ず王になると励ますことによって確信と希望をもたせました（サム上 23:15-18）。自分の父サウルの手は決してダビデに及ばない事を確信させ、ダビデが王になることをサウルも知っていると伝えました（サム上 23:17）。息の詰まる状況から、ヨナタンが信仰によって語ったすべての言葉が、ダビデには神の声として聞こえ、千軍万馬より大きな

力になったはずです。

　一方、ジフびとはサウルのもとに行き、ダビデがホレシの要害に隠れていることを知らせたので（サム上 23:19-24）、ダビデは「荒野」（יְשִׁימוֹן、イェシーモーン）の南のアラバにあるマオンの荒野へ逃げざるを得ませんでした（サム上 23:24）。

　ジフの地は、ダビデがその逃避生活のうちに 2 回もとどまったところです。しかし、ジフびとは 2 回ともダビデの隠れているところをサウルに知らせました（サム上 23:19;26:1）。ジフの町からギブアまでは約 40 キロを超える距離ですが、ジフびとはギブアまで行き、そこにいるサウルに知らせたのです（サム上 23:20;26:1）。ジフの人々はダビデをサウルの手に渡すのが自分たちの義務であると思うほど（サム上 23:20）、ダビデを見つけて知らせることに熱心でした（詩 54:1）。その結果、ダビデはジフの荒野の森に隠れているとき、サウルとその従者に囲まれ、まことに切迫した危機に陥ってしまいました（サム上 23:26）。

　こうして、人間の力ではどうすることもできない限界ともいえる状況で書いた詩が詩篇 54 篇です。その表題は「ジフびとがサウルにきて、『ダビデがわたしたちのもとに隠れている』といった時」と記録されています。

　敵が自分の命を狙っている状況で（詩 54:3）、ダビデはまず「神よ、み名によってわたしを救い…」と求めました（詩 54:1）。ダビデは苦しみのうちにあっても、契約を真実に果たしてくださる神のみ名により頼み、神の助けを体験し、その結果、み名の前に感謝しました（詩篇 54:6）。ダビデはジフびとに対する怒りも反抗心もなくなり、苦しみのうちに神の助けを感謝し、主のみ名を賛美したのです（詩

54:4,7)。

　私たちがこの地で生きながら、非常に切迫した悩みの危機に陥る時、私たちに必要なのは人に対する恨みや環境に対する不平ではなく、苦しみのうちにもひたすら神のみ名により頼み、最後まで主の助けを待ち望むことです（詩 143:11）。

## 10 マオンの荒野 / מִדְבַּר מָעוֹן /
### The Wilderness of Maon / サム上 23:24-29

　ダビデはジフの荒野から南側に 8 キロ離れたマオンの荒野に移りました。マオンはパレスチナの中央山岳地帯にあったユダ部族の町で（ヨシ 15:55）、ヘブロンの南約 13 キロの場所に位置した、非常に険しい山岳地帯でした。マオンは「住居、居住」という意味です。住居とは、一定した場所や家を意味します。全能なる神は、聖徒が永遠に住むべき隠れ場です（詩 27:5;31:20;91:1-2）。

　サウルはダビデがマオンの荒野にいるということを知り、彼を殺すために追いかけてきました。サウルが山のこちら側を行き、ダビデが山のむこう側を行くという状況で、何度も危機を乗り越えてきたダビデも、今度ばかりはサウルに捕まって死ぬしかないという息の詰まるような苦境に陥りました（サム上 23:26a）。この様子を、サムエル記上 23 章 26b 節には、「サウルとその従者たちが、ダビデとその従者たちを囲んで捕らえようとしたからである」と記録されています。
　ところがちょうどにその時、ペリシテびとが攻めてきたという急ぎの知らせを聞くことになったサウルは、やむなくダビデを追うのを断念し、ペリシテびとと戦うために帰りました。ここでサウルとダビデが分離されたので、その所を「のがれの岩」（サム上 23:28）と呼びま

した。神はサウルが近寄れないようにダビデを守られ、サウルをダビデから遠くに引き離されました。

この絶妙な出来事は、神が自分の贖いの経綸を実現されるために、ペリシテびとが攻めて来る時間まで定められるなど、すべての歴史をつかさどるお方であることを示しています。

## ⑪ エンゲデの荒野 / מִדְבַּר עֵין גֶּדִי /
### The Wilderness of En-gedi / サム上 23:29-24:22

エンゲデはヘブロンから東側にある泉と小川の名前としても呼ばれ、死海の西側に接する荒野を指します（ヨシ 15:62）。エンゲデは「子やぎの泉」という意味を持っています。水が一滴もない荒野で出会う泉は、死んでいく命を生かす、非常に大切なものです。イエス・キリストは渇いた人生に、永遠に渇くことのない命の水を与えられるお方であり（ヨハ 4:10.14、黙 21:6）、わたしたちを命の泉に導くお方です（黙 7:17）。

サウルに追われたダビデは、エンゲデの荒野の付近のほら穴の奥に身を隠しました（サム上 23:29;24:3）。

ペリシテびととの戦いから帰って来たサウル王は、ダビデがエンゲデの荒野にいるという知らせを聞きました（サム上 24:1）。彼は全イスラエルから選んだ 3000 人の兵士を連れて、ダビデを捕まえるためにエンゲデの荒野に行き、急に「足をおおうために」（用便をするために）ほら穴のなかに入りました（サム上 24:2-3）。

その時、ダビデは、そのほら穴の奥にいました。ダビデがサウルに復讐する機会が来たのです。しかしダビデは、サウルの上着のすそを切り取るだけで、サウルを殺しませんでした（サム上 24:3-4）。そし

て彼の従者たちを制し、サウルに少しの傷をもつけることがないように、彼を撃つことを許しませんでした（サム上 24:7）。ダビデがこのような行動をとったのは、サウルが神から油注がれた者であって、神の摂理によらなければならないと徹底的に信じたからです（サム上 24:10-11）。

自分の無実と真実を示そうと、サウルの上着のすそを切り取っただけでも（サム上 24:10-11）、ダビデは心の責めを感じました（サム 24:5）。真にダビデの信仰の良心は、責められることのない清いものでした（徒 23:1;24:16）。

こうしてダビデは、復讐できる絶好の機会が与えられたにもかかわらず、サウル王を殺さなかっただけでなく、自分の敵であるサウルを「王」として高め、自分を低くして「死んだ犬や蚤」として謙遜な姿勢を取りました（サム上 24:14）。ダビデが非常に謙遜に、「わたしはあなたに手を下すことをしないでしょう」（サム上 24:13）と言った時、サウルの頑固な心はあっという間に和らぎ、ついにサウルは自らダビデの王権を認め、またダビデに頼んで、自分の子孫を断たないという誓いを受けました（サム上 24:20-22）。

その時サウルは声をあげて泣きながら、「あなたはわたしよりも正しい。わたしはあなたに悪を報いたのに、あなたはわたしに善を報いる」（サム上 24:17）と言い、一時的ではありましたが、悔い改めて家に帰りました（サム上 24:22）。

すべての判を神に委ね、一貫して善をもって悪に勝利するダビデの姿は、まるであらゆるあざけりの中でも、神にすべてを委ねて、十字架の道を黙々と歩まれたイエス・キリストの姿を見るようです。

ダビデがほら穴にいた時を背景にして書かれた詩は、詩篇 57 篇で

す。表題は「ダビデが洞にはいってサウルの手を逃れたときによんだもの」と記録されています。ダビデはその当時の苦しい状態を詩篇57章4節に、「わたしは人の子らをむさぼり食らうししの中に横たわっています。彼らの歯はほこ、また矢、彼らの舌は鋭い剣です」と告白しました。

　ダビデはこのような苦しみの中で、「わたしのためにすべての事をなしとげられる神」に頼り、呼ばわりました（詩57:2）。そして、しののめを呼び覚まし、神に感謝と賛美をささげると定めました（詩57:8-9）。エンゲデのほら穴での出来事を思い出しながら書いた詩篇141篇でも、「わたしを守って、彼らがわたしのために設けたわなと、悪を行う者のわなとをのがれさせてください」と祈りました（詩141:9）。ダビデは激しい苦しみの中でも、あせって不安がったり恨んだりせず、かえって夜明けから叫び、感謝と賛美をささげることをやめなかったのです。

　エンゲデのほら穴でサウルと別れた後、ダビデは彼の従者たちと共に彼の隠れ場であった要害（מְצוּד、マチュード）にのぼって行きました（サム上24:22）。ここで言う要害とはエンゲデの南約16kmの場所に位置する難攻不落のマサダ（Masada, μεσσραψ-70人訳）との見方もありますが、ダビデが逃避するときに経由したところであるという見方もあります。

## 12 パランの荒野 / מִדְבַּר פָּארָן /
The Wilderness of Paran / サム上25:1

　パランは、シナイ半島の東北側の地域にある砂漠で、モーセがカナンを探らせるために12人の斥候を送ったカデシ・バルネアがある場

所です（民 13:3.26）。また過去に、アブラハムから追い出されたハガルとイシマエルが避け所とした場所でした（創 21:21）。パランは、「ほら穴の多い地」という意味を持っており、危険な時に隠れるのに適した場所がたくさんあったと推定されます。

　神は、わたしたちの人生においてこの世の不当な脅かしから避けるべき、ほら穴のような隠れ場です（詩 32:7;119:114）。

　預言者サムエルが死んだという（サム上 25:1）知らせに大きな衝撃を受けたダビデは、複雑な心情でパランの荒野へ下って行きました。パランの荒野は、ダビデが逃避した地域の中で最も南側で、要塞から非常に遠い荒野へ逃げたことになります。サウル王を牽制できる唯一の霊的指導者であるサムエルが死んだ後に、サウルはさらに勢いを増してダビデを脅かすはずなので、サウルを避けるために非常に遠い所へ逃げることが最善の選択であったのでしょう。

　サムエルは霊的指導者のいない暗黒期であった士師時代を照らした民族の灯火であり、国父であり、大預言者でした。ダビデが預言者サムエルより油を注がれた後、サウルに追われて最初に訪ねた場所も、サムエルがいるラマのナヨテでした。それだけ預言者サムエルは、ダビデの心の大きな柱のような存在でした。霊の父であるサムエルの死の知らせに、ダビデは力が抜けて不安になり、彼の心は言葉にできないほど重くなったはずです。

## ⑬ カルメル / כַּרְמֶל / Carumel / サム上 25:2-44

　カルメルはヘブロンから南南東約 11㎞の場所に位置し、「ぶどう園、果樹園」という意味を持っています。イザヤ書 27 章 3 節に「主なるわたしはこれを守り」と語られています。万軍の主が治めるぶどう園は、聖徒の避け所です（イザ 5:7）。

ダビデはパランの荒野から、マオンのカルメルに戻ることになりました（サム上 25:2a）。当時のダビデの状況は、言葉で表現できない程、苛酷なものでした。一つの国の王が軍勢を動員して日夜追ってくる中で、日々荒野を逃げ回らなければいけない絶望的な状況にありながら、600 人ほどに増えた従者を食べさせるのも簡単なことではありませんでした。

　ダビデは自分の一行の糧を得るために、マオンに住む大金持ちであるナバルに助けを求めようとしました。ナバルが羊の毛を刈るときに、10 人の若者を彼に送りました（サム上 25:5-8）。ナバルの嗣業はマオンから約 2 キロ離れたカルメルにあって、非常に裕福で、羊 3000 頭、やぎ 1000 頭を持っていました（サム上 25:2）。しかしダビデの若者たちは、ナバルから糧どころか屈辱的な言葉を浴びせられ、むなし手で帰ってきました（サム上 25:9-11）。

　ダビデは、数回にわたってイスラエルを救い、民の財産と命を守っただけでなく、荒野で逃避生活をしながらナバルの羊飼いと家畜を守る塀のような役割を果たしていました（サム上 25:15-16）。しかしナバルは、「ダビデとはだれか。エッサイの子とはだれか。このごろは、主人を捨てて逃げるしもべが多い」（サム上 25:10）と言い、ダビデを主人であるサウルを捨てて逃げた悪いしもべとして扱い、ダビデの願いを拒絶しました。

　ナバルがダビデの要請をこのように断ったのは、受けた恵みに対して恩をあだで返す行為でした。ナバル（נָבָל）とは「平らな、おいしくない」という意味で、「愚か者」を表すときに使われる言葉です。ナバルはその名前の通りにその素行は悪く、剛情かつ粗暴で（サム上 25:3a）、彼の従者までも彼をさして「主人はよこしまな人で、話しか

けることもできません」というほどでした（サム上 25:17b）。

　怒ったダビデは、ナバルを殺そうと軍人 400 人を連れて羊の毛を刈る祭りを繰り広げているカルメルに進撃しました。この時ナバルのしもべの中の一人が、ナバルの妻アビガイルにこの緊急事態を伝えながら、ダビデが自分たちに良くしてくれたことを話しました（サム上 25:14-17）。これを聞いて、アビガイルは急いでたくさんの最良の食べ物を準備して、しもべたちを引き連れてダビデに会いに行きました（サム上 25:18-20）。

　アビガイルはダビデの前にひれ伏し、ダビデの足もとに伏しました（サム上 25:23-24）。夫がした恩知らずで、よこしまな行動を「とが」であると言い、「このとがをわたしだけに負わせてください」と訴え、「はしために、あなたの耳に語ることを許し、はしための言葉をお聞きください」と、きわめて謙遜な態度でしきりに求めました（サム上 25:24b）。アビガイルは善良かつ誠実に話すことによってダビデの怒りを抑え、ダビデが血を流して、あだを報いるのを止めました（サム上 25:25-28）。「柔らかな舌は骨を砕く」（箴 25:15b）と語られたとおりです。

　そしてアビガイルはダビデに、神の守りに対する確信を与えてくれました。

> **サム上 25:29**「たとい人が立ってあなたを追い、あなたの命を求めても、わが君の命は、生きている者の束にたばねられて、あなたの神、主のもとに守られるでしょう。しかし主はあなたの敵の命を、石投げの中から投げられるように、投げ捨てられるでしょう」

　アビガイルがダビデに語った、この「生きている者の束」というのは、高価な財宝や貴重な物を安全に保管するために、それを束ねておいた

古代中近東の風習から由来したものです。生きている者の「束」は、「束、包み、風呂敷」という意味の「ツェロール」(צְרוֹר)で、これは「結ぶ、包む」という「ツァーラル」(צָרַר)から由来した言葉です。これはダビデの命を、神が宝のように尊く、特別に束ねておかれたので、決して害を受けることなく安全であるということを意味します。

「たばねられて」も同じヘブル語「ツァーラル」(צָרַר)の受動分詞型で、神から継続して守られていることを表します。この「命の束にたばねられて」とは同じ単語を繰り返し使うことによって、神がダビデの命を非常に尊く、特別な宝のように生きている者の風呂敷に束ねたので、決して敵から害を受けることなく、神から守られているという意味です。それだけでなく、その「生きた者の束」に、ダビデはひとりだけでなく、「主なる神と共に」いると言われました。実に命の主観者である神が、生きた者の束にダビデと共にいるというこのみことばは、この後のどんなに追われて危険が迫ってきても、永遠に忘れることのない大きな力と慰めになったことでしょう。

そして、アビガイルはダビデが王になるという歴史的な洞察力をもった女性でした。彼女はダビデを「イスラエルのつかさに任じられる時」がくると確信するがゆえに、ダビデの手でナバルを殺すことが、ダビデにとって汚点になってはいけないと語りました（サム上25:30-31）。この「つかさ」とはヘブル語で「ナーギード」(נָגִיד)といい、「統治者、指揮者、隊長」という意味で、王の別の表現です。アビガイルは将来、ダビデが偉大な王になると確信していたのです。

アビガイルの言葉は、サムエルの死後、ダビデがそれ以上ないほどに孤独で、疲れている時の大きな慰めとなり、また、その言葉は預言者の預言のように力があり、消えかけていた信仰の火を燃え立たせ、ダビデの魂を明るく照らしてくれました。アビガイルとは「わが父が

喜ばれる」という意味で、その名のごとく聡明で容姿が美しく、善良な心を持ち、すべてのことを落ち着いて対処できる賢い女性でした。彼女の賢明な教訓が、家を死の罠から逃れさせる「命の泉」になりました（箴 13:14）。実に信仰の下に語られる一言一句は「銀の彫り物に金のりんごをはめた」ように、信仰の味と格好よさがいっぱいに満ちていました（箴 25:11）。

　アビガイルがナバルのもとに帰ると、ナバルはまるで王の酒宴のような酒宴を開いて、非常に酔って、心から楽しんでいました。アビガイルは明くる朝まで事の大小問わず、何をも告げませんでした（サム上 25:36）。ナバルの酔いがさめたとき、アビガイルはダビデが計画していたことと、その行動のすべてを告げると、ナバルは落胆し、その体が石のようにかたまり、10 日ばかりして主が撃たれたので彼は死にました（サム上 25:37-38）。ダビデは、自らつるぎを使わなくても、神が自分の代わりに自分を侮辱した者に報復してくれる光景を目撃しました（申 32:35.41.43、イザ 35:4、ロマ 12:19、1 テサ 4:6、ヘブ 10:30）。

　ナバルの死んだ後、ダビデの要請に応えて、アビガイルはダビデの妻となり（サム上 25:39-42）、アビガイルは残りの避難生活の間、ダビデと共にいました（サム上 27:3;30:5.18）。ナバルは神の人ダビデから命の恵みを受けたにも関わらず、彼の言葉を侮ったためにそれにふさわしい報いを受けたのです。恵みを受けても感謝せず、悪をもって返すおろかな者の最期は真に悲惨でした。今日、私たちも神から受けた恵みをすべて忘れ、神の要請を無視してはいないか、深く点検しなければいけません。

## ⑭ ジフの荒野 / מִדְבַּר זִיף /
The Wilderness of Ziph / サム上 26:1-25

　ジフの荒野は、ダビデの逃避行路第9番目に当たり、先に見たとおり、ヘブロンから南南東約6キロの場所に位置し、マオン地方の山岳地域にあったユダの堅固な町で（ヨシ 15:24.55）、ユダヤ中央山地の南側にありました（ヨシ 15:24）。

　ダビデはジフの荒野にあるハキラ山に隠れました（サム上 26:1-3）。サウルはこの知らせを聞き、3000人を引き連れてダビデを追い、夜、深い眠りにつきました。以前にジフの人々のために危機にあったダビデは（サム上 23:19）、斥候を送り（サム上 26:4）、サウルの軍隊が追撃してくるのを確認しました。ダビデはアビシャイを連れて、サウルと3000の兵がいる中心部に入った時、サウルを一撃で打つと語るアビシャイ（サム上 26:8）を制し、ダビデはサウルを殺さず、彼の頭の横にある槍と水筒だけをもって静かに出て行きました。エンゲデの洞窟でサウルの服だけを切って殺さなかったように（サム上 24:4-11）、今回も彼の命に手を出しませんでした（サム上 26:9-11）。

　ダビデは遠くからサウルを守ることのできなかった軍長のアブネルに「死に値する」と責め、サウルには、自分をこれ以上追わないように懇願しました（サム上 26:15-20）。そして、エンゲデの洞窟でダビデが自分を指して「死んだ犬や蚤」（サム上 24:14）であると謙遜な姿勢をとったように、今回もサウルの前で謙遜に、自分はのみのように卑賤な存在であると言いました（サム上 26:20）。ダビデはサウルを殺して王になる機会が2回もあったにもかかわらず、神が直接自分を王として立ててくださると定められた時まで待ちました。ダビデは徹底的に神中心の人生を歩んだ人でした。

## 第３期 - ペリシテの地 ガテからチクラグまでの行路
### The first course - Journey from Ramah to the Forest of Hareth

BC1020 ～ 1018 年、約３年間、サム上 19:18-22:23
〈ダビデの逃避行路の地図で青色に表示された区間〉

15 ガテ→　　16 チクラグ

---

　ペリシテの地であるガテからヘブロンまで、第３期はダビデが逃避生活を始めてから６年ほど過ぎた時期であり、絶対的危機に陥ったダビデは、仕方なく再びペリシテの地（ガテ、チクラグ）に亡命しました。サウル王はダビデがペリシテの地ガテに入った事実を知って、それ以上ダビデを捜しませんでした（サム上 27:4）。

　サウルの追跡を避けてチクラグに隠れている間、ガド、ベニヤミン、ユダ、マナセ部族の子孫の中に、ダビデがとどまっていた荒野の険しい地に出てきて、勇士になった人がたくさんいました（代上 12:1-22）。そのとき、人々は日々ダビデの前に現れ、「大きな軍隊」をなし、歴代志上 12 章 22 節では、それが「神の軍隊のようであった」と語られています。

　BC1010 年ごろ、ダビデを追っていたサウルはペリシテびととのギルボアの戦いで負け、彼の３人の息子（ヨナタン、アビナダブ、マルキシュア）と共に戦死し（サム上 31:1-6）、これによって終わりのないように思えたサウルの追撃とダビデの逃避生活は幕を下ろし、ダビデはついにヘブロンに帰還することになります（サム下 2:1-3）。

## 15 ガテ / גַּת / Gath / サム上 27:1-4

　ガテはダビデの逃避行路四番目に当たり、先に見たとおり、ペリシ

Ⅱ　ダビデ王の歴史　339

テの地の五つの町の中の一つで、「酒を搾る樽」という意味を持っています。

ダビデはハキラ山でサウルと別れた後、ペリシテに逃げるのが定石だと考え、ガテの王アキシのもとに再び行きました。

この時ダビデと共にいた勇士は600人（サム上27:2）。彼らはそれぞれ家族を同伴して（サム上27:3a）、ダビデと共にガテに移動した人は2,000人を超えたものと推測されます。ダビデも、二人の妻アヒノアムとアビガイルと一緒でした（サム上27:3b）。

サウルはダビデがガテに行ったという知らせを聞き、ダビデを追うことをあきらめました。サムエル記上27章4節で、「ダビデがガテにのがれたことがサウルに聞こえたので、サウルはもはや彼を捜さなかった」と語っています。

## 16 チクラグ / צִקְלַג / Ziklag / サム上 27:5- サム下 1:27

チクラグはユダの最南端に位置し（ヨシ15:31）、「屈曲」という意味を持っています。サウルが死んだ、という知らせを聞くまで、ダビデがとどまった場所です（サム下1:1）。

ダビデの最後の避難所であるチクラグに到着する時までの行路は、実に屈曲が多い路程でした。神は、このような逃避の路程を最後までしっかり終えられるように、導かれました。

サウル王に追われていたダビデは、契約の地イスラエルを離れてペリシテの町の中の一つであるガテに到着しました。ダビデはガテの王アキシのところに行くと、アキシは住処としてチクラグを与えたので、ダビデはペリシテに16カ月（1年4カ月）間滞在しました（サム上27:6-7）。

しかし、ダビデが神に問わずにペリシテ人の地に行ったのは、間違いでした（サム上27:1）。この時、思いがけずペリシテとイスラエルの間に戦争が起こり、ダビデはペリシテの側に立って参戦しなければなりませんでした。しかし、幸いにもペリシテの長官たちが「戦いの時、彼がわれわれの敵となるかもしれない」と言ってダビデの参戦を反対したため、ダビデはペリシテの陣営のアペクまで進出しましたが（サム上29:1a）、自分の同族であるイスラエルと戦うことなく、チクラグに戻ることになりました。

　神の摂理の働きによって、ダビデは同族が相争う悲劇的な状況に陥ることはありませんでしたが、また別の大きな試練と絶望的な状況に陥ることになりました。ペリシテの陣営であったアペクから離れ、3日目にチクラグまで戻ってくると、アマレクが侵略しチクラグを撃ち、火を放ってこれを焼き、女たちとすべての人を捕虜として連れて行ったあとでした（サム上30:1-3）。ダビデと、彼と共にいた民は悲痛な心持ちで、泣く気力がなくなるまで声をあげて泣きました（サム上30:4）。本当に絶望的でむごたらしい光景でした。

　家族が全員死んだと思ったダビデの兵士たちは、その瞬間、憤怒のあまりダビデを石で撃とうとしました。この状況をサムエル記上30章6節では、「その時、ダビデはひじょうに悩んだ。それは民がみなおのおのその息子、娘のために心を痛めたため、ダビデを石で撃とうと言ったからである。しかしダビデはその神、主によって自分を力づけた」と語られています。この「非常に」（great danger:NRSV）とは漢字で危急、「ある出来事がうまくいかず、道が開かれずあせる」という意味で、ヘブル語「ヤーツァル」（יצר）といい、「おさえる、苦しい、苦境に立つ」という意味を持っています。このようにダビデは言葉も出ないくらい混乱し悲痛な状況に陥りましたが、すぐに自分の間違いを悟り、神により頼み、勇気を得ました。

Ⅱ　ダビデ王の歴史

ダビデは、アマレクを追いかけさえすれば、すぐに捕まえ、失ったものを必ず取り返せるという神の答えを受けました（サム上30:7-8）。そして600人の兵士を引き連れて、彼らを追いかけました。アペクからチクラグまで約3日間の進軍のあと（サム上30:1)、ひどく疲れて追いかけることができずとどまった200人をベソル川に残し、ダビデは400人だけを連れてアマレクを追いかけました（サム上30:9-10）。ダビデは夕暮れから翌日の夕方までにアマレクを討ち、ついにアマレクびとが取っていったすべてのものを取り戻し、2人の妻（アビガイル、アヒノアム）を救い、たくさんの羊と牛を奪い取って帰ってきました（サム上30:17-20）。

　一方、その日アマレクから獲得したぶんどり物を、ベソル川でとどまっていた200人にも公平に分けました。これは、ぶんどり物分配に関するイスラエルの定めと掟とになりました（サム上30:24-25）。ダビデはまた、その日のぶんどり物をユダの友人である長老たちにも贈りました（サム上30:26-30）。これはダビデが異邦のペリシテの地にいながらも、ユダの人々に隠れて力を貸し、ユダの長老たちとも継続して接近し、親密な関係を持っていたことを表しています。

　たとえ自分の誤った決断によって深刻な苦境に陥った場合でも、その過ちを悟り、心から悔い改めて神により頼み、御心を尋ねれば、神が新しい力と勇気を下さることによって、必ず回復できる道が開かれます。


　これまで、ダビデが約10年間、サウルに追われさまよう逃避生活の路程を見てきました。珠玉のダビデの詩は、大部分が逃避生活をしながら書かれたもので、その中には心苦しい痛みと絶望の中からにじみ出た絶叫と嘆きがある一方で、ただ神だけを仰ぎ見る渇望、厳しい艱難の中で神の偉大なる救いを体験した勝利の感激と喜び、それに対

する感謝も記されています。

　詩篇31篇は、ダビデがサウルに追い回される時に書いた詩と知られています。ダビデは敵の追撃と圧制の中で、神の保護を求め、敵による苦痛、懸念、悲しみ、嘆息等、すべての苦しみの中で、神の救いを感謝しながらほめうたいました。ダビデはサウル王に追い回されながら、自分が受けた苦しい状況を色々な表現を用いて告白しています。

　　第一、憂いによって目が弱くなり、魂と心が衰えました（詩31:9）。
　　第二、悲しみと嘆きによって命は消え去り、力は苦しみによって尽き、骨は枯れはてました（詩31:10）。
　　第三、すべてのあだにそしられ、隣人には恐れられ、知り人には恐るべき者となり、町中でわたしを見る者は避けて逃げました（詩31:11）。
　　第四、死んだ者のように人々の心に忘れられ、破れた器のように捨てられた存在になりました（詩31:12）。
　　第五、多くの人のささやくのを聞き、至る所からの恐るべきことがあり、敵対する人々は逆らってともに計り、命を取ろうとたくらみます（詩31:13）。

誰でもこのような状況に置かれると、生きるのをあきらめて絶望に陥るものです。しかし、ダビデは絶望の息吹を一気に退けてしまいました。「しかし、主よ、わたしはあなたに信頼して、言います、『あなたはわたしの神である』と」（詩31:14）と告白しました。すべての状況が絶望的であっても神のみを頼るという、ダビデの余念もない堅固たる信仰告白です。

引き続きダビデは、「わたしの時はあなたのみ手にあります。わたしをわたしの敵の手と、わたしを責め立てる者から救い出してください」（詩31:15）と叫びました。「わたしの時」とは私のすべての時間、過去、現在、未来のすべての時間を意味します。だから「わたしの時があなたのみ手にあります」と言うことは、「一定の期間だけではなく、自分の一生涯が神の主権的なみ手にかかっている」という素晴らしい信仰告白です。

ダビデはあらゆる苦しみの時を過ごしながら、悪しき者が恥を受け、自分を苦しめた悪しき者が陰府で唇をつぐむ結末を信仰で見たのです（詩31:17-18）。そしてダビデは、「施された恵みがいかに大いなるものでしょう」（詩31:19）と神をほめうたいました。
　ダビデがこのように大いに感動して、ほめうたう理由は大きく２つです。

### 第一、神がダビデのために「たくわえた恵み」のゆえです（詩31:19a）。

ダビデは苦しみに遭いながら、神の恵みがずいぶん前から自分のためにたくわえてあったことを悟りました。「たくわえた」に当たるヘブライ語「ツァーファン」（צָפַן）は、「隠しておく、秘蔵する」という意味で、神がダビデに施すべき良いものをずいぶん前から密かに備えてきたことを意味するものです。ダビデが苦しみにあう時、将来彼が神によって立てられた偉大なる王として名を馳せ、大いなる栄光を享受するようになると予想した人は多くはありませんでした。しかし、その絶望的な環境の中でも、神だけは彼の恵まれた道を分かっており、彼に与えるべき良いものを備えていたのです。ダビデは呼び求める中

で、これらの神の慈しみ深い摂理を悟り、その驚きを隠すことができずに大いにほめうたいました。

### 第二、神が「ひそかな所」に隠してくださったからです（詩31:20）。

　神はダビデを「ひそかな所」に隠してくださいました。この「ひそかな所」はヘブライ語「セーテル」（סֵתֶר）で、「かくまう、隠す」という意味を持つ「サータル」（סָתַר）から由来します。サウルが執拗にダビデを殺そうと追って来ても、神はダビデを誰も見つけることができないひそかな所に隠してくださいました。ダビデは「人の計り」と「多くの人のささやき」から離れられるように、敵が全く分からないひそかな幕屋に自分を隠してくださった神の恵みを体験しながら、大いに感動してほめうたわずにいられなかったのです。

　ダビデは日々の苦しみが極まり、非常に恐れていた時、神に対する疑いを感じて「わたしはあなたの目の前から断たれた」と言ったこともありました（詩31:22）。しかし、ダビデは危険にさらされる中で、叫び求める自分の祈りに、直ちに答えてくださる神の驚くべき愛に感激しながら、再び心から燃え上がる思いでほめうたいました。そして、主に頼りながら待ち望む聖徒たちに向けて、「強くあれ、心を雄々しくせよ」と確信に満ちて勧めました（詩31:24）。

　このようにダビデは大きな苦しみの中にあっても、これからイスラエルの王として勝利と栄光を手に入れさせてくださる神の計画を明確に悟って、勇敢に信仰へ前進し続けることができました。

　結局、多くの死の危機の中でダビデが守られたのは、すべて神の絶対的な守りによるものでした。一見すると、ダビデの逃避生活が時間の無駄のように見えることもあります。しかし、イスラエルをエジプトから導き出すために、神がモーセを荒野で40年間試みられたよう

に（徒7:29-30）、ダビデをイスラエルの王として立てる前に試み、無垢な信仰による人格を備えさせたのです（ヨブ23:10）。

　ダビデは10年間の逃避生活を通じて、神政国家の王として、当然に取り備えるべき信仰と従順を学び、さらに王として必要な政治と軍事的な力量を取り揃えることになり、民を治める知恵も得ることができました。逃避者としての人生の中で下積みの難しさを体験しながら、民の心を推し量ることのできるおおらかで深い人格の持ち主として成長しました。

　神はダビデを、救済史的経綸を実現する優れた信仰の指導者につくり上げたのです。

## 2. ダビデの即位

### （1）ヘブロンでユダの王になったダビデ

　アマレクのひとりの少年から、サウルとヨナタンの戦死の知らせを受けたダビデは悲しみ泣いて、夕暮れまで食を断ち（サム下1:11-12）、悲しみの歌をもって哀悼しました（サム下1:17-27）。

　それからダビデは神に「ユダの一つの町に上るべきでしょうか」と問うと、神はヘブロンへ上るよう答えられました（サム下2:1）。ダビデがヘブロンへ上ると、ユダの人々が来てダビデに油を注ぎ、ユダの家の王としました（サム下2:4.11）。ダビデは15歳ごろ（BC1025年）、預言者サムエルから油注ぎを受けてから（サム上16:13）、15年ぶりに実際の王になりました。[50]

　ダビデは15歳ごろに油注ぎを受け、5年後の20歳から10年ほどの間、サウルに追われて逃避生活を送りました。20歳から30歳までの青年期の日々をすべて、荒野や洞窟、他国の山々を転々としたのち、

遂に王となりました。その時のダビデは感無量だったことでしょう。ダビデが一羊飼いからイスラエルの最高指導者となったことは、歴史の主観者である神の主権的な摂理の結果でした（代上17:7、詩78:70-71）。

　王となった時、ダビデが歌った詩が詩篇18篇です。その表題を新共同訳では、「主がダビデをすべての敵の手、また、サウルの手から救い出されたとき、彼はこの歌の言葉を主に述べた」と記されています。ダビデは王となる感激の中で、神が「わたしの強い敵とわたしを憎む者とから助けだされました」と告白しています（詩18:17）。

　ダビデは過ぎ去った歳月の中で自分の灯火を灯し、障害物を越えさせてくれた方こそ神であることを悟り、「あなたはわたしのともしびをともし、わが神、主はわたしのやみを照らされます。まことに、わたしはあなたによって敵軍を打ち破り、わが神によって城壁をとび越えることができます」（詩18:28-29）と告白しました。

　ここでダビデは、自分が王になるまでのおよそ10年の間、サウルに追われる中で受けたすべての苦しみを「暗闇」にたとえました。「暗闇」はヘブライ語ホーセフ（חשך）で、「光のない暗闇の状態」を表します。実際にダビデはサウルに追われながらアドラムとエンゲデの洞窟の暗闇の中で、数多くの死の危険にあい、一筋の光もない絶望の中で、多くの苦しみを体験しました。こうした暗闇のような苦しみから助け出し、王としたお方は神であることを告げられました。

　また、「城壁」（詩18:29）はヘブライ語「シュール」（שור）で、人が飛び越えにくい高い城壁を意味し、サムエル記下22章30節では、「石垣」と表現されています。しかしダビデは神を信頼することで、サウ

Ⅱ　ダビデ王の歴史　347

ルと敵たちの城壁を飛び越え、遂にヘブロンで王となりました。

一方、サウルの家来であったアブネルは、サウルの子イシボセテをイスラエルの王にしました。その時イシボセテは 40 歳でした（サム下 2:10）。

### ①キベオンの池での戦争

ダビデは王になってから一番先に、サウルを葬ってくれたヤベシ・ギレアデの住民を労いました（サム下 2:4-7）。そして、初めてキベオンの池のそばでサウルの子イシボセテを王として擁立したイスラエルと戦いました（サム下 2:8-17）。ダビデはこの戦争でアサヘルを含めて 20 人の死者を出しましたが、イスラエルの軍勢 360 人を撃ち勝利しました（サム下 2:30-31）。これは、将来ダビデが、統一イスラエルの王になる前ぶれでした。

### ②アブネルの死

アブネルはサウルの家で権力を持ち始めると、サウルのそばめであるリヅパのところにはいったという疑いを受けました。そこでイシボセテがこのことに対し、アブネルに強く抗議したところ、アブネルはイシボセテに「わたしはユダの犬のかしらですか」と言って非常に怒りました。ここで「かしら」とはヘブライ語で「ローシュ」（ראשׁ）で、「頭」（head）という意味で「私をユダ（ダビデ）の上に立たせるのか？」といって立ち向かったことを表します（サム下 3:6-11）。

このことによってアブネルはイシボセテを裏切り、ダビデを訪れて、統一王国を建てることに協力すると約束をします（サム下 3:20-21）。

ちょうど戦いから帰って来たヨアブはこの知らせを聞いて、ダビデに会って帰っていったアブネルをヘブロンに呼び戻し、腹を刺して殺します。これはアブネルがヨアブの弟アサヘルを殺したことに対する

復讐でしたが、アブネルが自分の座を奪うかも知れないという危機感もあったはずです（サム下 3:23-30）。

　一方、ヨアブが使者をつかわし、アブネルをヘブロンへ連れ帰ったことをダビデは全く知らなかったのです（サム下 3:26b）。ヨアブがアブネルを殺したという知らせを聞いた後、ダビデは「わたしとわたしの王国とは、ネルの子アブネルの血に関して、主の前に永久に罪はない」と言い、「どうぞ、その罪がヨアブの頭と、その父の全家に帰るように。またヨアブの家には流出を病む者、重い皮膚病を病む者、つえにたよる者、つるぎに倒れる者、または食物の乏しい者が絶えないように」と呪いました（サム下 3:28-29）。

　ダビデは、ヨアブおよび自分と共にいるすべての民に「あなたがたは着物を裂き、荒布をまとい、アブネルの前に嘆きながら行きなさい」と命じ、自分も棺のあとに従って、アブネルの墓で声をあげて泣き、哀歌を歌いました。この日、民はみなきて、日のあるうちに、ダビデにパンを食べさせようとしましたが、ダビデは「日の入る前に、パンでも、ほかのものでも味わわない」と誓いました（サム下 3:35）。これを見た民は、ダビデがヨアブをつかわしてアブネルを殺害したという疑いの心を捨ててダビデをもっと信頼するようになりました（サム下 3:37）。

### ③イシボセテの死

　イシボセテにはバアナとレカブという軍の長がいました。彼らは昼寝をしているイシボセテを撃ち殺し、その首をはねた後、ダビデのところに持って行きました。彼らはダビデから褒美をもらえると思っていましたが、ダビデはむしろ自分の王を裏切り、血を流した罪を報い、彼らを殺しました（サム下 4:5-12）。

ダビデは過去にサウルとヨナタンに、サウルの家の子孫を断たないと誓い（サム上 20:15;24:21-22）、最後までその約束を守りました。ダビデが敵に復讐せず、神にのみ頼った時、神はサウルの家が自ら崩壊するようにしたのです。ダビデは神ご自身が働かれるまで復讐することはせず、神の時を待つ、徹底的な神中心の信仰を持つ者でした。

## （2）イスラエル全体の王となったダビデ

　イシボセテが死ぬと、イスラエルのすべての長老たちがヘブロンにいるダビデを訪ねました。彼らはダビデに、「先にサウルがわれわれの王であった時にも、あなたはイスラエルを率いて出入りされました。そして主はあなたに、『あなたはわたしの民イスラエルを牧するであろう。またあなたはイスラエルの君となるであろう』と言われました」（サム下 5:2）と告げました。これはサウルが王として治めていた間も、実のイスラエルの王はダビデであって、ダビデが王になるのは神のみことばによるものであることを明らかにしたものです。

　引き続きイスラエルの長老たちは、ダビデと神の前で契約を結び、ダビデに油を注いでイスラエルの王としました（サム下 5:3、参照 - 代上 1:1-3）。この時、ダビデは三度目の油注ぎを受けたことになります。一度目はダビデが 15 歳頃に王として受け（サム上 16:13）、二度目はヘブロンでユダ部族の王として油注ぎを受けました（サム下 2:3-4.11）。

　ダビデは 30 歳で王になってから 70 歳までの 40 年間国を治めましたが、ヘブロンで 7 年 6 カ月を治め、残りの 33 年間はエルサレムで治めました（サム下 5:4-5、王上 2:11、代上 3:4;29:27）。

### ①シオンの要害を取る

　ダビデはイスラエル全体の王となって、真っ先にエブスびとが占領していたエルサレムの町を取り戻し、その地を新しい都に定めました

（サム下 5:6-9、代上 11:4-8）。ダビデは万軍の主と共におられることによってますます大いなる者となりました（サム下 5:10）。神が共におられる者は、ますます強くなりますが、神から捨てられた者はますます弱くなります（サム下 3:1）。

### ②ペリシテとの度重なる戦争での勝利

　ダビデが王になったという知らせを聞いたペリシテびとが、ダビデを攻めてきました（サム下 5:17-18、代上 14:8-9）。ダビデが神に聞くと「上るがよい。わたしはかならずペリシテびとをあなたの手に渡すであろう」（サム下 5:19、代上 14:10）と答えられました。ダビデはバアル・ペラジムで大きな勝利をおさめましたが、バアル・ペラジムは「破られる主」という意味で、これはペリシテを破られた、という意味で付けられた名前です（サム下 5:20-21、代上 14:11-12）。

　ダビデに撃ち破られたペリシテびとは、再びイスラエルを攻め、レパイムの谷に陣を張りました（サム下 5:22、代上 14:13）。この時もダビデは「ペリシテびとのうしろから襲いなさい」という神のみことばに従った結果、大きな勝利をおさめることができました（サム下 5:23-25、代上 14:14-16）。

### ③神の契約の箱をダビデの町へ移そうとしたが失敗する

　ダビデがペリシテびとと戦った後、契約の箱をダビデの町へ運ぼうとしましたが、その理由は何だったのでしょうか。

　第一、南と北に分断された国論を統一させるためでした。ダビデは分裂した南と北が、主なる神への信仰で一つになることを願いました。

　第二、神のみことばを、統一された新しい国の理念にしようとしました。箱には十戒が記録された二つの石の板が保存されていたからです。

サムエル記下6章と歴代志上13章を見ると、ダビデ王はエルサレムを都に決めてから、バアレ・ユダ（キリアテ・ヤリム）に置かれていた神の箱をエルサレムに運ぼうとしました。ダビデは千人の長と百人の長など、すべての諸将と議論し、イスラエル全会衆の同意を得た後（代上13:1-2）、選り抜いた3万人（軍人および民で構成）を連れて行きました（サム下6:1）。神の箱を新しい車に載せて、アビナダブの子（孫）[51] ウザとアヒオが車を走らせてエルサレムに向かいました。車がキドン（ナコン）の打ち場に来た時、急に牛がつまずき、ウザが手を差し伸べて箱を押さえたために主の怒りを受け、その場で死にました（サム下6:6-7、代上13:9-10）。

　主がウザを撃たれたので、ダビデは怒り、その所は今日まで「ペレヅ・ウザ」と呼ばれています（サム下6:8、代上13:11）。ウザは神の箱を守る一心で手を伸ばして押さえましたが、神は彼を撃ち殺しました。その理由は、神の箱は聖別されたコハテの子らが肩に担いで運ばなければならず、「箱に触れると死ぬであろう」と言われていたからです（民4:15;3:30-31;7:9;10:21、代上15:2）。肩に担がないで車に載せたこと、コハテの子ではないアビナダブの子（孫）ウザとアヒオが神の箱を運んだこと、また、コハテの子でも「触れると死ぬであろう」と言われた神の箱に、手を伸ばして押さえることは律法を破る罪であることなど、いかに善良な意図であっても、その方法が神のみことばに背くものであれば、必ず報いを受けるようになるのです。

### ④神の契約の箱をダビデの町に運ぶ

　ウザが死ぬと、ダビデは神の箱を運ぶのを恐れたために、神の箱はオベデエドムの家に運ばれ、3カ月の間とどまりました（サム下6:10-11、代上13:12-14）。その間、神の箱のゆえにオベデエドムの全家は祝福を受けました。

このうわさを聞いたダビデは、神の箱をオベデエドムからダビデの町に担ぐようにして運びました。神の箱がダビデの町に上って来る時、ダビデは喜んで王の衣の代わりに、亜麻布のエボデをつけたまま舞い踊りました。一方でダビデの妻ミカルは神の契約の箱がダビデの町にさしかかった時、何の感激も喜びもなく、ダビデが舞い踊るのを窓からながめ、心のうちにダビデをさげすみました（サム下 6:16）。そして、王としての威厳を守ることができなかったことを咎め（サム下 6:20）ました。その結果、ミカルには死ぬ日まで子供がなかったのです（サム下 6:23）。サムエル記下 6 章 14 節の「踊った」という表現は、ヘブライ語の「カーラル」（כרר）の PL 分詞型として、継続的かつ熱情的に踊ったことを表します。さらにサムエル記下 6 章 14 節は「力をきわめて踊った」、サムエル記下 6 章 16 節では「舞い踊った」と記されています。これは、神の箱を運ばせてくださった神の恵みに対する感激の表れであり、自分が王なのではなく神ご自身がイスラエルの真の王であることを告白する行動でした。

## 3. ダビデの契約と戦争の勝利

### （1）ダビデの契約

　神の箱をエルサレムに移すことによって、分裂していた国論は統一され、神のみことばを神政国家の統治理念として成立させたダビデは、その後、神の宮を建てようと預言者ナタンに相談しました（サム下 7:1-2）。大多数の人は権力をつかみ、安定すると怠惰になり、高慢になって自らの安寧と栄光だけを求めようとします。しかしダビデは王の宮で平穏であるときに、むしろ神の宮を建てようとしました。まことにダビデの信仰は、神を第一に考える「神至上主義」でした。かつて神はダビデに、「おまえは多くの血を流し、大いなる戦争をした。

おまえはわたしの前で多くの血を地に流したから、わが名のために家を建ててはならない」と言われましたが（代上 22:8;28:3、王上 5:3）、神を第一とするダビデの信仰により、彼の息子に神の宮を建てさせるとダビデに約束されたのです。

### ①ダビデの契約の内容

神の宮を建てようとするダビデの心をたたえられた神は、ダビデと契約を結ばれました。神がダビデと一方的に結ばれた契約は、大きく3つの内容を含んでいます。

### 第一、「ダビデ自身」に対する約束です。

神はダビデに大いなる名を与えようと約束され（サム下 7:8-9、代上 17:8）、ダビデは寿命が満ちて祖先たちと共に眠ることになると約束されました（サム下 7:12）。また、ダビデの家とダビデの国を長く保ち、ダビデの王座もとこしえに堅く立つと約束されました（サム下 7:11.16）。

### 第二、「イスラエルの国」に対する約束です。

二度とイスラエルの国が揺らぐことなく、害を受けず、あらゆる悪人から度々悩まされることなく、もろもろの敵から守り、安息を与えると約束されました（サム下 7:10-11、代上 17:9-10）。

### 第三、「ダビデの子孫」に対する約束です。

サムエル記下 7:12-13 で、「…わたしはあなたの身から出る子を、あなたのあとに立てて、その王国を堅くするであろう。彼はわたしの名のために家を建てる。わたしは長くその国の位を堅くしよう」と約束されました（代上 17:11-12）ここで使われている「子」（ゼラ、זֶרַע）

は「単数形」で、一次的にソロモン王を指し、ソロモン王が神の宮を建築することを約束したものです。しかし国の位が永遠に堅くなるのは、弱い人間にすぎないソロモンにはできないことなので、この「子」とは、救済史的に後に来られるイエス・キリストを指すものです。

### ②ダビデの契約の成就者

聖書は、ダビデの契約の成就者として来られるイエス・キリストを紹介しています。まず、イエス・キリストがダビデの子孫であることを証明しています（行 2:30；13:23、2 テモテ 2:8、黙示録 22:16）。ヨハネによる福音書 7 章 42 節で、「キリストは、ダビデの子孫から、またダビデのいたベツレヘムの村から出ると、聖書に書いてあるではないか」と語られており、ローマ人への手紙 1 章 3 節では「御子は、肉によればダビデの子孫から生まれ」と語られています。

次に、イエス・キリストが永遠なる位の所有者であられることを証ししています。詩篇 89 篇 4 節で、「わたしはあなたの子孫をとこしえに堅くし、あなたの王座を建てて、よろずに至らせる」と約束しており、詩篇 89 篇 36 節で「彼の家系はとこしえに続き、彼の位は太陽のように常にわたしの前にある」と約束しています。イザヤ 9 章 7 節でも「ダビデの位に座して、その国を治め、今より後、とこしえに公平と正義とをもってこれを立て、これを保たれる」と約束しています。このような約束を成就させ、永遠なる位を得られる方がまさにイエス・キリストです。ですから天使ガブリエルは、イエス・キリストについて「彼はとこしえにヤコブの家を支配し、その支配は限りなく続くでしょう」と宣言しました（ルカ 1:33）。

### ③ダビデの感謝の祈り（代上 17:16-27）

ダビデは契約を下さった神に心から感謝し、その契約が必ず成され

ることを切に望みました。ダビデはサムエル記下 7 章 25-26 節で、「主なる神よ、今あなたが、しもべとしもべの家とについて語られた言葉を長く堅うして、あなたの言われたとおりにしてください。そうすれば、あなたの名はとこしえにあがめられて、『万軍の主はイスラエルの神である』と言われ、あなたのしもベダビデの家は、あなたの前に堅く立つことができましょう」と祈りました。

ダビデは神の宮を建てようとする自分の意思が受け取られなかったにもかかわらず、まったく不平を言わず、むしろ息子を通して神の宮を建てられるという神の御心に心から感謝する、「絶対従順」の信仰を見せました。「絶対従順」はダビデのように、自分の意思を捨てて神の御心をつかみ、あふれる喜びと感謝によって従うことです。

## (2) 戦争で勝利するダビデ（代上 18:1-17）

ダビデは対外的にペリシテ（サム下 8:1）、モアブ（サム下 8:2）、ゾバとアラム（サム下 8:3-8）、エドム（サム下 8:13-14）との戦争で勝利し、ハマテ（サム下 8:9-10）はダビデ王に貢物を納めました。これはダビデの契約を通して、「わたしはあなたのもろもろの敵を打ち退けて、あなたに安息を与えるであろう」（サム下 7:11）と言われた約束の成就です。ダビデが戦争で勝利した秘訣は、ダビデが行くすべての所に主が共におられたからです（サム下 8:6、14）。そして、ダビデがすべての民を公と義によって治めたので、国はさらに安泰となりました（サム下 8:15）。

さらに、ダビデはアンモンとの戦争に勝利しました。事の発端は、アンモンの王ナハスが死ぬと、ダビデは過去にナハスに受けた好意を忘れず、弔問使節を送りました。しかしその息子ハヌンは、ダビデが密偵を送ったものと誤解し、使節たちの髭の半分を剃り落として、服を半分に切って腰のところまでにして帰らせたのです（サム下 10:1-

4)。

　これらの行為は当時の風習上、極度の恥と侮辱を象徴するもので、この事件をきっかけに、ダビデとアンモンの間で戦いが起こります。アンモンはアラム人と連合しましたが、結局イスラエルの大勝に終わりました。このように悪の勢力は、ゆえなく神の民を侮辱しますが、結果的には神の民が勝利することになります。

## 4. ダビデの犯罪

### (1) バテシバとの姦淫

　モアブとの戦いの翌年の春、雨季も終わり、暖かくなり始め乾季になった頃、イスラエルの軍勢はアンモンの人々を滅ぼし、都であるラバを包囲していました（サム下 11:1）。この時、ダビデはエルサレムでウリヤの妻バテシバと姦淫（fornication）する大きな罪を犯すことになります（サム下 11:2-5）。ダビデは忠臣ウリヤの妻であるバテシバが体を洗うのを見て、彼女を連れて行き寝ました。

　ダビデがこのように罪を犯した理由はなんでしょうか？

**第一、霊的に怠惰になったためです。**
　サム下 11:2a「さて、ある日の夕暮、ダビデは床から起き出て、王の家の屋上を歩いていたが…」

　ダビデは兵士たちと共に戦に出て行きませんでした（サム下 11:7b）。その時はアンモンとの全面戦争の時で、ダビデは当然兵士たちと共に戦いに出なければなりませんでした。たとえ戦いに出なくとも、彼が賢明な王であったなら、戦う兵士のために祈りながら敬虔に過ごすべきでした。しかしダビデは、朝ではなく夕暮れに床から起き

出て、暇そうに王の家の屋上を歩くほど（サム下 11:2a）、霊的に怠惰な状態に陥っていました。このように霊的な怠惰が、犯罪を招いてしまったのです（箴 19:15）。

### 第二、目に見える情欲に勝つことができなかったためです。

サム下 11:2b「ひとりの女がからだを洗っているのを見た。その女は非常に美しかった」

ダビデが屋上を歩いている時見た、からだを洗う女性は非常に美しく見えました。もしダビデが、バテシバが体を洗うのを見ても、すぐにその場を離れたならば、罪を犯さなかったでしょうが、彼はしばらくバテシバを見続けたために誘惑されたのです。結果的にダビデは目の欲に負け、誘惑に勝つ力を失ったのです（1 ヨハ 2:16）。

人間が持っているすべての欲望は、「見ること」から始まります。ですからヨブは「わたしは、わたしの目と契約を結んだ、どうして、おとめを慕うことができようか」（ヨブ 31:1）と言いました。欲に引かれた心は、見れば見るほど欲深くなります。そのため、間違ったことであると分かっていても、「関心を持って」見続けていると、その人は罪から抜け出すことができず、さらにその罪が熟して死を生むことになります（ヤコ 1:15）。

### 第三、正しい判断力を失ったためです。

ダビデが体を洗う女について調べると、家臣が「これはエリアムの娘で、ヘテびとウリヤの妻バテシバではありませんか」（サム下 11:3b）と言いました。「エリアム」はダビデの家の人であるアヒトベルの息子であり、バテシバはアヒトベルの孫娘でした（サム下 23:34）。「ウリヤ」はダビデの 37 人勇士の中の一人で（サム下

23:39、代上11:41)、命をかけてアンモンとの戦争に参加していました。

　ダビデは、彼女が忠臣ウリヤの妻であるという事実を確認した時、すぐに罪を犯そうという思いを捨てなければいけませんでした。見ることから始まった彼の罪によって心を大きく惑わし、正しい判断力を失い、ついに関係を持ってしまったのです。

## (2) バテシバの夫ウリヤを殺害

　ダビデは、関係を持つことによってバテシバが妊娠したという知らせを聞き、自分の罪を隠すために、ヨアブをつかわして戦場にいるウリヤを呼び出しました。ウリヤは何も知らないまま、ダビデ王の前に立ちました。ダビデは何気なくヨアブと民の安否と戦いの状況を尋ねた後、家に行って足を洗うよう命じ、贈り物を与えました（サム下11:6-8）。ダビデは、ウリヤをバテシバと寝かせることで、バテシバが産む子が自分の子ではなく、ウリヤの子のように謀ろうとしたのです。しかし忠誠心の強いウリヤは、自分の上官と部下たちが命をかけて戦っているのに、家に帰って休むことはできないと思い、家に帰らず、王の家の入り口で家来たちと共に眠りました（サム下11:9.13）。

　そのことを知ったダビデは、ウリヤの手に託してヨアブに手紙を送りましたが、その内容はウリヤを激しい戦いの最前線に送り、討ち死にさせなさいというものでした（サム下11:14-15）。ヨアブはダビデが命じた通り、敵の勇士たちがいる場所にウリヤを送り、討ち死にさせました。ウリヤを殺そうとする陰謀が実行される時、無実なダビデの家来たちにも死者が出ました（サム下11:17.24）。ダビデのしたことは神を非常に怒らせました（サム下11:27）。

Ⅱ　ダビデ王の歴史　｜　359

## （3）預言者ナタンの咎め

　ダビデが罪を犯してから約10カ月が過ぎ、バテシバはダビデの子を産みました（サム下 1:27）。しかしダビデは、自分が完全犯罪を行ったという安堵感の故に、罪を隠したまま悔い改めることもなく過ごしていました。

　ダビデの悔い改めを待っていた神は預言者ナタンを送り、ダビデを戒められました。貧しい人の小羊を奪った、富んでいる人の話を聞かせた後、「あなたがその人です」（サム下 12:7）と言い、ダビデがウリヤを殺し、彼の妻バテシバを取った事実を容赦なく責めました。

　預言者ナタンは、ダビデがこのような行動を取ったのは、神のみことばを軽んじ、さらに神を侮ったためであると悟らせました（サム下 12:10）。ナタンは「良心、与える者」という名前の通り、神の指示を少しも加減せず、良心に責められることなく、ダビデ王に伝えました。

　続けて預言者ナタンは、ダビデに災いがもたらされることを予告しました。一つ、つるぎはいつまでもあなたの家を離れない（サム下 12:10）、二つ、あなたの家からあなたの上に災いを起こす（サム下 12:11）、三つ、あなたの妻たちが太陽の前で隣人と寝る（サム下 12:12）、四つ、ダビデの子は必ず死ぬ（サム下 12:14）ということです。

　良心が麻痺し、ナタンが語る悪しき者が他の人であると思い込んでいたダビデは、ナタンに責められようやく「わたしは主に罪をおかしました」（サム下 12:13a）と心から悔い改めました。これにより神はダビデの罪を赦され、彼を殺さないと言われました（サム下 12:13b）。このみことばの通り、バテシバが産んだ子は、7日目に死にました（サム下 12:18）。

## （4）ダビデの悔い改め

　ダビデは預言者ナタンに責められ、心から悔い改めました。ダビデ

は、今まで罪を隠していた時の思いを詩篇32篇3〜4節で、「わたしが自分の罪を言いあらわさなかった時は、ひねもす苦しみうめいたので、わたしの骨はふるび衰えた。あなたのみ手が昼も夜も、わたしの上に重かったからである。わたしの力は、夏のひでりによってかれるように、かれ果てた」と告白しました。

　ダビデは自分の罪について、最初は恐れを感じ、良心の呵責を抱きましたが、神に正直に告白することなく過ごしました。するとダビデは、魂から骨が衰えるのを感じ、終日苦しみうめき、夏の日照りに枯れてしまった植物のように悩みました。罪を隠そうと努力をしても、常に罪が居座って逃げる道がありませんでした。ついに彼は神の前に打ち砕かれて、自分の犯した罪を自白しました。

　ダビデが罪を自白した故に、神は罪を赦す恵みを下さいました。
　詩篇32篇5節で、「わたしは言った、『わたしのとがを主に告白しよう』と。その時あなたはわたしの犯した罪をゆるされた（セラ）」と語っています。

　ダビデは具体的にどのように悔い改めたのでしょう。
　詩篇6篇6節では、「わたしは嘆きによって疲れ、夜ごとに涙をもって、わたしのふしどをただよわせ、わたしのしとねをぬらした」と告白しています。ダビデは夜ごとに床を涙でぬらし、彼の寝床は涙の海になり、悔い改めの涙によって疲れるほどでした。「疲れ」（יָגַע、ヤガ）とは、すべての力が抜けて気力が尽き、息が詰まってあえぐ姿を表します。真の悔い改めは、気が尽きるほどに回復を渇望する涙の祈りが伴うべきです（詩51:2-3）。

　　**詩51:9-13**　「み顔をわたしの罪から隠し、わたしの不義をことごとくぬぐい去ってください。神よ、わたしのために清い心をつ

くり、わたしのうちに新しい、正しい霊をあたえてください。わたしをみ前から捨てないでください。あなたの聖なる霊をわたしから取らないでください。あなたの救の喜びをわたしに返し、自由の霊をもって、わたしをささえてください」

このように、骨にしみるほどの悔い改めをしたダビデは、「そのとががゆるされ、その罪がおおい消される者、罪を主に認められない人は、さいわいである」と告白しました（詩 32:1-2、ロマ 4:6-8）。私たちも罪の赦しの恵みを受ければ、この地で真の幸せを味わうことができます。

ダビデはわたしたちと同じ罪びとに違いありませんが、神が彼を愛した一つの理由は、神の前にへりくだって告白し、心から悔い改めたためです。

人は誰でも容易に罪を犯すものですが、ダビデのようにその罪の為に心を震わせ、骨を削る痛みがなければ、真の悔い改めであるとは言えません。魂が激しく燃え上がるような悔い改めでなければ、自分を騙し神を欺くことになるのです。正しい悔い改めは決して簡単なことではありません。真の悔い改めは罪を罪として意識し、傷ついた心で痛悔し、確固たる意志によって断ち切ることです。真の悔い改めは意識の変化から始まり、感情の変化を通過し、ついに意志の変化で実を結びます。

ダビデがどれだけ身にしみる悔い改めをしたのか、列王記上 15 章 5 節で、「ダビデがかつてヘテびとウリヤの件のほか、一生の間、主の前にかなう事を行い、主が命じられたすべての事に、そむかなかったからである」と語られています。実にダビデは悔い改めにふさわしい実を結んだのです（マタ 3:8、ルカ 3:8）。

その為神はダビデが罪を犯した後も、彼と結ばれた契約を最後まで

生かし、代々ダビデの家からともし火が消えないようにされました（王上 11:36;15:4、王下 8:19、代下 21:7、サム下 21:17；22:29）。

## 5. アブサロムの反乱

### （1）アムノンの犯罪とアブサロムの復讐

　聖書に出てくるダビデの多くの息子の中で最も重要な人物は、長男アムノンと 3 番目の息子アブサロム、そしてバテシバから生まれたソロモンです。アブサロムは、全イスラエルの中で彼ほど美しい人はいないと言われるほど、足の裏から頭の頂まで傷がなく（サム下 14:25）、また彼にはタマルという非常に美しい妹がいました（サム下 13:11）。

　ダビデの長男アムノンは、タマルに恋しました。タマルのために悩み、病気になるほどでした（サム下 13:2）。彼は仮病を使い、タマルにお菓子を作って寝室に持ってこさせ、力ずくで彼女と寝ました（サム下 13:7-14）。しかしアムノンは寝た後、急にタマルを憎んで彼女を追い出しました。このすべての知らせを聞いたダビデは非常に怒り、タマルの兄であるアブサロムは良いことも悪いことも言わず、ひそかに復讐の剣を研いでいました（サム下 13:21-22）。

　それから 2 年後、アブサロムは羊の毛を切る日にアムノンを含めた王の子らを招待して、宴を開きました（サム下 13:23）。当時、羊の毛を切る日は牧畜をする人たちにとって最も喜ばしく楽しい日であったので、大きな宴会を開き、隣人を招いたりもしました。アブサロムはこの宴の席でアムノンを殺し、ゲシュルの王タルマイのもとに逃げました（サム下 13:37）。

　この出来事は、ダビデに「つるぎはいつまでもあなたの家を離れないであろう」（サム下 12:10）と語られたみことばの成就です。ダビデ

はアブサロムが逃げた後も、息子のために日々悲しみました（サム下13:37）。アブサロムが去って3年経ちました。ダビデはアブサロムに会うことを切に望んでいました（サム下13:39）。

これに気づいたヨアブは計画を立て、テコアの賢い女を呼び、死んだ人のために長い間悲しんでいる姿をよそおってダビデに会わせました（サム下14:1-2）。テコアの女はヨアブが指示したとおりに、自分のふたりの子が争ってひとりが死に、人々が「残ったひとり」までも殺そうとする、と訴えました（サム下14:3-7）。この残った息子とは、遠回しにアブサロムを指していました。ダビデはこの女の正体を暴き、背後でヨアブがこの女を操っているのを知りましたが、この出来事を切っ掛けとしてアブサロムをエルサレムに連れ戻すことを許しました（サム下14:18-21）。

しかしダビデはアブサロムが自分の家に戻ってからも、2年の間、アブサロムに顔を見せませんでした（サム下14:24.28）。これに対してアブサロムはヨアブの畑に火を放ち、この出来事によって訪れたヨアブに、ダビデと会わせてほしいと要求し、ついにダビデと会うことができました（サム下14:33）。

## (2) アブサロムの反逆
### ①逃げるダビデ

ゲシュルにとどまってから3年（サム下13:38）、エルサレムに戻って2年（サム下14:28）、計5年ぶりにアブサロムはダビデに会いました。しかし、エルサレムに戻ってきた後もダビデが会ってくれなかったことを恨み、悪感情を持っていた彼は、ついにダビデに反乱を起こしました。この反乱は綿密に準備されたものであり、彼は自分の戦車と馬を準備し、ダビデが行うべき裁判を横取りして民の心を自分のものにしました（サム下15:1-6）。アブサロムの裁判は不法であり、民

の心を自分に向ける為に偽りの判決を下しました。さらに、王になる為に、父ダビデを陥れようと偽って罵倒しました（サム下 15:3）。

アブサロムがヘブロンで王になった時、エルサレムの人々の心はすべてアブサロムに従いました（サム下 15:13）。ダビデは反逆するアブサロムと敵対して戦うよりも、エルサレムを離れて彼から逃れることを選びました（サム下 15:14）。
「主は生きておられる。わが君、王のおられる所に、死ぬも生きるも、しもべもまたそこにおります」（サム下 15:21）と最後まで忠誠を誓ったしもベイッタイをはじめとするすべての民が大声で泣きながら、ダビデとともに進みました。ダビデはキデロンの谷を渡り、民も進んで荒野へ向かいました（サム下 15:19-23）。この時、祭司長ザドクは神の臨在される場所である契約の箱を担いでダビデの所に運んできました（サム下 15:24）。しかしダビデは、神の栄光が傷つくのを恐れ、ザドクとアビヤタルに、神の箱を再びエルサレムに送り戻すよう言いました（サム下 15:25-29）。
ダビデは逃避の途中、オリブ山の坂道を泣きながら登り、頭をおおい、はだしで行き、ともにいた民もみな頭をおおって登りました（サム下 15:30）。これらの行動は、激しい悲しみと恥と苦しみの表れです（エズ 6:12、エレ 14:3、エゼ 24:17）。
ダビデはアブサロムと共に背いた者の中にアヒトペルがいるという知らせを聞き、「主よ、どうぞアヒトペルの計略を愚かなものにしてください」と祈りました（サム下 15:31）。
ダビデが逃げてバホリムに至った時、シメイという者が出てきてダビデに向かって石を投げ、彼を絶えず呪いました（サム下 16:5-8）。シメイの嘲りはダビデの心を切り裂くほどに残酷なものでした。アビシャイはシメイを殺そうとしましたが、ダビデはそれを止めながら、

「主はわたしの悩みを顧みてくださるかもしれない。また主は今日彼ののろいにかえて、わたしに善を報いてくださるかもしれない」と言いました（サム下 16:12）。ダビデはシメイのあざけりを受けながら、アブサロムの反乱が自分の罪に対する神の報いであることを悟り、徹底的に悔い改めながら、再び神の哀れみを待っていたのです。

ダビデがアブサロムの反乱から逃れたのは、彼の統治の後半期のBC979 年でした。[52]　ダビデは 61 歳になっており、羊を飼っていた 15 歳の少年が召しを受けてから、いつのまにか老年期に差しかかった頃のことです。

ダビデの生涯は、追われて逃げる日々が多くありましたが、最も悲惨な瞬間は息子に追われて逃げる、この時であったでしょう。老年に自分が最も愛した息子であるアブサロムと家来たちに追われ、恥ずべき逃避者となった状況は非常に悲惨であったはずです。それに、シメイをはじめとした人々の非難は、さらに耐え難い苦痛であったはずです（詩篇 3:2）。

詩篇 63 篇は、アブサロムに追われてユダの荒野に入る時にダビデが歌った詩です。ダビデはこの時、凄絶で虚脱しきった状況を指し、「水なき、かわき衰えた地」（詩 63:2）と告白しました。贅沢な王の宮に住み、すべての権力を持っていたダビデが殺伐とした荒野に追い出される惨めな身分になり、人間の思いでは到底回復は不可能に見えたはずです。それにもかかわらずダビデは、その場所でも主の力と栄光を見ようと日々主を探し、また切に望みましたが、その結果「わたしの魂は骨髄とあぶらとによって満足する」と告白しました（詩 63:3-6）。まるで海の幸と山の幸が満たされた宴の中で、歌や詩、楽しげな笑い声が自然に流れ出るように、ダビデはその喜びを抑えきれず、寝床で主を思い、夜ごとに起きて賛美すると告白しました（詩 63:5-7）。

苦しみの中でも神の右の手が船をしっかりささえて下さった為だと告白しました（詩63:8）。

　ダビデはまた、息子アブサロムから逃げる中で詩篇3篇を書きました。彼は最悪の危機の中でも決して卑屈にならず、神が自分の頭をもたげてくださると信じ（詩3:3）、遠くにいても聖なる山に向かい祈ることをやめなかったと告白しました（詩3:4）。ちよろずの民が自分を囲む非常に苦しい危機の中でも伏して眠り、また目を覚まし、何の悩みもなく、平安の中で新しい朝を迎えました（詩3:5-6）。ダビデは、神がすでに敵の頬を打ち、悪人の歯を折られたことを信じ、神の癒しと救いを確信していたのです（詩3:7-8）。

　ダビデは逆境の中で、目を上げて天を仰ぎ見ました。神の宮を慕い、朝早く起きて祈り、賛美しました。そこで慰めと安息、救いの神を見つけました。
　私たちは艱難の中、朝早く神の宮に出て行き、祈ったことが何度あったことでしょうか。私たちに艱難や悩みが迫ってきたとき、落胆することなく神の宮に出て行き、叫び求めれば神に出会うことができます。神の顔を見てこそ生きながらえ、神のみことばを聞いてこそ信仰を守り、艱難の中でも霊の命を維持することができます。

### ②アブサロムの失敗
　アブサロムは王になった後、アヒトペルの進言通り白昼堂々とダビデのめかけたちと寝ました。アブサロムは父が家を守る為に残しておいた父のめかけを（サム下15:16）、父の家の屋上に集め共に寝るという、到底許しがたい蛮行の罪を犯しました（サム下16:22）。これは、ダビデがウリヤの妻を犯した罪の代価でした（サム下12:11-12）。

続いてアヒトペルは、「今すぐダビデを攻撃しよう」とアブサロムに持ち掛けましたが、その進言はアブサロムとすべてのイスラエルの人の心にかないました（サム下 17:1-4）。アブサロムはダビデの友人であるホシャイを呼び寄せ、「イスラエルをダンからベエルシバまで、海の砂のように多く集め戦いに臨む」という（サム下 17:5～14）計りごとを受け入れました。これは、主がアブサロムに災いを下そうとして定められた摂理であり（サム下 17:14b）、これによってダビデはヨルダン川を渡る時間を稼ぐことになります。

　アヒトペルは自分の計画が行われないのを知り、故郷に帰って首をくくって死にました（サム下 17:23）。これはアヒトペルの計り事を愚かなものにしてくださるようにと祈った（サム下 15:31b）ダビデの祈りが答えられたものでした。

　アブサロムの軍勢はギレアデの地に陣取って、ダビデの軍勢を攻撃する為に備え、ダビデの軍勢はマハナイムに着いていました（サム下 17:24.26）。いつアブサロムが攻めてくるか分からない、緊迫した危機感の中で、ダビデの軍勢は長い逃避のゆえに非常に疲れて倒れるほどでした。

　このとき、ショビとマキル、バルジライの三人がダビデと共にいる民をもてなしました。彼らは寝床と鉢、土器、小麦、大麦、粉、いり麦、豆、レンズ豆、蜜、凝乳、羊、チーズなどをもって彼らを手厚くもてなしました。彼らがこうしてもてなしたことについて、「民は荒野で飢え疲れかわいていると思ったからである」（サム下 17:27-29）と記録されています。

　アブサロムの目を避けて、休む所もない地域で過ごす人々に対する思いやりは、とても立派なものでした。そこには褒美や代価を求めるなどの目的はまったくありませんでした。道端で飢え疲れて死んでし

まうかもしれないから、王と民に心を尽くしてもてなしたのです。

　その時ダビデは、人間の方法ではどんなに努力しても何一つできない孤立無援の状況でした。ダビデは最悪の苦境に陥り、彼の心は言葉にできないほど押しつぶされ、唇も心も渇いている時に、バルジライからの手厚いもてなしを受けました。ダビデにとっては、永遠に忘れることのできない恵みに心から喜んだはずです。ダビデはショビとマキル、バルジライを通して、アブサロムとの戦いを前に大きな慰めと力を得ました。

　その後、アブサロムの軍勢とダビデの軍勢の全面戦争が繰り広げられました。アブサロムの軍勢はエフライムの森でダビデの軍勢に敗れ、その日の戦死者は２万人に及びました（サム下 18:6-8）。一方ダビデの家来たちに出会ったアブサロムはろばに乗っていましたが、樫の木に髪の毛が引っかかり、天地の間につりさがってしまいました。この時ヨアブは「アブサロムを保護せよ」と命じたダビデの切なる願いを無視し、持っている３本の槍を取って、なお生きているアブサロムの心臓を突き通しました（サム下 18:9-14）。

　アブサロムが死ぬことでさらに悲惨だったのは、彼が死ぬ時に自分の名を伝える子がいなかったことです（サム下 18:18）。実は三人の息子とひとりの娘がありましたが（サム下 14:27）、三人の息子は早く死んで、これを悲しんだアブサロムは、自分のために自分の名で墓石を立てていました（サム下 18:18）。

③ダビデがエルサレムに戻る

　アブサロムとの戦いが始まった時、ダビデはヨアブとアビシャイとイッタイにアブサロムを殺さず、おだやかに扱うよう何度も繰り返し頼みました。そしてこの命令はおおやけに語られたので、そこにいたすべての民が耳にしていたほどでした（サム下 18:5.12）。しかしヨア

Ⅱ　ダビデ王の歴史

ブはダビデの命令を無視し、木につりさがってなお生きていたアブサロムの心臓を、持っていた3本の小さな槍で突き刺し、ヨアブの武器を執る10人の若者たちもアブサロムを取り巻いて撃ち殺しました（サム下18:14-15）。そして、その死体を森の大きな穴に投げ入れ、その上に非常に大きな石塚を積み上げました（サム下18:17）。

この知らせを聞いたダビデは非常に悲しみ、飲食を断ち、激しく泣きました。アブサロムが死んだという知らせを聞いた瞬間、ダビデは門の上の部屋に上がり、あふれる涙をこらえきれず「わが子アブサロムよ、わが子、わが子アブサロムよ。ああ、わたしが代わって死ねばよかったのに。アブサロム、わが子よ、わが子よ」と、何度も「わが子」と繰り返し叫びながら激しく泣きました（サム下18:33）。ダビデの涙と叫びは止むことなく、戦勝の喜ばしい知らせを伝えようとする家来たちには目もくれず、何度も「わが子アブサロム」と叫び大声で泣きました。

**サム下19:4**「王は顔をおおった。そして王は大声に叫んで、『わが子アブサロムよ。アブサロム、わが子よ、わが子よ』と言った」

ダビデ王がどれだけ叫んで泣いたのか、その日の勝利がすべての民にとって悲しみとなり（サム下19:1-2）、民は敗戦者のように顔も上げずにひそかに町に入っていきました（サム下19:3）。

長男のアムノンを殺し、父の王位を奪い、さらに父のめかけたちを白昼に犯した息子！　さらに父を殺そうと軍を動員し攻撃した、これ以上ない程親不孝の不良息子が天罰を受け死んだにもかかわらず、その息子の死を悲しみ嘆くダビデ！「わたしがあなたに代わって死ねばよかったのに」（サム下18:33b）と言って、自分の命を与えて息子の命を生かすことを願うダビデでした。

アブサロムのために嘆くダビデの心から、私たちは子に対する親の無償の愛を読みとることができます。最初から最後まで偽って父を騙した、罪多く情けない息子アブサロムを、最後まで一貫して愛をもって許そうと願っていた父ダビデの姿は、自分を罵倒して嘲る人たちのために十字架の上で血を流しながらも、最後まで祈られたイエス・キリストの姿を思わせます（ルカ 23:34）。さらに、アブサロムのごときわたしたちのために、今も涙を流され、神の右に座して祈っておられるイエス・キリストを彷彿とさせてくれます（ロマ 8:34）。アブサロムはヘブル語では「アヴィーシャーローム」（אֲבִישָׁלוֹם）で、「平和の父」という意味です。ダビデこそ、アブサロムにとっていつまでも変わらない「平和の父」でした。

④ダビデを迎えた人々（シメイ、メピボセテ、バルジライ）

アブサロムが死んだ後、ダビデは全イスラエルを扇動した「シバの反逆」を押さえ込み、再びエルサレムに戻って王になりました（サム下 20:1-2.21-22）。ダビデがエルサレムに戻ってきた時、人々は彼を迎えるために出てきました。

ダビデを呪った**シメイ**は、彼が再び王になると、殺さないでほしいと願いにやってきました。シメイは世論に便乗する身勝手な刹那主義者でした（サム下 19:16-23）。シメイのずる賢さに激しい怒りを抑えられなかったアビシャイは彼を殺そうとしましたが、ダビデはむしろアビシャイを責め、広い心をもってシメイを許し、殺さないと誓いました（サム下 19:21-23）。まことにダビデは理解力のある心の広い人物でした。

**メピボセテ**はダビデが去った日から戻って来る日まで彼を心配して足を飾らず、髭を剃らず、服を洗いませんでした（サム下 19:24）。こ

れは、ダビデの苦痛をほんの少しでも理解しようとする厚い忠誠心の表れでした。彼はサウル王の孫でありヨナタンの子で、サウル家の唯一の生存者でした（サム下 4:1-4）。ダビデはヨナタンとの契約を守り（サム下 9:1.7；21:7）、メピボセテを王子の一人のように扱い、いつも王の食卓で食事をするという大いなる好意を示しました（サム下 9:7.11.13）。一方メピボセテも受けた恵みを忘れずに、正しい心を持って変わることなく忠誠を尽くす人でした。

バルジライは 80 歳の年老いた身であるにもかかわらず、ダビデがヨルダン川を渡るのを助けようとロゲリムから下ってきました（サム下 19:31）。彼はダビデがアブサロムに追われていたとき、マハナイムで数々の食べ物をもってもてなしました（サム下 17:27-29）。ダビデはその恵みを忘れることなく、特別に恩に報いようと、バルジライに「わたしはエルサレムであなたをわたしと共におらせて養いましょう」と提案しました。するとバルジライは、「わたしは、なお何年いきながらえるので、王と共にエルサレムに上るのですか。わたしは今日八十歳です。わたしに、良いことと悪いことがわきまえられるでしょうか。しもべは食べるもの、飲むものを味わうことができましょうか。わたしは歌う男や歌う女の声をまだ聞くことができましょうか。それであるのに、しもべはどうしてなおわが主、王の重荷となってよろしいでしょうか」（サム下 19:34-35）と言い、謙遜に断りました。そして自分の町で、父母の墓の近くで死にたいと言いました（サム下 19:37a）。バルジライは自分の年老いたことを正直に告白し、自分の代わりに息子キムハムを送りました（サム下 19:37b、王上 2:7）。

バルジライは、誰もが羨むほどの大金持ちでした。しかしたくさんのものを持っているからといって、他人をもてなすことはそう簡単なことではありません。それは信仰による憐れみがなければできないこ

とです。

　「バルジライ」（בַּרְזִלַּי）とは、「鉄人、強い鉄」という意味です。80歳の老人であるバルジライの人生と信仰の年輪の中から溢れ出る鉄のような一言一言は、今もわたしたちの耳元に響いています。その理由の一つ目は、彼が神を敬ったためで、二つ目は、神が立てられたしもべに尽くして愛した心のため、三つ目は、代価を求めず、神のしもべに必要なもを与え、負担をかけてはいけないとする心からの思いのため、四つ目は、大金持ちにもかかわらず、肉のために生きようとしなかった彼の清い信仰による人格のためです。

　バルジライのように、信仰による清い行いが神の御心を実現させていくのです。

## 6. ダビデの晩年

### （1）神の宮の建築に備えるダビデ

　ダビデはアブサロムとシバの反逆を鎮め、晩年に心血を注いで神の宮の建築に必要なものを備えました（代上 22:1-19）。

　**第一、ダビデは非常に細かいものまで備えました（代上 22:3）。**

　「門のとびらのくぎ」、「かすがいに用いる鉄」、2つの柱（ヤキン、ボアズ）に使う青銅を備えました。門のとびらのくぎは出入り口にある門のためのくぎで、かすがいに用いる鉄は木材や石材をつなぎとめるために使う両端の曲がったくぎです。

　ダビデがこのように細かい材料まで備えたのは、神の御手がダビデに臨んで、神の宮を示されたとおり（代上 28:12.19）、完全に備えようとした彼の全き信仰の表れです。

**第二、ダビデは「おびただしく」（代上 22:14 〜 15）、「力を尽くして」備えました（代上 29:2）。**

　鉄をおびただしく（代上 22:3）備え、青銅を量ることもできないほどおびただしく備え（代上 22:3）、香柏を数え切れぬほど備え（代上 22:4）、金 10 万タラント、銀 100 万タラントを備えました（代上 22:14）[53]

　**第三、ダビデは「私有財産」も惜しむことなくささげました（代上 29:3）。**

　こうして神の宮の建築に先立ってダビデが、「だれかきょう、主にその身をささげる者のように喜んでささげ物をするだろうか」（代上 29:5）と言うと、すべての氏族の長たち、すべての部族のつかさたち、千人の長、百人の長、王の工事をつかさどる者たちはみな喜んでささげ物をしました（代上 29:6）。彼らが持ってきた物は非常に多く（代上 29:7-8）[54]、ゲルションびとエヒエルが管理するようにしました（王上 29:8）。彼らがこのように「真心からみずから進んで」ささげたので、民はその「みずから進んでささげたこと」を喜び、ダビデ王も大いに喜びました（歴代志上 29:9）。

　ダビデはこれらのものは「苦難のうちにあって」備えたものであると告白しました（歴代志上 22:14）。ここで苦難は、ヘブライ語で「オニー」（עֳנִי）で、「戦による苦労」を意味します。ダビデは、生死を分ける危険の中で敵たちと戦い、勝ち得たぶんどり物から、神の宮の建築に使う資源を得たのです（代上 18:8；20:2）。

　ダビデはまだ神の宮を建てる前に、全会衆の前で神をほめたたえながら（代上 29:10-20）、雄の子牛 1000、雄羊 1000、子羊 1000 のおびただしい犠牲をその燔祭として主にささげました（代上 29:21）。その日、王と民は一つとなり共に喜び、神の臨在を体験しながら「主の

前に」飲み食いしました（代上 29:22）。

## （2）ダビデの人口調査

ダビデは晩年になって民を数えましたが、それによってイスラエルに3日間の疫病が下され、死んだ者が7万人に上りました（サム下 24:15）。

ダビデはなぜ民を数えようとしたのでしょうか。

### 第一、国に罪があったためです。

サムエル記下24章1節で、「主は再びイスラエルに向かって怒りを発し、ダビデを感動して彼に逆らわせ、『行ってイスラエルとユダとを数えさせよ』と言われた」と記録されています。神はイスラエルの国家の罪のために民を数えさせ、裁かれたのです。その罪とは何でしょうか？ イスラエルがアブサロムとシバの反逆の時に彼らに従うことによって、ダビデを立てられた神の主権に逆らったからです。

### 第二、ダビデの高ぶりのためです。

歴代志上21章1節で「時にサタンが起こってイスラエルに敵意を示し、ダビデを動かしてイスラエルを数えさせようとした」と語っています。ダビデはサタンによって動かされました。現代約聖書には「サタンがイスラエルの民に災いを下そうと、ダビデの心を動かして人口調査をするようにさせた」と翻訳されています。

つまりダビデはサタンに心を動かされて民を数えたのです。その時ヨアブは、積極的に民を数えようとするダビデを止めようとしましたが（サム下 24:3）、ダビデは、ヨアブと軍の長たちの忠言を受け入れませんでした。

ダビデは民を数えたために災いを受けた後、アラウナの打ち場に祭壇を築き心から悔い改めました。ダビデは銀 50 シケルで打ち場と牛を買い、その所で主のために燔祭と酬恩祭をささげたので、神は彼の祈りを聞かれ、イスラエルに下された災いを止められました（サム下 24:23-25）。

　アラウナの打ち場は、昔アブラハムがイサクをささげた場所で、後日ソロモンによって建てられる神の宮の礎となりました（歴代志下 3:1）。このアラウナの打ち場は、まるでイエスによる十字架の贖いを示しているようです。イエスは罪びとのために血による十字架の贖いとされ、私たちは死の災いから解放されました（ロマ 3:25、エペ 1:7、ヘブ 9:11-12）。

## (3) アドニヤの反逆とダビデの老年

　ダビデは年がすすんで老い、夜着を着せても体が温まりませんでした（王上 1:1）。これはダビデの力が衰え、夜着では体温を維持することができなくなったことを意味します。列王記上 1 章 15 節ではダビデが、「非常に老いて」と記録されています。ですから家来たちは、非常に美しいおとめ「シュナミびとアビシャグ」を連れてきて、ダビデ王の付き添いとして仕えさせました（王上 1:3-4）。

　しかし聖書には、ダビデがアビシャクを知ることはなかったと記録されています（王上 1:4）。ダビデはウリヤの妻バテシバによって罪を犯し、その後徹底的に悔い改めたので、一生の間「敬虔」に過ごし、再び罪を犯すことはありませんでした。それは列王記上 15 章 5 節で「ダビデがヘテびとウリヤの事のほか、一生の間、主の目にかなう事を行い、主が命じられたすべての事に、そむかなかったからである」と書かれている通りです。

　ダビデの力が衰え、それ以上国事にかかわることができなくなると、

ダビデの四男アドニヤが、祭司アビヤタルと軍の長ヨアブと計らい、高ぶって自らを王であると宣言しました（王上 1:5-7）。

　アドニヤは容姿もよく、一生の間、父王ダビデがたったの一度も「なぜ、そのような事をするのか」と聞いたことがないほど、大いに愛されて育ちました（王上 1:6）。しかし年老いた父ダビデに致命的な衝撃を与えた悪逆非道な息子になってしまいました。

　アドニヤの反逆に驚いた預言者ナタンは、急いでバテシバを探し、ダビデにこの事実を知らせると、バテシバはダビデに会い、後継の王に関して尋ねている時、預言者ナタンが入ってきて、神の定められた通りにソロモンを王に立てるために力添えしました（王上 1:11-27）。なぜならダビデの王位はすでに、ソロモンを通して継承されるという神との契約があったためです（代上 22:9-10）。事態が差し迫ったことを知ったダビデは、「ソロモンがわたしに次いで王となり、わたしに代わって、わたしの位に座するであろう」と誓いました（王上 1:30）。

　すべての民はソロモンが王になることを喜んだので、アドニヤの反逆はすぐ抑えられました。事態を把握したアドニヤはソロモンを恐れ、祭壇の角をつかんで命を守りましたが（王上 1:50-53）、ダビデが死んだ後、おとめアビシャグとの結婚を求めたために、ソロモンによって処刑されてしまいました（王上 2:19-25）。

## (4) 祭司長「アビヤタル」と軍の長「ヨアブ」の悲惨な最期

　アビヤタルとヨアブはダビデの昔からの協力者で、国や王に最も功績のある者であり、ダビデと生死苦楽を共にした人です。しかし2人はダビデの晩年に、神が定められたソロモンではなく、反逆者アドニヤを助けて王にしようと先頭に立って働きました（王上 1:7）。外見上にはソロモンよりアドニヤが優れていたので、神の計画を無視して、人間の思いでアドニヤの側に立ったのです。

### ①アビヤタルの最期

　アビヤタルはエリの子孫で、アヒメレクの子です（サム上22:20）。彼の父アヒメレクがかつて祭司であった時、サウル王に追われていたダビデをもてなしました。そのことによって、サウルがノブの地にいた祭司の一族85人を撃ち殺す時、アビヤタルだけがダビデの所へ逃れて九死に一生を得ました（サム上22:18-23）。

　アビヤタルはダビデ王の時、祭司として神にはもちろん、ダビデ王にも忠実でした。しかしダビデ王の晩年に、神の御心に従うことなく、人間的な思いでアドニヤに従おうとしました。ソロモン王からすれば、アビヤタルが犯した罪は死に値するものでしたが、ダビデが苦しみを受ける時に共にその苦しみを受けたので、殺さずに祭司職だけを剥奪して追い出しました（王上2:26-27）。この出来事は、神の人が（サム上2:27）エリの家について、「エリの家の祭司の職を取り除き、新しい祭司を立てるであろう」（サム上2:34-36）と預言したことが実現されたのです（王上2:27）。その後、エレアザルの子孫であるザドクの家が、祭司の職に就くことになりました（王上2:35、代上6:4-8；24:1-3）。

### ②ヨアブの最期

　ヨアブはダビデの親戚であるだけでなく、ダビデがサウルの迫害を避けて逃げまわる時期も、生死を共にしてきた同志でした。ダビデ王家に大きな功績を残し、ダビデの次の権力者になりましたが（代上11:6）、ヨアブによってダビデが受けた傷は非常に大きいものでした。聖書には、ヨアブが犯した三度の殺人が記録されています。それはすべてダビデの意思に逆らったものでした。

　第一の殺人は、ダビデがイシボセテの軍の長アブネルと平和交渉を

し、統一王国を築こうと民族共通の意志の下に旗揚げをした時、ヨアブは個人的な復讐心によってアブネルを暗殺し、全会衆に、その殺人がダビデの指示によるものであるかのように誤解を与えたのです（サム下 3:12-39）。その時ダビデは自分の忠実な家来であったヨアブを呪いながら（サム下 3:28-29）、自分が王の権威を持っているにもかかわらずヨアブを除くことの難しさを訴え、神が彼の悪い働きに対して報いてくださるよう祈りました（サム下 3:39）。

　第二は、アブサロムの反乱の時のヨアブによるアブサロム殺害です。このことはダビデに極度の悲しみをもたらしました（サム下 18:14-15；19:1-8）。

　第三は、ダビデがヨアブに代わってアマシャを軍の長にした時（サム下 19:13）、そのことを妬んで、不満に思い、罪のないアマシャを剣で刺し殺しました（サム下 20:4-10）。

　ヨアブは長い間、ダビデを守った忠実な同労者でした。しかし彼は、ダビデが死ぬ前に息子ソロモンに向かって、気をつけるようと忠告するような危険な人物になってしまいました（王上 2:5-6）。これについてソロモンも、ヨアブが正しく優れた善いふたりの人（アブネル、アマシャ）を殺したことを鋭く指摘しながら、彼らの血がヨアブのこうべに戻るであろうと言われました（王上 2:31-33）。

　ヨアブは大祭司アビヤタルと一緒に、アドニヤを王として擁立させるために最後はダビデを裏切り（王上 1:7）、その結果ソロモンが送った軍の長ベナヤによって殺されました（王上 2:28-34）。主の幕屋に逃げて祭壇の角をつかんだまま、ベナヤの剣で首を切られ、功臣としては、非常に悲惨な最期を遂げました。

　ヨアブとアビヤタルは、国とダビデ王に大きな功績のある忠実な人物でしたが、神の御心を正しく汲み取ることができず、人間の思いに

従って生きたために、彼らの最期は悲劇で終わってしまいました。

## (5) ダビデの預言者的賛美

　サムエル記下 22 章と 23 章には、ダビデの賛美の詩が記録されています。サムエル記下 22 章の 1 節には「主がもろもろの敵の手とサウルの手から、自分を救い出された日に、この歌の言葉を主に向かって述べ」と記録されています。サムエル記下 22 章は、サウルが死んでダビデが王になり、ペリシテ、アラブ、モアブ、アマレク、シバ、エドムなどの敵を撃退した後に（サム下 8:1-14）書かれた統治初期の賛美の詩です(参考 - 詩 18 篇)。サムエル記下 22 章の賛美の詩の内容は、救いから始まり（サム下 22:2-3）、（サム下 22:27-28）、終わります（サム下 22:49-50）。

　サムエル記下 22 章に続くサムエル記下 23:1-7 は、ダビデが死を目前にした 70 年の生涯の黄昏に、遺言のごとく残した詩です（サム下 23:1）。ここでダビデは波乱万丈の人生を整理し、過ぎ去った生涯の中で働かれた神の摂理と導きに感謝しながら、未来に完成すべきメシヤの王国に対する希望と賛美をささげました。ダビデは「主の霊はわたしによって語られた」ことを強調しました（サム下 23:2a）。

　神はダビデの国を評価しながら、第一に、朝の光のようであり、第二に、雲のない朝のようであり、第三に、地に若葉を芽ばえさせる雨のようであったと語られました（サム下 23:4）。

　**第一、「朝の光」**というのは、メシヤが統治する神の国は朝にのぼる太陽、その太陽から注がれる光のようであり、また暗かったこの世が明るくなり全地に神の恵みの光が満ちることを意味します（士 5:31、箴 4:18、マタ 13:43）。

第二、「**雲のない朝**」というのは、雲が一つもない快晴の朝のように、すべての苦悩や心配の雲が完全に晴れた鮮やかな空のような世界、純粋で栄光の喜びと繁栄が満ちた世界を表します（イザ 58:8）。メシヤの王国が臨む時、罪と死と腐敗のすべての暗闇の夜は退き、喜びと繁栄と幸せに満ちたかがやかしい朝が来るのです。

　第三、「**地に若葉を芽ばえさせる雨**」というのは、雨が降った後に暖かい太陽の光を受けて地から若葉が芽ばえるように、メシヤであるイエス・キリストの義の統治がなされる国に恵みが降り注ぐことで、たくさんの命が死の座から立ち上がることを表しています。このように神の国を若葉と表現したのは、若葉が育ち実を結ぶように、メシヤ王国が救済史を通して漸進的に実現されることを表しているかのようです（マタ 13:31-32）。

　しかし、メシヤの王国に入れないよこしまな人は裁きを受けます。彼らは「みな共に捨てられるいばら」のごとく、結局は硫黄の火の池に投げ込まれることでしょう（サム下 23:6-7、黙 20:15；21:8）。

## (6) ダビデの遺言

　ダビデは王として油注ぎを受けて 40 年間治め、すでに 70 歳の老身になりました。投げ石でゴリアテを倒した歓喜、いつ死ぬかも分からない危険の中での 10 年の忍苦の逃避生活、ヘブロンで王になった感激、全イスラエルの王となって戦うごとに勝利をおさめた喜び、ウリアの妻バテシバと姦淫したことを責められ、涙ながら悔い改めた恥、最も愛した子アブサロムによって裸足のまま追い出された酷い心的苦痛... もうこれらすべての歳月も、過ぎ去った痕跡となってしまいました。

ダビデは死ぬ日が近づいたので、息子ソロモンを呼び遺言を伝えました（王上 2:1-9）。ソロモンへのダビデの遺言には、温かい父の情が込められています。決して自分の業績を誇らず、モーセの律法に記されている通り「王の道」を守るようにと命じました。

この遺言は、神に対して行うべきこと（1-4 節）と、人に対して行うべきこと（5-9 節）で分けられます。

人に対して行うべきことの骨子は、神政国家建設に命をかけて忠誠を尽した人々を礼遇し、一方で反逆した人々は正当な手続きによって処罰することでした。

ダビデの遺言の中でも、神に対して行うべきことは時代を超えて、真の聖徒なら誰もが肝に銘じなければならないみことばです。

**第一、「あなたは強く、男らしくなければならない」と命じました。**

> 王上 2:2「わたしは世のすべての人の行く道を行こうとしている。あなたは強く、男らしくなければならない」

ここで使われている「強く」のヘブライ語は「ハーザク」（חזק）で「強い、勇気ある、へばりつく」という意味を持っています。「男」はヘブライ語では「イーシュ」（איש）で、これは、一般的には男性を意味する「アーダーム」（אדם）とは違い、「強くて男らしい人、雄々しい男」を意味します。このことからダビデはソロモンに、「勇気を持って強くて男らしい人、雄々しい男」になるよう命じたということが分かります。

ダビデはゴリアテと戦った時や、サウルに追われる逃避生活をする時にも、ただ強い信仰と勇気で勝利をおさめました。強い信仰と勇気は、ダビデが一生を通して得た、信仰による貴重な教訓でした。モー

セもカナン征服の大業を控えたヨシュアに初めて語ったのは、「強く、また雄々しくあれ」（ヨシ 1:6）という言葉でした。神が共にいることを信じて勇気を持ち、強く与えられた務めを推進する時、その使命を果たすことができます。

### 第二、神のみことばを守るよう命じました。

王上 2:3「あなたの神、主のさとしを守り、その道に歩み、その定めと戒めと、おきてとあかしとを、モーセの律法にしるされているとおりに守らなければならない。そうすれば、あなたがするすべての事と、あなたの向かうすべての所で、あなたは栄えるであろう。」

ここでダビデはソロモンに、二つのことを守るように命じました。
まず、主なる神のさとしを守らなければなりません。
ここの「さとし」とはヘブライ語「ミシュメレット」（מִשְׁמֶרֶת）で、「義務、遵守、務め、責任」という意味です。神から任せられた務めと責任を果たすよう命じた、ということです。
次に、定めと戒めと掟、あかしを守らなければなりません。
「定め」はヘブライ語「フッカー」（חֻקָּה）で、法の具体的な規定を意味し、「戒め」はヘブライ語「ミツヴァー」（מִצְוָה）で、神の命令を意味し、「掟」はヘブライ語「ミシュパート」（מִשְׁפָּט）で判決を意味し、「あかし」はヘブライ語「エードゥート」（עֵדוּת）で、記録された神のみことばを意味します。ダビデはソロモンに、神のみことばは何でも徹底的に守らなければならないと命じたのです。

過ぎし日、最も愛する子アブサロムに追われて顔を隠して素足で逃げた時、ダビデはバテシバと姦淫し、彼女の夫ウリアを殺害した自分の罪に対して、骨にしみるほど悔い改めたはずです。ダビデは、神の

みことばを守ることがいかに重要なのかを、身をもって体験したのです。神のみことばを守る者が受ける祝福は、「何をしようが、どこに行こうが、栄える」ということです（ヨシ 1:7-8、詩 1:2-3）。もしソロモンがダビデの遺言を胸に深く刻んで、異邦の女人たちによる偶像を受け入れなかったら、国が二つに分裂される悲劇の原因の担い手にはならなかったことでしょう。

### 第三、神の前に真実に歩むよう命じました。

王上 2:4「また主がさきにわたしについて語って『もしおまえの子たちが、その道を慎み、心をつくし、精神をつくして真実をもって、わたしの前に歩むならば、おまえに次いでイスラエルの位にのぼる人が、欠けることはなかろう』と言われた言葉を確実にされるであろう」

ダビデはソロモンに、神の前で「真実に」歩むよう命じました。この「真実に」はヘブライ語「エメット」（אֱמֶת）で、「真実、忠実」という意味を持ち、いかなる環境でも変わることなく、安定した姿勢を保つことを表します。どうすれば神の前に真実に歩むことができるのでしょうか。それは、「心をつくして、精神をつくして」歩むことです。この「心」（לֵבָב、レーヴァーヴ：本心、意志）と「精神」（נֶפֶשׁ、ネフェシュ：霊魂、生命）は全身全霊を表す強調的表現です。「つくして」と言うヘブライ語の「コール」（כֹּל）は、「あらゆる、すべて」という意味です。ですから「心をつくして、精神をつくして」とは、「すべての心とすべての霊魂を尽くして」（with all their heart and with all their soul:KJV）という解釈になります。何をするにも全身全霊で、変わることなく忠実に尽くすことが、神の前に真実に歩むことです。

ダビデのこの遺言は、風霜にさらされたダビデの 70 年の歩みから

悟ったみことばであり、険しい人生の旅路の縮図でした。ダビデのこの遺言を胸に深く刻んで従順である時、聖徒の将来にも栄えの光が射すことでしょう。

これまでイエス・キリストの系図において、中心人物であるダビデに関して見てきましたが、ダビデの生涯はまさに波乱万丈でした。彼は少年時代に緑の牧場、水の流れのほとりで羊を飼う羊飼いにすぎませんでしたが、わずか15歳の若さで王として油注ぎを受けました。その後、石投げで巨人ゴリアテを倒し、一躍有名になって王の宮に入りました。しかし、「サウルは千を打ち殺し、ダビデは万を打ち殺した」（サム上 18:7）と歌う人々の歌声が響いてから、ダビデは人生の黄金期である青年時代の10年を、サウルに追われる逃亡者として過ごさなければならなかったのです。ダビデは逃避生活の中、神に求めることをせずに行動した故に多くの困難に遭いました。

ダビデは30歳の時、いよいよヘブロンでユダの王になり、37歳でエルサレムで、全イスラエルとユダの王になりました。しかし、ダビデはこのような人生の全盛期にウリアの妻バテシバと姦淫し、その後に息子アブサロムに裏切られ、裸足で王位から追い出される非運を経験しなければなりませんでした。やっと王位を回復したダビデは、神の宮を建てるという清い熱望を持って備え、人生の老年期には人口調査を行ったために7万人が死ぬという災いにあったこともありました。

このように、ダビデはあらゆる人生の荒波を味わいながら、また多くの罪や過ちを犯しながら歩みました。しかしダビデが死んだ後、神はダビデの生涯に対して次のように評価してくれました。

第一、ソロモンが1000の燔祭を捧げた後、神がソロモンの夢に現れて、「もしあなたが、あなたの父ダビデの歩んだように、わたしの道

に歩んで、わたしの定めと命令とを守るならば、わたしはあなたの日を長くするであろう」と言われました（王上 3:14）。つまり神は、ダビデが神の道に歩み、神の定めと命令を守ったと認められたのです。

第二、神の宮の建築と王の住まいの建築が完成された後、列王記上 9 章 4 節で、神はソロモンに対して、「もしあなたが、あなたの父ダビデの歩んだように、わたしの道に歩んで、わたしの定めとおきてとを守るならば、」と言われました。神は、ダビデが何一つ傷のない正しい心をもって、神の前に歩んだと認められました。

第三、アビヤムがレハベアムの後を引き継いでユダの王になった時、列王記上 15 章 5 節で、「それはダビデがヘテびとウリアの事のほか、一生の間、主の目にかなう事を行い、主が命じられたすべての事に、背かなかったからである」と言われました。神は、ダビデがウリアのこと以外は、生涯をかけて神の前に正直に歩んだと言われています。

第四、パウロの説教を通して、使徒行伝 13 章 22 節で、「それから神はサウルを退け、ダビデを立てて王とされたが、彼について証しをして、『わたしはエッサイの子ダビデを見つけた。彼はわたしの心にかなった人で、わたしの思うところを、ことごとく実行してくれるであろう。』」と記録されています。ここでダビデは「神の心にかなった人」であると告げられました。

私たちは神の評価を通して、真に尊い教訓を得ることができます。ダビデの生涯の中には多くの罪や過ちがありましたが、神は大いなる愛を持ってダビデを支え、犯したすべての罪過を赦し、忘れてくださったのです。神はただ、ダビデが一生神の前に、正しく定めと命令を守っ

たことだけ覚えられました。

　そしてダビデは、正しい人の模範となりました。神は正しい王を評価する時、「その父ダビデがしたように主の目にかなう事をした」と言われ（王上 15:11）、神の前に完全ではない王を評価する時、「その心は父ダビデの心のようにその神、主に対して全く真実ではなかった」と言われました（王上 15:3）。

　「神の心にかなった人」というのは、決して完璧な人を意味するのではありません。たとえ多くの過ちがあっても、それを徹底的に悔い改めて、再び神のみことば通りに歩むと決心し、素直にみことばを守って従順である人を意味するのです。誰もがその生活の面々をさぐれば、皆恥かしく多くの過ちがあります。しかし神はわたしたちが心より悔い改めて、「悔改にふさわしい実」を結ぶ時（マタ 3:8、ルカ 3:8）、二度とその罪を問い返さず、イエス・キリストの十字架の血潮で覆ってくれます。罪を告白することによってその過ちが赦され、罪が消されるならば幸いですが（詩 32:1）、自分の罪を隠す者は一生の間栄えることがなく（箴 28:13）、罪の重荷によって一瞬も平安がないのです（詩 38:4、イザ 48:22；57:21）。罪を抱いた者の祈りは、主に聞かれることはありません（詩 66:18）。

　永遠の世界を決定づける人生の最後の瞬間、果たして神が自分をどう評価するのか、ということは非常に重大な問題です。それはただひとつ、悔い改めたのか、悔い改めなかったのかの問題です。私たちが悔い改めたことについては、「思い出すことはしない」が（ヘブ 10:17）、悔い改めない罪は「覚えられ」（エゼ 21:24）、自らの罪の言いひらきをするようになるでしょう（ロマ 14:12、1 ペテ 4:5）。

　終わりの日、「捨てられた者」になる前に、今まで通り過ぎた日々を

振り返って「信仰があるかどうか自分を反省し、自分を吟味」してください（2コリ 13:5）。そして私たちの残りの生涯が、神のみことばを守ることによってダビデのように「神の御心にかなう者」という恵まれた信仰の痕跡を残すものとなるように祈ります。

結論

# 永遠に消えない契約の灯火

The Eternally Unquenchable Lamp of the Covenant

# 永遠に消えない契約の灯火

　神はすべてにまさる神であり（ヨハ 10:29）、天地の主であられます（行 4:24、黙 6:10）。実に大いなる神（代上 16:25）が罪びとを救うため、ひとり子イエス・キリストを賜わったほどの愛（ヨハ 3:16）を圧縮して記録したものがイエス・キリストの系図です（マタ 1:1-16）。この系図は、3 期に分けられています。第 1 期はアブラハムからダビデまでの 14 代、第 2 期はダビデからバビロンに移されるまでの 14 代、第 3 期はバビロンに移されてからイエス・キリストまでの 14 代です。

　第 1 期のアブラハムからダビデまでは、イスラエルの胎動と統一王国の形成までの歴史を扱っています。アブラハムの誕生（BC2166 年）から、ダビデがヘブロンで王になるまで（BC1003 年）には 1163 年という長い時間が経過しています。この長い歴史が、マタイによる福音書のイエス・キリストの系図では、1 章 2 節 -6 節までのわずか 5 節に圧縮されて書かれています。

　これからイエス・キリストの系図に示された救済史的経緯と消えない契約の灯火を探ってみることで本書のまとめに入りたいと思います。

＊史上初、体系的にまとめて発表される
# 1. イエス・キリストの系図と救済史的経綸

　イエス・キリストの系図は、契約による神の救済史を圧縮して記録しています。よってこの系図には神の驚くべき救済史的経綸が、それぞれの人物を通じて示されています。イエス・キリストの系図第1期を中心として、そこに示された救済史的経綸を詳しくまとめると、次のようになります。

　第一、イエス・キリストの系図は神の主権による選択を強調しています。
　イサク、ヤコブ、ユダ、ペレヅ、アラムは長子でないにもかかわらず、イエス・キリストの系図に長子として載せられています。このすべてが神の主権的選択によってなされたのです。
　イサクはアブラハムの2人目の息子で、兄イシマエルがいましたが、神はイサクを長子として認め、イエス・キリストの系図に載せられました（マタ1:2）。その理由は、イサクが約束の子であったためです（創21:1-5、ロマ9:7-8）。
　ヤコブもやはりイサクの二番目の子でした。ヤコブには双子の兄エサウがいましたが、神はヤコブを長子として認め、イエス・キリストの系図に載せられました（マタ1:2）。ヤコブが長子の権と長子の祝福を得ることになったのは、神の主権による御わざでした（創25:23；27章、ロマ9:10-13.16、ヘブ11:20）。
　ユダはヤコブの12人の子の中で四番目の子でした。しかしヤコブは死ぬ前に、「ユダよ、兄弟たちはあなたをほめる。あなたの手は敵のくびを押え、父の子らはあなたの前に身をかがめるであろう」と祝福されました（創49:8）。これはユダが長子になることを預言したもの

です。

　ペレズはタマルが産んだユダの双子のうちの一人でした。最初は双子のもう一人の子であるゼラが先に手を出した時、産婆がその手に赤い糸を結びつけました。しかし、その子が手を胎に引っ込めると、ペレヅが先に出てきました（創 38:27-30）。

　ラムは父であるヘヅロンの最初の妻から生まれた 3 人の子の二番目でしたが（代上 2:9）、長子であるエラメルの代わりに、イエス・キリストの系図に載せられました（マタ 1:3）。

　私たちはイエス・キリストの系図に載せられた人物を見ながら、すべてが神の主権的な選択によってなされたことを再認識することになります。神の救済史的経綸は、「神の主権」がその基礎をなしているので、救われるのは人間の世俗的な富、権力、名誉、学識、能力によるのではなく、すべて神の主権的な恵みによる選択なのです（エペ 2:8-9、テト 3:5）。

## 第二、イエス・キリストの系図は、イエス・キリストが全宇宙と選ばれたすべての者の救い主であることを告げています。

　神は一般的な系図の形にこだわらず、女たちの名前を系図に載せられました（マタ 1:3.5）。その系図に登場する 4 人の女は、揃ってユダヤ人たちが卑しく思っていた異邦の女でした。タマルとラハブはカナンの女であり、ルツはモアブの女でした。

　見下されていた異邦の女がイエス・キリストの系図に載せられたのは、イエス・キリストには血統の差別がなく、信仰によって義とされることを教えてくれます（ロマ 3:22；10:11-13）。イエス・キリストは選民イスラエルだけの救い主ではなく、神から与えられた信仰の恵みによってイエス・キリストを迎え入れる、すべての聖徒の救い主です。

たとえキリストを知らず、約束された様々な契約に対して異国人であっても、キリスト・イエスにあって、キリストの血によって近いものとなった人々はみな、天国の国籍を受け取った神の家族になるのです（エペ 2:12-13.19）。

**第三、イエス・キリストの系図は、生きることが信仰によって救済史的経綸を成就させる、もっとも重要な土台であることを証ししています（ヘブ 11:6）。**
　イエス・キリストの系図第 1 期に載せられた 3 人の女は、選民イスラエルの代が絶たれる危機の中で、神の主権的な摂理によって訪れるイエス・キリストへの道をつないだ優れた信仰の人です。

　**タマル**は、アブラハム、イサク、ヤコブにつながる、神の契約の後継者であるユダが契約に背いている時、清い信仰と命を懸けた正しい行いで（創 38:26）、夫の父であるユダのところに入った女です。それは、信仰の系譜が絶たれてはいけないという深い霊的洞察力によって、傾いていくユダの家系を立て直すためでした。それでタマルは、ユダを通してペレズとゼラを産み、イエス・キリストの系譜をつなぎました（創 38:27-30、マタ 1:3）。

　**ラハブ**は、エリコの町で遊女として生計を立てる汚れた女でした（ヨシ 2:1）。彼女は命を懸けて、ヨシュアが送った 2 人の斥候をかくまってあげました（ヨシ 2:1-6）。「あなたがたの神、主は上の天にも、下の地にも、神でいらせられるからです」（ヨシ 2:11）という偉大な信仰を持ち、「窓にこの赤い糸のひもを結びつけなさい」と言われた 2 人の斥候との約束通りに行いました（ヨシ 2:18、ヤコ 2:25）。自分の住むエリコの町が将来滅ぼされることを悟ったにもかかわらず、エリ

コの王を恐れることなく、2人の斥候をもてなしたのは、ただ「信仰」による行いだったのです（ヤコ 2:25-26、ヘブ 11:31）。それからラハブはサルモンの妻となり、イエス・キリストの系譜をつなぐ、優れた信仰の人になりました（マタ 1:5）。

ルツは、夫を亡くしたやもめで、異邦の国モアブの女で（ルツ 1:4）、霊的暗黒期である士師時代にイエス・キリストの家系をつないだ女です（ルツ 4:12.18-22、マタ 1:5）。本来モアブはアブラハムの甥であるロトの長女がロトによってみごもった子孫から始まり（創 19:30）、主の総会には永遠に入ることを許されなかった異邦の民です（申 23:3）。

ルツは夫の母であるナオミの強い勧めにもかかわらず、「あなたの神は、わたしの神です」（ルツ 1:16）と告白し、神の翼の下に身を寄せようと願っていました（ルツ 2:12）。まるでカルデヤ・ウルを離れたアブラハムのように、ルツは家族と故郷を捨てて、ただ信仰によってナオミにすがりついて行きました。その結果、神の翼の下でボアズに出会って結婚し（ルツ 2:12;4:13）、オベデを産むことによって、イエス・キリストの系譜を継ぎました（ルツ 4:17、マタ 1:5）。

いかに人の過去が複雑で、過ごしてきた生活に多くの問題があったとしても、神はそのすべての過去よりも今日の生きている信仰を尊く見られる方です。3人の女は信仰によって命をかけた最善の選択をし、正しいことを行っているという揺れない確信があったので、行動にためらいがありませんでした。3人の女は、神の救いの御わざにおいて、契約の灯火を消すことなく燃し続ける大きな導火線の役割を果たしました。世のいかなるものも、命をかけた彼女たちの生きている信仰を妨げることはできませんでした。

第四、イエス・キリストの系図は、イエス・キリストがアブラハムとダビデの契約の成就者であることを告げています。

　旧約は、創世記1章1節の「はじめに神は天と地を創造された」という宇宙的な宣言によって始まり、新約はマタイの福音書1章1節の「アブラハムの子であるダビデの子、イエス・キリストの系図」というメシヤ的宣言によって始まっています。アブラハムとダビデの契約がイエス・キリストによって成就されたことを通して、イエス・キリストがメシヤであることを告げているのです。

　アブラハムとの契約の核心は、メシヤに対する約束です。アブラハムの契約に登場する「あなたによって（創12:3）」と「彼によって（創18:18）」は、「おまえの中で」と「彼の中で」という意味合いで、アブラハムにあって、アブラハムの子孫として来られるメシヤを指しています。また、創世記に書かれている「あなたの子孫（15:5）」と「あなたの子孫（22:17-18）」はいずれも単数で、究極的にはアブラハムの子孫として来られるひとり子イエス・キリストを指しています（ヨハ3:16）。

　マタイの福音書1章1節では、イエス・キリストが「アブラハムの子」であることを宣言することで、アブラハムとの契約で約束された「そのメシヤ」が、イエス・キリストであることを証しています。

　ダビデの契約の核心も、メシヤに対する約束でした。神はダビデに対して、「あなたの身から出る子を、あなたのあとに立てて、その王国を堅くする」と約束されました（サム下7:12-16）。この契約は、実際にイスラエルの歴史の中で完全に成就されたことは一度もありません。なぜなら、イスラエルを永遠に治めた王はいなかったからです。

　ですから「ダビデの子、イエス・キリスト」という表現は、ダビデに約束された永遠の国を堅くする「ひとりの子孫」とはイエス・キリ

スト一人である、という意味になります（ルカ 1:33、ヘブ 1:8)。

　結局、神は人間が堕落してから、「女の末」としてメシヤの訪れを約束され（創 3:15)、その約束は「アブラハムの契約」、「ダビデの契約」を通してより堅く再確認され、新たに告げられたのです。

## 2. 消えない契約の灯火

　アブラハムから始まってダビデで終わるイエス・キリストの系図の第 1 期は、契約で始まり、契約で終わっています。なぜなら神はアブラハムと契約を結ばれ、ダビデとも契約を結ばれたからです。

　契約は、時代ごとに神が立てられた灯火のような役割を果たしました。歴代志下 21 章 7 節では、「主はさきにダビデと結ばれた契約のゆえに、また彼とその子孫とながく、ともしびを与えると約束されたことによって、ダビデの家を滅ぼすことを好まれなかった」と言われています。ここで神は契約を立てられることを、灯火を与えると言われました。みことばを通して結ばれた契約は、その時代の神の灯火であったのです（代上 16:15、代下 21:7、詩 105:8;119:105、箴 6:23)。

　神が一度立てられた契約の灯火は、決して消えることなく、その契約が成就するまで永遠に燃えることになります。なぜなら神が誓って契約を結ばれたからです。

　誓いとは、自らの言葉と行動が真実であり、約束したことを必ず成し遂げるというものです。イスラエルではよく、自分がした約束の信頼性を証明するために、自分より高い権威である、聖なる「主」の名によって誓ったりしました（創 21:33、エレ 5:2、ヘブ 6:16)。なぜなら神は誓われたことを変えることもなく、必ず守られるからです（詩 132:11)。詩篇 110 章 4 節で、「主は誓いを立てて、み心を変えられ

永遠に消えない契約の灯火 | 397

ることはない」と言われ、ヘブル人への手紙6章17節では、「神は、…ご計画の不変であることを、いっそうはっきり示そうと思われ、誓いによって保証されたのである」と言われています（ヘブ 7:21）。

　神が誓い立てられた契約は、「堅く」立てられたものであり（詩 89:28）、決して「破ることなく」（詩 89:34）、さらに「永遠の契約」なのです（創 9:12.16.17;7.13.19、出 31:16、レビ 24:8、サム下 23:5、歴代志上 16:17、詩 105:8-10;111:5.9、イザ 55:3、エレ 32:40、エス 16:60;37:26、ヘブ 13:20）。

　神は、アブラハム、イサク、ヤコブとの契約を立てられる時も、誓いによって結ばれました（創 22:16-18;24:7;26:3;50:24、出 6:8、ヘブ 13:20）。モーセとモアブの平野で契約を結ばれる時も、誓いによって結ばれました（申 29:12）。

　またダビデと契約を立てられる時も、誓いによって結ばれました（詩 89:49;132:11）。詩篇89篇で、「わたしはひとたびわが聖によって誓った」（詩 89:35）、「ダビデに誓われた」（詩 89:49）と重ねて言われています。

　神が誓って立てられた契約は、必ず実現される契約であり、これを妨げる力はこの世には存在しません。いかに暗闇の力が強く、神の摂理を妨げようとしても、変わることのない神の誓いによって立てられた契約の成就を中断させることはできません。

　これらはただ、イスラエルだけに当てはまるのではなく、今日の私たちにも当てはまるものです。モーセはカナンに入る直前にモアブの平野で、イスラエルと誓いを立てて約束なさる神の命令を伝えながら、「わたしはただあなたがたとだけ、この契約と誓いとを結ぶのではない。きょう、ここで、われわれの神、主の前にわれわれと共に立って

いる者ならびに、きょう、ここにわれわれと共にいない者とも結ぶのである」と言われました（申 29:14-15）。ここで「きょう、ここにわれわれと共にいない者」とは、イスラエルの未来の子孫を指し、究極的にアブラハムの霊的子孫となる、イエス・キリストを信じるすべての聖徒たちを指します（ロマ 4:11.16、ガラ 3:7.29）。ですからこの契約は、神の国が完全に成し遂げられるまで永遠に続けられるでしょう。

　アブラハムからダビデに至るまで、イスラエルの人々は多くの罪を犯しました。エジプトでの 430 年の奴隷生活と荒野での 40 年間の中、あらゆる不信と呟きによって神の心を痛めました。また士師時代の 340 年は霊的暗黒期で、様々な偶像に仕えることによって神の心に釘を打ち込みました。

　このように、選ばれた民でありながら罪を犯したにもかかわらず、神は贖いの摂理を決してあきらめませんでした。自分の民を懲らしめ、悔い改めさせ、再び神のもとに帰らせ、赦し、哀れみを施されました。アブラハムからダビデに至るまで、サタンの厳しい攻撃によって暗闇が迫ってくる時にも、契約の灯火は決して消えることなく、救済史の頂点におられるイエス・キリストに向かって燃え続けました。

　これは「消えていく灯火も、決して消さない」と誓われた神の誓いによるものです（イザ 42:3）。神が誓って立てられた契約は、決して変わることなく成就されるのです。

　契約に示された神の誓いは、救済史の原動力です。また、この誓いは、必ず契約を成就させる神の熱心として現れます。神はこの契約を成し遂げるために、熱心に救済史を進められたのです。

# 3. 救いの御わざを成し遂げる神の熱心

　堕落した人類の救いのために、契約の灯火を永遠に消すことなく、その経綸を成し遂げるのは、休むことなく働かれる神の熱心です。

　イザヤ書9章6-7節で、「ひとりのみどりごがわれわれのために生まれた。ひとりの男の子がわれわれに与えられた。まつりごとはその肩にあり、その名は、『霊妙なる議士、大能の神、とこしえの父、平和の君』ととなえられる。そのまつりごとと平和は、増し加わって限りなく、ダビデの位に座して、その国を治め、今より後、とこしえに公平と正義とをもってこれを立て、これを保たれる。万軍の主の熱心がこれをなされるのである」と言われています。

　このみことばは一次的に、初めに来られたイエス・キリストに対する預言です。イエス・キリストは、言が肉体となって、ひとりのみどりご、ひとりの男の子として、聖霊によってこの地に来られましたが（ヨハ1:14、マタ1:18）、本体は全能なる神であり、とこしえの父であり、平和の王です。

　しかしこのみことばは、究極的には再臨するイエス・キリストに対する預言です。主が再臨すると、まつりごとと平和が限りなく増し加わり、王の王として神の国を堅く建てられ、公平と正義によって永遠に守られるでしょう。このようにイザヤ書9章6-7節は、イエス・キリストの訪れと再臨を含めて、神の救済史的経綸のすべてが圧縮されて表現された救済史の精髄なのです。

　驚くべきことは、このすべてを成し遂げることこそ、神の「熱心」であるということです。ここで使われている「熱心」とはヘブル語で「キヌアー」（קִנְאָה）で、「情熱、嫉妬」という意味です（民25:11）。これは、愚かな者が自ら滅ぼされる「妬み」ではなく（ヨブ5:2）、自分の民を

救い、神のみを愛するよう、強く勧める独占的な愛を意味します。壊れたすべてのものを回復させる無限の愛を意味するものであり（2コリ 5:14）、すべてにまさる大いなる神が、人となられた「ほどに」愛を意味するものです（ヨハ 3:16）。

すべてがこの愛によって満たされている神を、イザヤ書59章17節では「熱心を外套として身を包まれた」と語っています。この熱心は、堕落した人間を救うために神の心に熱く燃え上がる灯火です。

この熱心の灯火が新・旧訳の契約によって明るく照らされ、ついにイエス・キリストは十字架の上で、その愛の絶頂を示されました。

私たちがまだ罪人であったとき、キリストが私たちのために死んでくださったことによって、神は私たちに対する愛を示されたのです（ロマ 5:8）。

今もイエス・キリストの十字架には、神の救いの灯火が消えることなく永遠に燃え続けています。この火がいたる所で燃え続け、胸を打ちながら「どうしたらよいのでしょうか」という悔い改めの嵐が吹き荒れ、多くの主の清い民が心から喜んで献身し、主のもとに来たるという御わざが起こりつつあります（詩 110:3）。

永遠に消えることのない神の熱い愛の心を妨げたり、止めようとするいかなる力も、この地上には存在しません。天の上にも天の下にも、いかなる権力と敵対者が激しく挑んで来ようとも、私たちに向けられたイエス・キリストの熱い愛から、私たちを引き離すことは決してできないのです（ロマ 8:35.38-39）。

詩篇68篇16節で、「峰かさなるもろもろの山よ、何ゆえ神がすまいにと望まれた山をねたみ見るのか。まことに主はとこしえに住まわれる」と語っています。ここで「もろもろの山」とは、バシャンの山に連なるもろもろの山を指しますが（詩 68:15）、神の契約に逆らい、

その成就を妨害し、敵対するすべてのサタンの力を象徴しています。反面、「神がとこしえに住まわれる山」はシオンの山で、神が共におられる民と教会を指しています（詩 2:6;9:11;74:2;87:1-2;132:13-14、イザ 4:5;31:4;60:40、ヨエ 3:17、ゼカ 8:3）。

「峰かさなるもろもろの山」も、本来は「神の山」で（詩篇 68:15）、神がそれらの高い山を造られました。その荘厳な威容は、神から出たものであるにもかかわらず、自ら高ぶって（ダニ 8:11;11:36）、不信仰の中で傲慢になり、神に敵対しました。ひいては神の民と教会を妬みました。詩篇 68 章 16 節の「ねたみ見るのか」とはヘブル語で「ラーツァド」（רָצַד）と言い、これは「嫉妬する、敵意を抱いて見る、（争おうと悪意に満ちた目で）にらむ」という意味です。これはサタンの力が神の契約を破棄し、その民と教会を滅ぼそうと敵対する姿勢を表現したものです。

一見したところ、バシャンの山とシオンの山との戦いでは、当然バシャンの山が勝つように思えます。しかしこの戦いは、結局シオンの山が勝ちます。この戦いは、兵士が多いから勝つのではなく、勇士の力が強いから勝つのでもありません（詩 33:16、サム上 14:6；17:47）。シオンの山が勝利する理由は、神が永遠に住まわれる山であり、おびただしい天の軍勢と御使いが守る山だからです（詩 68:16b-17、創 32:1-2、王下 6:16-18、詩 34:7、ダニ 6:22、ゼカ 1:8.11;6:1-7、ヘブ 1:14 参考 - 詩 5:12;33:20）。

実に「峰かさなるもろもろの山」のようなサタンのあらゆる力を集め、契約の灯火を消すために立ち上がって挑んできても、熱心に働く神が永遠に共におられる民と教会が必ず勝利するはずです。

神の救済史的経綸が完成する日まで、霊的にサタンの捕虜になり罪に捕らわれていた民が、完全に神のもとに戻ってくる日まで（王下 19:30-31、エゼ 39:25）、イエス・キリストの再臨によって神の民が

最後のラッパの響きで霊の体に生まれ変わり、瞬く間に変えられる日まで（1コリ 15:51-54）、神の熱心は契約の灯火とともに消えることなく燃え続けるはずです。

　　万軍の主、私たちの主なる神よ！
　　主がすべての救済史的経綸を完成させる日まで、
　　神の熱心の灯火と契約の灯火を
　　すみやかに聖徒たちの心と全宇宙と全世界の中で
　　熱く燃え上がらせたまえ！

# 各章の註

## 第1章　すべてにまさる神

1) 趙ヨンヨプ、『神論・人罪論』（センミョンエマルスム社、2007）、99-102。

2) O.Palmer Robertson、『契約神学とキリスト』、金ウイウォン訳（基督教文書宣教会、1992）、35-37。

3) 朴潤植、『忘れていた出会い』（イーグレープ、2010）、第二章『救済史的経綸とイエス・キリストの系図』

4) 趙ヨンヨプ、『基督論』（センミョンエマルスム社、2007）、92。

5) J.A. ベンゲル、『マタイによる福音（上）』、新約注釈シリーズ、高ヨンミン訳（図書出版ロゴス、1990）、54-55。
Norval Geldenhuys、『ルカによる福音書（上）』、NIS聖書注釈シリーズ（センミョンエマルスム社、1983）、167-168。

6) これをイスラエルで使う1カ月が28日である月暦に照らし合わせて説明する人々もいます。彼らは42代を3つに分け、月が初めに満ちる14日（イスラエルの成長期）、後の月が欠ける14日（イスラエルの衰退期）、再び月が満ちる14日（イスラエルの回復期）として説明することもあります。弟子院企画・編集、『マタイによる福音書第1-11a章』オックスフォード原語聖書大典シリーズ101（弟子院、2006）、64。

7) 聖書において「7」は非常に特別な意味で使われており、数字そのものというよりそれを通して救済史的意味を考えることもあります。たとえば神が宇宙を創造された後7日目に安息され（創2:1-2）、それを記念して第七日を安息日として特別に聖別されました(出20:10、申5:14)。また、聖別された期間として除酵祭は7日間守ることになっています（レビ23:6-8）。アブラハムはアビメレクと

井戸を掘った証拠を残す時、雌の小羊7頭を分けて置いて誓いました（創21:28-30）。エジプトのパロ王が夢を見、ヨセフがそれを解き明かした時も7頭の雌の牛と7つの穂、7年の大豊作と7年の飢饉が記録されています（創41:2-7.18-30.34.36.47.53-54）。聖所の燭台に7つのともしび皿がありました（出25:37;37:23、民8:2）。ヨベルの年になるには7年を7回（7たびの安息年）過ごさなければなりません（レビ25:8）。エリヤはしもべに7たびも「上がっていって海の方を見なさい」と言われました（王上18:43）。エリヤがシュネムのある女の子供を生き返らせる時、その子供が7たびくしゃみをして目を覚めました（王下4:35）。完全な贖いのシンボルとしてささげ物の血を7たび注ぎました（レビ4:6.17;8:11;14:7.16.27.51;16:14.19、民19:4）。エリコの町を回る時も「第7日目には7たび」町を巡り（ヨシ6:4）、重い皮膚病であったナアマン将軍はエリヤの命じられたとおりヨルダン川で7たび身を洗い、幼な子の肉のように完全に癒されました（王下5:10、14）。ダビデは一日に7たび賛美すると言われました（詩119:164）。主のみことばは清く、地に設けた炉で7たび清められた銀のようです（詩12:6）。イエスは人をゆるす時、7たびだけではなく、7たびを70倍するまでゆるすよう言われました（マタ18:21-22、ルカ17:4）。天が下を見きわめる主の目も7つです（ゼカ4:10、黙4:5;5:6）。そのほかにも数字の「7」は、神が行う救いと裁きの完全性を象徴しています（黙1:4.16;2:1;5:1.6;6章;8-11章;15:1)。

8）全キョンヨン、『マタイの神学』（図書出版韓国聖書学、2003)、61。

9）John Nolland,Luke,WBC35A（Dallas:Word Books、1989)、174。

10）金ドゥクチュン、『ルカによる福音書Ⅰ』、聖書注釈シリーズ33（大韓基督教書会、1993）235-236。

11) 朴潤植、『創世記の系図』（図書出版輝宣、2007）、199-201。

12) これは何よりもイエスとアダムの時代に模範的な関係を設定することによって、イエスを第二のアダムとして理解しようとする試みである。趙ビョンス、『新約神学12の主題』（合同神学大学院出版部、2001）、107。』

13) Marshall D.Johnson,The Purpose of the Biblical Genealogies (New York:Cambridge University Press,1969)、236。

14) イエスの始まりは神である。イエスの系図は、神に根を張っている。換言すれば、イエスは神の根によって与えられた贈り物である。これはイエスの系図において、非常に重要な主題である。趙ビョンス、『新約神学十二の主題』、106。

15) ダレット（ד）は4番目、ヴァヴ（ו）は6番目を意味し、ダビデ（דוד）のヘブライ語の文字の順に従って出した数字は(4+6+4)『14』です。

16) Donald Guthrie,『イエス・キリストの御わざ』、李ジュンス訳（韓国聖書ユニオン、1988）、68-69。

## 第3章　イエス・キリストの系図第1期の歴史

17) 金ドゥクチュン、『福音書神学』（コンコルディア社 1995）、56-57。
金ドゥクチュン、『主要主題を通して見る福音書の神学』（ハンドゥル出版社、2006）、25-26。

18) 金ドゥクチュン、『福音書神学』、56。
金ドゥクチュン、『主要主題を通して見る福音書の神学』、25-26。

19) 『懐』という単語はギリシャ語で『コルポス』（κόλπος）ですが、両腕の間の温かい胸という意味で、特別な恵みと愛を表します。このほかにも新約に4回使われています（ルカ 6:38、ヨハ 1:18;

13:23、行27:39)。特に「父のふところにいるひとり子なる神」（ヨハ1:18）とは神と共にいるイエスの神性の表現であり、「イエスの愛しておられた者が御胸に近く」（ヨハ13:23）というみことばは、イエスの愛しておられる弟子が、イエスと親しくなって特別な恵みと愛を受けていた事を意味します。

20) 朴潤植、『忘れていた出会い』、116。
21) 朴潤植、『忘れていた出会い』、124。
22) 朴潤植、『忘れていた出会い』、358-366。
23) Spros Eodhiates,The Complete Word Study Dictionary New Testament（AMG Publishers,1994)、248。
24) William L.Holladay、『旧約聖書の簡約ヘブライ語、アラム語辞典』、孫ソクテ/李ビョントゥク共訳（チャンマル、1994)、454。チョンフンソン/朴キウォン編集、『最新聖書単語』（英文、2003)、573。
25) Francis Brown, The New Broun-Driver-Briggs-Gesenius Hebrew And English Lexicon（Hendrickson Publisher,1979)、770。
26) 421頁、説明5-ダビデ王の家系図参照。
27) 歴代志上2章13-15節には、エッサイの子が7人と記録されています。おそらく1人は夭折したからでしょう。C.F.Keil and F.Delitzsch,『歴代志（上・下）』、カイルとデリッシュ旧約注釈シリーズ9、崔ソンド訳（基督教文化協会、1994)、72。
28) 421頁、説明5-ダビデ王の家系図を参照。

## 第4章　士師時代の歴史

29) 朴潤植、『忘れていた出会い』
30) 金ウィウォン/閔ヨンジン、『士師記・ルツ』、聖書注釈シリーズ42。

31）Leon Wood、『イスラエルの歴史』、金ウィウォン訳、(基督教文書宣教会、1985)、269。

32）J.D.Douglas,『新聖経辞典』、羅ヨンファ/金ウィウォン訳、(基督教文書宣教会、1996)、769。
Leon Wood,『イスラエルの歴史』、269。

33）Abraham Malamat、The Period of the Judges, Wold History of The Jewish People, Benjamin Mazar（Tel Aviv:Massada,1971)、157。
Walter Kaiser、『イスラエルの歴史』、柳クンサン訳（クリスチャン出版社、2003)、225。

34）209頁、説明3-士師時代の年代記参照。

35）オックスフォード原語聖経大典シリーズ20、29。

36）214頁、士師時代の年代表参照。

37）214頁、士師時代の年代表参照。

38）金ウィウォン/閔ヨンジン、『士師記・ルツ記』、42。

39）Flav.Josephus、『ユダヤ古代史Ⅰ』、ハーバード版ヨセフスシリーズ3、聖書資料研究員企画翻訳、(図書出版ダルサン、1991)、530。

40）基督教大百科事典編纂委員会、『基督教大百科事典シリーズ8』、(基督教文社、1989)、778。

41）Matthew Henry, Joshua to Esther, Matthew Henry'commentary Vol.2（Hendrickson Publisher,2006)、117。

42）金ウィウォン/閔ヨンジン、『士師記・ルツ記』、485。

43）「士師記10章7節にも、ヨルダン東側のアンモンびとを占領したイフダと西側の地方のペリシテと関連されたサムソンの行いが同時代に起きたことを暗示している。彼らは離れた特定の地域で活動しており、同じ時期に働いていたからである」。Leon Wood,

『イスラエルの歴史』、269。

「特に重要なことは 40 年間のペリシテの圧政（士 13:1）が、トラとヤイルの死後（士 10:1-5）エフタ、3 人の小士師（イブザン、エロン、アブドン）、エリ、サムソンの四肢の任期を経てサムエルの勝利の出現があるまで、西部パレスチナで止まることなく継続されたということである」J.D.Douglas、『新聖経辞典』、770。214 頁、士師時代の年代表を参照。

44) 214 頁、士師時代の年代表を参照。

45) ダビデは 50 シケルでアラウナの打ち場と牛を買い（サム下 24:24）、ソロモンは戦車 1 台を銀 600 シケルで、戦争に使える馬は 1 頭につき 150 シケルで買いました（王上 10:29、代下 1:17）。これらと比較してみても銀 5,500 シケルは甚だ大きな金額です。

## 第 5 章　サウルからダビデまでの歴史

46) 旧約時代に、王、預言者、祭司を任命する時、頭に油を注ぎました。従って王、預言者、祭司たちは「油注がれた者」(the anointed one) と呼ばれました。

47) Leon Wood『イスラエルの歴史』、321。

48) グランド総合注釈シリーズ 5、(聖書アカデミー、2000)、331。

49) サムエル記上 21 章 12 〜 13 節では、ダビデが気が変になったふりをしたのはアビメレクの前ではなく、「ガテの王アキシの前」であったと記録されています。「アビメレク」(אֲבִימֶלֶךְ) とはヘブライ語で「父」という意味の名詞「アーヴ」(אָב) と「王」という意味の名詞「メレフ」(מֶלֶךְ) の合成語で、「王の父」という意味になります。これはある特定の人物の名前ではなく、ペリシテの王に対する一般的な名称として使用されたと理解できます（創

各章の註　409

20:2；21:22；26:1)。一方「アキシ」は固有名詞としてのペリシテ王の名前であって、ガテはペリシテびとの町の名前です。ですからサムエル記上と詩篇で名前が異なって表現されているだけで、同一の人物を指しています。

50）グランド総合注釈シリーズ 5、250。

ダビデが王として油注ぎを受けたのは、BC1025年頃で、ダビデが実際に王となったのはBC1010年頃です。

51）イスラエルはBC1102年、アペクの戦いでペリシテびとに神の箱を奪われ、その神の箱は7カ月の間ペリシテの地にありましたが（サム上6:1)、アビナダブの家に運ばれました（サム上7:1-2)。その後ダビデがヘブロンで王となったのはBC1010年、ヘブロンを治めた7年6カ月が終わり、エルサレムを治め始めたのはBC1003年です。ダビデがエルサレムを治め、神の箱が運ばれたのは、BC1003年以後です。従って神の箱がアビナダブの家にあった期間は少なくても99年以上になるので、ウザとアヒオはアミナダブの子として見るよりは孫として見るのが合理的です。「子」に当たるヘブライ語「ベン」（בן）は「孫」という意味で使われることもあります。

52）グランド総合注釈シリーズ 9、53。

53）銀100万タラントは3万4000トン、金10万タラントは3400トンに当たるおびただしい量です。

54）金5000タラントは170トン、金1万ダリクは84キロ、銀1万タラントは340トン、青銅1万8000タラントは612トン、鉄10万タラントは3400トン、その他、様々な宝石を持って来ました。

永遠に消えない契約の灯火
神の救済史的経綸から見るイエス・キリストの系図

イエス・キリストの系図Ⅰ（アブラハムからダビデまでの歴史）

2019年3月17日

著　者　朴潤植
訳　者　姜泰進
発行者　穂森宏之
発　行　イーグレープ
　　　　〒277-0921 千葉県柏市大津ヶ丘4-5-27-305
　　　　TEL:04-7170-1601　FAX:04-7170-1602
　　　　E-mail:p@e-grape.co.jp
　　　　ホームページ　http://www.e-grape.co.jp

落丁・乱丁はお取替えいたします
©Yoon-Sik Park, printed in Japan. 2018
ISBN 978-4-909170-06-4 C0016